Réflexions “canoniques” sur les droits de l’Homme au Cameroun et en Afrique

Emergences Africaines
Dirigée par Magloire KEDE ONANA

La collection « ÉMERGENCES AFRICAINES » se propose de renverser des certitudes faciles. Nous sommes convaincus que l'Afrique, longtemps considérée comme en retrait, s'ouvre au monde, et est plus que jamais au cœur des enjeux. Son Histoire ne doit plus s'écrire ailleurs, par des continents eux-mêmes en crise de modèles à proposer/imposer.

Une nouvelle génération très entreprenante d'Africains et d'Africanistes existe aujourd'hui, qui problématise et réécrit l'Histoire du continent dans toutes ses facettes, et par une approche multidisciplinaire. Il s'agit de dévoiler une Afrique des « Bonnes Nouvelles » : celle qui, parce que plus ouverte au monde, présente tous ses atouts d'émergence.

Dernière arrivée dans la compétition mondiale, l'Afrique est capable d'apporter un élan différent à la mondialisation grâce à son devenir, qui est subordonné à son être.

Déjà parus

Jules M. Mambi Magnack, *Le peuple dans la littérature africaine contemporaine*, 2015.
Frank Ebogo, *La géopolitique de l'eau au Cameroun*, 2014.
Gérard-Marie Messina et Augustin Emmanuel Ebongue (dir.), *Médias et construction idéologique du monde par l'occident*, 2014.
André-Marie Manga, *Didáctica de lenguas extranjeras. Orientaciones teóricas en español*, 2014.
Marcellin Nnomo Zanga et Gérard-Marie Messina, *Pour une critique du texte négro-africain,* 2014.
Alphonse Zozime Tamekamta et Jean Koufan Menkéné (dir.), *L'urgence d'une révolution agricole au Cameroun*, 2013.
Alphonse Zozime Tamekamta (dir.), *L'illusion démographique*, 2013.
Alphonse Zozime Tamekamta (dir.), *Propos sur l'Afrique*, 2013.

Séverin DJIAZET MBOU MBOGNING

Réflexions “canoniques” sur les droits de l’Homme au Cameroun et en Afrique

Préface du
Père Jean-Marie SIGNIE et Silvia RECCHI

Postface du
Professeur Eugène Désiré ELOUNDOU

L’Harmattan

5-7, rue de l'École-Polytechnique, 75005 Paris

http://www.harmattan.fr
diffusion.harmattan@wanadoo.fr
harmattan1@wanadoo.fr

ISBN : 978-2-343-07068-1
EAN : 9782343070681

Au Père Alfred NOTHUM,
Directeur honoraire du Département
de droit canonique de l'Université
catholique d'Afrique centrale.

SIGLES ET ABREVIATIONS

A.P.J. :	Agent de police judiciaire
Aff. :	Affaire
Al :	Alinéa
Al. :	Autres
AP :	Assemblée Plénière
Art. :	Article
BCC :	Banque Centrale des Comores
BCEAO :	Banque Centrale des Etats de l'Afrique de l'Ouest
BEAC :	Banque des Etats de l'Afrique Centrale
BRICS :	Brésil, Russie, Inde, Chine et Afrique du Sud.
Bull :	Bulletin
C /:	Contre
C.A. :	Cour d'Appel
C.P. :	Code pénal
C.P.I. :	Cour Pénale Internationale
C.P.P. :	Code de procédure pénale
C.S. :	Cour Suprême
C.S.C.O. :	Cour Suprême du Cameroun Oriental
c/ :	Contre
CA:	Cour d 'Appel
CCJA :	Cour Commune de Justice et d'Arbitrage
CDE:	Convention des Droits de l'Enfant
CEDEAO :	Communauté Economique des Etats de l'Afrique de l'Ouest
CEMAC :	Communauté Economique et Monétaire de l'Afrique Centrale
Cf. :	Confère
Chap. :	Chapitre
CIC :	Code d'instruction criminelle
CIMA :	Conférence Interafricaine des Marchés d'Assurance
Cor :	Correctionnel

CPC : Contrainte par corps
Crim : Criminel
Crim. : Chambre criminelle
CS: Cour Suprême
Dir. : Sous la direction de
ECAM : Enquête Camerounaise Auprès des Ménages
Ed. : Edition
FAC : Fonds d'Aide et de Coopération
FAO: Food and Agriculture Organization
FIDES: Fonds d'Investissement et de Développement Economique et Social
FMI : Fonds Monétaire International
Ibid. ou Ibidem : Au même endroit
Id. ou Idem : De même
J I : Juge d'Instruction
J.I. : Juge d'instruction
J-C. : Jésus-Christ
Jgt: Jugement
M.P. : Ministère Public
NEPAD : New Partnership for Africa's Development (Nouveau partenariat pour le développement de l'Afrique)
O.N.G. : Organisation Non Gouvernementale
O.N.U. : Organisation des Nations Unies
O.P.J. : Officier de Police Judiciaire
O.U.A. : Organisation de l'Unité Africaine
OHADA : Organisation pour l'Harmonisation en Afrique du Droit des Affaires
OIF : Organisation Internationale de la Francophonie
OMD : Objectifs du Millénaire pour le Développement
ONG : Organisation Non Gouvernementale
ONU: Organisation des Nations Unies
Op. Cit. : Opus Citatus (cité plus haut)

OUA:	Organisation de l'Unité Africaine
P. :	Chambre plénière
P. :	Page
P.P:	Pages
P.R. :	Procureur de la République
P.U.A. :	Presses Universitaires d'Afrique
PIB :	Produit Intérieur Brut
PNB :	Produit National Brut
PNUD :	Programme des Nations Unies pour le Développement
PPTE :	Pays Pauvres et Très Endettés
PUF:	Presses Universitaires de France
R.C.D. :	Revue Camerounaise de Droit
R.I.D.P. :	Revue Internationale de Droit Public
RCD :	Revue camerounaise du droit
Rev. Pénit. :	Revue Pénitentiaire
s.d.:	Sans date
S.D.N. :	Société Des Nations
s.l. :	Sans lieu
SADC :	Communauté de développement de l'Afrique australe (South African Development Community)
SIDA :	Syndrome de l'Immunodéficience Acquise
SP :	Simple Police
Suiv. :	Suivants
TGI:	Tribunal de Grande Instance
TPD:	Tribunal de Premier Degré
TPI:	Tribunal de Première Instance
Trib. :	Tribunal
U.A. :	Union Africaine
UNESCO :	Organisation des Nations Unies pour
l'Education la	Science et la Culture
Vol. :	Volume

PREFACE

Des prémices d'une énonciation historique des droits fondamentaux de l'homme peuvent être retrouvées dans la philosophie de Platon, lorsqu'il fait référence à l'homme intérieur qu'il faut toujours protéger ; ou encore chez Saint Paul, dans sa deuxième épître aux Corinthiens qui parle également de l'homme intérieur, totalement vierge en lui accordant une dignité absolue (cf. 2 Corinthiens 4, 16-18 et 2 Corinthiens 10, 3-5).

Dans le cadre purement africain, il n'est pas superflu de signaler le texte-serment de la Charte du Mandé au XIIIe siècle, inscrite par l'UNESCO au patrimoine immatériel de l'humanité. Cette charte énonce entre autres des principes d'égalité et de non discrimination... De plus, au XVe et XVIe siècle, les grands jurisconsultes islamiques de l'empire du Mali formulent des principes similaires à ceux qui seront établis plus tard dans les déclarations modernes des droits de l'homme. A ce sujet, l'on peut fort opportunément se référer aux manuscrits de Tombouctou.

Par ailleurs, il convient de mentionner qu'à l'époque moderne, les droits de l'homme ont connu un développement et une formalisation très importante. On peut l'observer à travers les grands textes anglais que sont : la Grande Charte de 1215, la Pétition des Droits en 1628, l'Acte d'Habeas Corpus en 1628 et la Déclaration des Droits ou "Bill of Rights" en 1689. L'on ne saurait ignorer l'émergence par la suite d'autres textes importants tels que la Déclaration des droits de Virginie aux Etats-

Unis en 1776, la Déclaration française des droits de l'homme et du citoyen en 1789, la Déclaration universelle des droits de l'homme en 1948, la convention européenne des droits de l'homme en 1950, la charte africaine des droits de l'homme et des peuples en 1981 et bien d'autres encore.

Tous ces textes énoncent une foultitude de droits fondamentaux de la personne humaine. Entre autres, on peut citer le droit à la vie, le droit à une filiation légale, le droit à la santé, le droit au travail, le droit à l'éducation, le droit à la sûreté, le droit à l'alimentation, le droit à l'intégrité physique et morale, le droit à la paix, le droit à un environnement sain, le droit d'accès à la justice, le droit au développement, le droit à la bioéthique etc ; même si certains de ces droits sont le produit d'une systématisation plus ou moins récente.

Bien souvent, les droits ainsi énoncés sont soit ignorés des populations, soit tout simplement foulés aux pieds par des acteurs de divers ordres. Raison pour laquelle une réelle politique de sensibilisation et de vulgarisation semble nécessaire.

Ainsi, dans ce sillage peut-on situer cette œuvre du Dr Séverin DJIAZET. Il s'agit en fait d'un ensemble d'essais qu'il a présentés en matière de droits de l'homme au sein du Département de droit canonique de l'Université catholique d'Afrique centrale pendant une dizaine d'années, notamment entre 2004 et 2015, dans le cadre des sessions de formation connues sous la dénomination de « Quinzaine de Yaoundé ». C'est ce qui, nous semble-t-il, justifie le titre très ''canonique'' de cet ouvrage. Pas forcément pour faire référence aux dispositions du code de droit canonique.

A la demande insistante de plusieurs personnes, parmi lesquelles des étudiants et des chercheurs, l'auteur a cru nécessaire de regrouper ces travaux, dont l'importance n'est plus à démontrer, dans cet ouvrage pour qu'ils soient mis à la disposition d'un public plus large.

Par ce canal, ce magistrat-chercheur apporte, par son style particulier, dans un langage simple et accessible à tous, une contribution déterminante pour la promotion et la protection des droits de l'homme, aussi bien au Cameroun qu'en Afrique ; un continent où les conditions de vie des populations sont malheureusement réputées être des plus déplorables du monde.

La première partie de cet ouvrage est intitulée : ''L'adoption légale au Cameroun : aspects théorique et pratique'' et indique utilement les différentes procédures d'adoption en vigueur au Cameroun.

La deuxième partie a pour titre : ''La sauvegarde des droits de l'homme en droit pénal camerounais'' et met en exergue les mécanismes de promotion et de protection des droits humains en matière pénale au Cameroun.

La troisième partie quant à elle scrute et détermine la place accordée aux droits fondamentaux au cours des différentes étapes de la procédure pénale et a pour référent : ''Le code camerounais de procédure pénale à l'épreuve des droits de l'homme''.

En outre, il importe de mentionner qu'au regard des difficultés rencontrées par les praticiens du droit s'agissant de la nécessité de saisir et de sanctionner le mystérieux phénomène des pratiques de sorcellerie, la quatrième partie se focalise sur le thème ''Sorcellerie et répression judiciaire au Cameroun''.

Par ailleurs, la cinquième partie ayant pour thème principal : ''Le droit à la justice : un devoir collectif et une responsabilité commune'', vise à sensibiliser les différentes composantes de la société à propos de leur contribution dans la bonne marche de la justice. D'où l'idée de coresponsabilité soutenue par l'auteur.

Enfin, la sixième partie, intitulée « Pauvreté, droits de l'homme et droit au développement en Afrique : enjeux et perspectives », présente le panorama de l'Afrique, perçue comme le continent le plus pauvre de la planète, avec cependant une note d'espoir conditionnée par des efforts multidimensionnels à fournir.

La pertinence des thèmes développés dans ce livre, intitulé : ***Réflexions "canoniques" sur les droits de l'homme au Cameroun et en Afrique***, appelle forcément une attention spéciale de tous. D'où la nécessité impérieuse pour chacun de le lire et de le faire connaître aux autres, afin qu'une place de choix soit toujours accordée aux droits fondamentaux de la personne humaine au Cameroun et en Afrique. Peut-être qu'à terme, ce continent pourrait-il, au bout du compte, en tirer le meilleur parti dans l'idée et la volonté de présenter une image plus reluisante au reste du monde.

Père Jean Marie SIGNIE
Directeur du Département de Droit canonique à l'Université Catholique d'Afrique Centrale

Silvia RECCHI
Directrice émérite dudit Département

INTRODUCTION GENERALE

La problématique des droits de l'homme suscite, aujourd'hui, dans le monde entier, un intérêt particulier. A juste titre.

A ce propos, il ne serait pas superflu de relever l'engouement des médias, publics ou privés, à faire écho à l'intense activité actuellement développée autour des droits humains. Il reste tout de même constant que les membres de la communauté internationale n'arrivent pas encore à accorder leurs violons sur une conception commune des droits de l'homme. Norbert ROULAND rappelle fort à propos cette réalité, liée à la disparité des conceptions culturelles, dans cette déclaration : « Il y a déjà longtemps, Montaigne écrivait que chacun appelle barbarie ce qui n'est point de son usage. »[1]

Il convient néanmoins de rappeler que les droits fondamentaux de la personne humaine ont véritablement pris leur envol au lendemain de la Deuxième Guerre mondiale. En effet, suite aux atrocités causées par cette guerre, la communauté internationale sous l'égide de l'Organisation des Nations Unies, a pris conscience de l'urgente nécessité de mettre sur pied des mécanismes de protection du genre humain ; condition indispensable au maintien de la paix internationale.

Ainsi, dès l'année 1945, la Charte des Nations Unies en son article 55 invite au « respect universel et effectif

---

[1] Norbert ROULAND, *Aux confins du droit*, Paris, EDITIONS ODILE JACOB, p. 61.

des droits de l'homme et des libertés fondamentales » ; tandis que l'article 56 vient souligner que « les membres s'engagent, en vue d'atteindre les buts énoncés à l'article 55, à agir, tant conjointement que séparément, en coopération avec l'organisation ».

On va donc par la suite assister à une floraison d'instruments juridiques internationaux, régionaux ou nationaux. En même temps, il va se développer dans le monde une véritable diplomatie des droits de l'homme avec en prime la création de plusieurs institutions chargées d'assurer la promotion et la protection desdits droits.

Par ailleurs, l'action de ces institutions est relayée sur le plan concret par des apports multiples et variés, visant en somme l'édification d'une réelle culture des droits de l'homme.

Ainsi, l'on peut dire que ce concept est essentiellement universaliste et égalitaire ; raison pour laquelle il ne saurait s'accommoder des philosophies ou régimes fondés sur la supériorité d'une race, d'une classe, d'un peuple, d'une croyance ou d'un groupe social…

Pourtant, il est indéniable qu'avec l'évolution actuelle du monde, les hommes sont appelés à faire face à de nombreux défis. A cet effet, le Pape François attire notre attention en ces termes : « L'humanité vit en ce moment un tournant historique que nous pouvons voir dans les progrès qui se produisent dans différents domaines. On doit louer les succès qui contribuent au bien-être des personnes, par exemple dans le cadre de la santé, de l'éducation et de la communication. Nous ne pouvons cependant pas oublier que la plus grande partie des hommes et des femmes de notre temps vivent une précarité quotidienne, aux conséquences funestes. »[2]

Il pense également que ces bouleversements ont une cause bien connue, lorsqu'il s'exprime en ces termes : « Ce changement d'époque a été causé par des bonds énormes qui, en qualité, quantité, rapidité et accumulation, se vérifient dans le progrès scientifique, dans les innovations technologiques et dans leurs rapides applications aux divers domaines de la nature et de la vie. Nous sommes à l'ère de la connaissance et de l'information, sources de nouvelles formes d'un pouvoir très souvent anonyme. »[3]

C'est dire combien l'être humain et le respect de ses droits fondamentaux ne semblent plus véritablement être la préoccupation première de la société actuelle.

C'est pourquoi, il nous semble donc impérieux de faire disparaître ce que le Professeur Pierre TITI NWEL appelle « discriminants sociaux »[4] quand il fait allusion à la race, aux origines socioculturelles etc, pour instaurer une éducation sociale pouvant à terme inculquer aux populations une véritable culture des droits de l'homme. Il pense que cela apporterait une plus-value à la personne humaine en général lorsqu'il écrit : « L'éducation sociale consiste aujourd'hui à faire passer la notion d'homme de son statut d'idée à celui de concept, de telle sorte que l'humanité soit reconnue et reconnaissable en chaque

---

[2] Pape François, Exhortation apostolique *Evangelii Gaudium*, Yaoundé, Editions Don Bosco, p.28.
[3] *Id.*
[4] TITI NWEL Pierre, *Droits de l'homme et conceptions culturelles de l'homme*, Cahiers de la Quinzaine de Yaoundé N° 5, Département de droit canonique, Presses de l'UCAC, Yaoundé, 1997, p. 12.

individu malgré ses spécificités sociales, son avoir matériel, ses qualités morales et intellectuelles. »[5]

Tout cela appelle une réelle solidarité que Saint Basile, un prêtre du IVe siècle a symboliquement peint dans l'un de ses plus célèbres sermons en déclarant: « A l'affamé appartient le pain que tu gardes en réserve ; à l'homme nu le manteau que tu tiens dans ta garde-robe ; au va-nu-pieds les chaussures qui pourrissent dans ton casier. »[6]

Au regard de l'environnement mondial actuel et suivant les considérations ci-dessus, le respect des droits de l'homme semble être le baromètre permettant de mesurer le niveau de démocratie au sein des Etats. Même s'il reste constant que la notion de droits fondamentaux est source de nombreuses controverses : d'abord quant à leurs origines et leur fondement ; ensuite s'agissant de leur mise en œuvre effective.

Dans cette optique, les personnes ou même les Etats, accusés de violations plus ou moins flagrantes des droits de l'homme, sont régulièrement mis au banc de la communauté internationale, avec quelquefois un corollaire de sanctions.

Cela dit, au-delà des droits initialement et communément reconnus que sont d'une part les droits civils et politiques, d'autre part les droits sociaux et économiques, il convient de faire observer que l'étendue des droits fondamentaux est quasi difficile à cerner, si l'on se réfère au développement et à la promotion sur la scène internationale de nouveaux droits dits de la troisième ou de la quatrième génération tels que les droits environnementaux, les considérations bioéthiques, le droit

---

[5] *Id.* p. 18.

[6] Cf. SAOUT Yves, *Le ministre et la colère de Dieu : roman biblique sur la corruption,* Yaoundé, Presses de l'UCAC, 2012, p. 32.

au développement, le droit à la paix, le droit à l'autodétermination, le droit au partage du patrimoine commun de l'humanité, le droit à la différence, le droit des minorités, le droit à la démocratie, etc.

Compte-tenu de la densité incommensurable des éléments constitutifs du champ scientifique des droits de l'homme, il serait pour le moins utopique de prétendre cerner tous ses contours dans le cadre du présent ouvrage.

En effet, bien que passant en revue l'essentiel des droits fondamentaux de la personne humaine au Cameroun et en Afrique, cette publication est un recueil des travaux que nous avons présentés au Département de droit canonique de l'Université catholique d'Afrique centrale, lors des sessions de formation baptisées « Quinzaine de Yaoundé »[7], de 2004 à 2015. D'où le titre : ***Réflexions ''canoniques'' sur les droits de l'homme au Cameroun et en Afrique*** attribué à cette collection. Ce qui ne signifie pas nécessairement qu'il y soit fait référence aux dispositions du code de droit canonique.

Signalons d'entrée de jeu que cet ouvrage va être décliné en six grandes parties, à savoir : L'adoption légale au Cameroun : aspects théorique et pratique (première partie), La sauvegarde des droits de l'homme en droit pénal camerounais (deuxième partie), Le code camerounais de procédure pénale à l'épreuve des droits de l'homme (troisième partie), Sorcellerie et répression judiciaire au Cameroun (quatrième partie), Le droit à la justice : un devoir collectif et une responsabilité commune (cinquième partie), Pauvreté, droits de l'homme et droit au développement en Afrique : enjeux et perspectives (sixième partie).

---

[7] Session de formation organisée chaque année dans la deuxième quinzaine du mois de juillet à l'attention des étudiants de ce département et d'autres personnes qui en font la demande.

Première partie

L'ADOPTION LEGALE AU CAMEROUN : ASPECTS THEORIQUE ET PRATIQUE

Introduction

La famille, a-t-on coutume de dire, est la cellule de base de toute société. Or il se trouve que la pérennisation des familles et des sociétés passe nécessairement par la procréation. D'où la place de choix qu'occupent les enfants dans notre vie au quotidien. Pour des raisons multiples, cela justifie la fréquence de la pratique des adoptions.[1]

Au même titre que les minorités, les handicapés, la gent féminine, les personnes du troisième âge, les enfants font partie des catégories sociales particulièrement protégées dans le domaine des droits humains. En effet, les droits de l'homme sont un « *ensemble de facultés et de prérogatives considérées comme appartenant naturellement à tout être humain et dont le droit public ... s'attache à imposer à l'Etat le respect et la protection en conformité avec certains textes de portée universelle* »[2] . Une compréhension superficielle de cette définition pourrait laisser croire que ces droits, autrement appelés « droits fondamentaux de la personne humaines » [3] s'imposent uniquement à l'Etat en tant qu'autorité et entité globale. En réalité, leur respect s'applique aussi de manière impérative aux individus constituant nécessairement la population de l'Etat. [4] Dans cette optique, l'adoption ne saurait échapper à cette idée générale de protection des personnes par elle concernées. Ceci pour combattre les trafics d'enfants et autres pratiques répréhensibles ; lesquels sont contraires au

[1] Même si ce phénomène de l'adoption ne concerne pas uniquement les enfants, ils sont de manière générale la cible principale.
[2] CORNU G., *Vocabulaire Juridique*, PUF, 4e Ed ; Paris, 2003, P.324.
[3] Ceci pour prendre en compte le sexe masculin et le sexe féminin.
[4] Dans la théorie du Droit Constitutionnel, l'Etat est une entité comprenant un territoire, une population et un gouvernement.

respect de la dignité humaine que protègent les textes relatifs aux droits de l'homme.

Cela dit, l'adoption est la «*création, par jugement, d'un lien de filiation d'origine exclusivement volontaire, entre deux personnes qui, normalement, sont physiologiquement étrangères* ».[5] Elle est aussi définie comme « un acte solennel, soumis à l'approbation de la justice, qui crée entre deux personnes des relations analogues à celles qui résulteraient de la filiation légitime. En principe, l'adoption ne détruit pas les rapports de filiation que l'adopté tient de sa naissance ; la parenté fictive qu'elle crée se superpose à ces rapports sans se substituer à eux ».[6]

L'adoption existe dans nos traditions africaines depuis des temps anciens et permet ainsi de constituer ou de reconstituer la famille. C'est notamment le cas des personnes n'ayant pas pu se marier ou celles qui n'ont pas pu avoir d'enfants. La forme la plus répandue est le « confiage » qui est une pratique africaine consistant à confier un enfant soit à un membre de la famille, soit à une famille amie, avec comme conséquence le transfert de l'autorité parentale. Ce qui implique pour le nouveau « parent » des droits et des obligations à l'égard de l'enfant. Cette pratique est réglementée dans certaines législations. C'est le cas au Gabon. Notre souhait est que le futur code camerounais des personnes et de la famille, en cours d'élaboration depuis plusieurs années, en tienne compte.

En attendant, il échet de relever que l'adoption est actuellement régie au Cameroun par le code civil. Cette

---

[5] CORNU G., op. cit., P. 32.

[6] MBENOUN C., « l'adoption en droit camerounais », exposé présenté lors de la Réunion des Chefs de Cours (Cours d'Appel et Cour Suprême), Yaoundé, du 28 au 31 octobre 2008.

notion y a été introduite par une décision de l'assemblée législative du 18 Janvier 1792. A cette époque, ni les conditions, ni les formes ou procédures, ni les effets n'étaient précisés. De plus, le code n'admettait que l'adoption des majeurs et réservait aux mineurs une « tutelle officieuse »[7] consistant à permettre « l'adoption testamentaire », celle prévue dans un testament, qui était autorisée si le tuteur venait à mourir. L'article 345 ancien prévoyait « l'adoption rémunération » accordée comme récompense à la personne qui avait sauvé la vie de l'adoptant. Une première réforme est intervenue par la loi du 19 juin 1923 faisant disparaître toutes ces institutions. Enfin, le décret – loi du 29 juillet 1939 sur la famille[8] a davantage favoriser les adoptions en permettant aux parents adoptifs de considérer l'enfant qu'ils adoptent comme étant exclusivement le leur. A cette fin, il a permis au tribunal de déclarer rompus les liens entre l'enfant adoptif et sa famille d'origine, à travers la « légitimation adoptive » qui fait entrer l'enfant adoptif dans la famille de ses nouveaux parents.

Sous réserve des réformes envisagées, le droit positif en vigueur au Cameroun s'est largement inspiré du droit romano – germanique. Il prévoit deux types d'adoption : l'adoption simple et la légitimation adoptive encore appelée l'adoption plénière. L'étude des conditions et des effets de ces deux notions (Section I) commande de s'appesantir également sur l'examen des juridictions compétentes en ces matières et la présentation de la procédure y afférente (section II).La connaissance des règles les gouvernant étant d'une importance capitale au regard de l'engouement, plus ou moins exprimé, que suscite l'adoption dans notre pays.

[7] Cf. article 363 ancien.
[8] Applicable au Cameroun.

Section I : les conditions et les effets de l'adoption en droit positif camerounais

L'exposé des conditions (§ 1) précédera celui des effets (§ 2).

§ 1 : Les conditions de l'adoption

Les conditions diffèrent selon qu'il s'agit d'une adoption simple (A) ou d'une légitimation adoptive (B). Toutefois, ces deux types d'adoption sont subordonnés à une condition commune : l'existence de justes motifs et d'avantages certains pour l'adopté[9]. De manière laconique, les conventions et autres traités internationaux recommandent de s'assurer que cette séparation est nécessaire dans l'intérêt supérieur de l'enfant.[10]

A) Les conditions de l'adoption simple :

Les conditions de l'adoption simple sont régies par les articles 344 à 349 du code civil. Elles sont relatives à l'âge et au consentement.

S'agissant des conditions d'âge, l'article 344 du code civil dispose que l'adoption n'est permise qu'aux personnes de l'un ou de l'autre sexe âgées de plus de 40 (quarante) ans. Le même texte précise qu'elle peut être demandée conjointement par deux époux non séparés de corps[11] dont l'un au moins est âgé de plus de 35 (trente cinq) ans s'ils sont mariés depuis plus de 10 ans.

---

[9] Cf. art 343 du Code Civil.

[10] On peut citer entre autres la convention relative aux droits de l'enfant (CDE) adoptée par les Nations Unies le 20 novembre 1989 ; la Conventions de la Haye sur la Protection des Enfants et la coopération en matière d'adoption internationale adoptée à la Haye le 29 mai 1993 ; la charte africaine des droits et du bien – être de l'enfant, adoptée en juillet 1990 lors de la 26e conférence des chefs d'Etat et Gouvernement de l'OUA.

[11] C'est-à-dire des mariés qui ne sont pas en état de séparation de corps prononcé par le tribunal compétent. Cette séparation de corps,

Cela implique qu'il faut au départ l'accord des deux conjoints. La demande peut être présentée conjointement les deux ou par l'un des époux. Dans ce dernier cas, il faut nécessairement le consentement de l'autre comme le mentionne l'article 346 al. 2 du code civil, sauf si celui – ci est dans l'impossibilité de manifester sa volonté. En plus, le consentement de l'époux du requérant n'est pas exigé en cas de séparation de corps.

Le code ne prévoit aucune condition d'âge pour la personne adoptée. Cependant, il doit y avoir une différence de 15 (quinze) ans entre l'adoptant et la personne qu'il se propose d'adopter. Mais lorsque la personne à adopter est l'enfant du conjoint de l'adoptant, la différence d'âge exigée est de 10 (dix) ans. Dans ce cas, elle pourra même être réduite par dispense du Président de la République, précise l'article 344 al 3 du code civil.[12]

Par ailleurs, il importe de relever que les adoptants ne devront avoir au jour de l'adoption ni enfants, ni descendants légitimes. Mais l'existence d'enfants légitimés par adoption[13] ne fait pas obstacle à l'adoption.[14]

L'adoption suppose au préalable le consentement de la personne à adopter.[15]

Si celle-ci est mineure, ses deux parents doivent y consentir. Si l'un des conjoints est décédé ou introuvable, le consentement de l'autre suffit. Si les deux parents sont divorcés ou séparés de corps, le consentement de celui au

---

qui permet aux époux de résider séparément, est généralement une étape d'observation avant le divorce.

[12] C.S. Arrêt n°17/L du 20 décembre 1973, Bull n°29, P. 4147.

[13] Il s'agit de l'enfant ou des enfants que l'on a eus par voie d'adoption.

[14] Cf article 344 al. 2 du code civil.

[15] L'adopté doit consentir à son adoption s'il est majeur ou s'il a plus 16 ans.

profit duquel le divorce ou la séparation de corps a été prononcé et qui a la garde de l'enfant suffit. Il s'agit du parent qui a gagné le procès en divorce ou en séparation de corps. Seulement, l'acte d'adoption doit être signifié à celui qui n'a pas donné son consentement et son homologation n'interviendra que trois mois après cette signification.[16]

D'après l'article 349 al 1 du code civil, si l'enfant est orphelin de père ou de mère ou si ces derniers sont dans l'impossibilité de manifester leur volonté, le consentement est donné par le conseil de famille. L'alinéa 3 de cet article précise que s'il s'agit d'un enfant légitime ou naturel confié à une association de bienfaisance ou à un particulier, le consentement est donné, après avis de cette association ou de cette personne, par le tribunal compétent pour homologuer l'acte d'adoption. A bien des égards, la légitimation adoptive obéit à un autre régime.

B) Les conditions de l'adoption plénière

L'adoption plénière ou légitimation adoptive est celle qui provoque une rupture de lien entre la famille d'origine et l'enfant adopté et assimilant ce dernier à un enfant légitime dans la famille adoptive.[17] Les conditions sont définies par l'article 368 al 1 du code civil. En effet, celui-ci dispose que : « *la légitimation adoptive n'est permise qu'en faveur des enfants âgés de moins de cinq ans abandonnés par leurs parents ou dont ceux-ci sont inconnus ou décédés. Elle ne peut être demandée que conjointement par des époux non séparés de corps remplissant les conditions d'âge exigées par l'article 344 et n'ayant ni enfants ni descendants légitimes. L'existence*

[16] Article 347 du code civil. Si dans ledit délai ce parent a notifié au greffe son opposition, le tribunal devra l'entendre avant de prononcer.
[17] GUINCHARD S. et MONTAGNIER G., *Lexique de termes juridiques*, 8e édition, Dalloz, Paris, P.23.

d'enfants légitimés par adoption ne fait pas obstacle à de nouvelles légitimations adoptives ».

En dehors de la condition d'âge de l'adopté qui est ici fixée à moins de 5 (cinq) ans et de l'abandon dont il fait l'objet, les autres conditions sont celles de l'adoption simple ci – dessus étudiée. Ce qui signifie que l'adoptant doit être âgé de plus de 40 ans ; si l'adoption est demandée par deux époux, l'un des deux doit être âgé de plus de 35 ans, en plus ils doivent être mariés depuis plus de 10 ans.

L'alinéa 2 de l'article 368 susvisé spécifie que : « *à l'égard des enfants confiés par l'assistance publique ou par une association de bienfaisance investie de la puissance paternelle à des époux ne remplissant pas encore les conditions exigées par l'article 344, la limite d'âge de cinq ans sera reculée d'autant de temps où l'enfant a été confié à ces époux et celui où ces conditions auront été remplies ».*

Il ressort clairement de ces dispositions que la condition d'âge, celle de moins de 5 ans, exigée de l'adopté au jour de la demande d'adoption est levée dans ce cas particulier. Il peut s'agir par exemple d'un enfant confié par un organisme de l'Etat[18] ou par une association laïque ou religieuse à vocation caritative à deux époux pour lui permettre d'avoir un foyer où il peut être bien encadré pour un meilleur épanouissement.

---

[18] Notamment dans le cadre de la loi n° 84/04 du 4 juillet 1984 fixant les conditions d'adoption et de tutelle des pupilles de la nation et dont l'article 1er dispose : « le Cameroun adopte les orphelins :
1) dont le père ou le soutien de famille a été tué : soit par l'ennemi, soit sur l'un des théâtres d'opérations ayant pour finalité la sauvegarde des institutions constitutionnelles de la république ;
2) dont le père, la mère ou le soutien de famille est mort de blessures ou maladies contractées ou aggravées soit du fait de la guerre, soit du fait des opérations visées au paragraphe premier ci-dessus. »

C'est ce qu'on appelle placement provisoire [19] organisé par la lettre – circulaire du 5 décembre 1990 du Ministre chargé des Affaires Sociales. Seulement, les démarches administratives y contenues en vue d'obtenir l'attestation de garde provisoire, nous amènent à craindre que les lourdeurs et les lenteurs très souvent déplorées compromettent finalement l'intérêt supérieur de l'enfant, celui de lui trouver rapidement une famille d'accueil ; ceci pouvant très souvent aboutir à une adoption.

Qu'à cela ne tienne, à titre d'illustration, le recul de la condition d'âge ci-dessus mentionné par l'alinéa 2, s'agissant de l'adoption, implique que si un bébé abandonné est confié à un couple de mariés dont l'un est âgé de 25 ans et l'autre de 20 ans ; il faut attendre 10 ans environ pour que l'époux le plus âgé ait plus de 35 ans pour pouvoir introduire une demande d'adoption. Entre-temps, l'enfant aura 10 ans et non plus moins de 5 ans comme l'exige la loi. Mais même dans ces conditions, l'adoption pourra être admise, [20] l'enfant s'étant en principe intégré et habitué à cette famille d'accueil. [21] Encore faut-il que ce couple ait plus de 10 ans de mariage

---

[19] Pour mieux organiser cette pratique, le Ministère des Affaires sociales a conçu la lettre – circulaire n° 90/02759/LC/MINASCOF/OPIF/SDPE du 5 décembre 1990 sur le rappel des procédures en matière de garde provisoire d'enfants abandonnés, qui subordonne le placement en famille d'accueil à l'obtention préalable de l'agrément du Ministre en charge de ce département, cet agrément devant ensuite donner lieu à la délivrance de l'attestation de garde provisoire d'enfant.

[20] Sauf s'il est démontré l'existence dans cette famille de dangers particuliers pour l'enfant à adopter. Dans cet exemple, la limite d'âge de 5 ans est renvoyée à 10 ans correspondant au temps écoulé entre le moment où l'enfant a été confié à ces époux et le moment où les conditions sont remplies.

[21] Sans oublier que l'adopté doit lui – même consentir à son adoption, qu'elle soit simple ou plénière, lorsqu'il est majeur ou a plus de 16 ans.

et n'ait pas eu d'enfants ou de descendants légitimes, l'adoption pouvant de manière générale avoir des conséquences plus ou moins compliquées pour les protagonistes.

§ 2 : Les effets de l'adoption

Une bonne visibilité dans ce champ induit d'analyser les effets de l'adoption simple (A) avant de nous appesantir sur ceux de la légitimation adoptive (B).

A) Les effets de l'adoption simple :

Les effets de l'adoption simple ressortent des articles 350 à 357 du code civil. En premier lieu, l'adoption confère le non de l'adoptant à l'adopté, en l'ajoutant au nom propre de ce dernier. Sauf s'ils ont le même patronyme. Mais si l'adopté a moins de 16 ans au jour de l'adoption, celle-ci lui confère purement et simplement le nom de l'adoptant, sauf si le tribunal en a disposé autrement dans sa décision. [22]

Si l'adoptant est une femme mariée, le jugement d'homologation confèrera à l'adopté le nom du conjoint si celui – ci l'accepte. S'il est décédé ou hors d'état de manifester sa volonté, le tribunal appréciera souverainement, mais après avoir consulté les héritiers du mari ou ses successibles les plus proches selon l'ordre légal. [23]

---

[22] C'est le cas lorsque le nom est jugé indécent. Exemple : Hitler, Lucifer etc.

[23] Cf article 350 du code civil. Par ailleurs, les héritiers ou successibles sont d'abord les enfants du défunt ; S'il n'en a pas laissé, ce sont les parents(père et mère) ;S'ils ne vivent plus, ce sont les collatéraux(frères et sœurs) ;A défaut de collatéraux, c'est le conjoint survivant(la femme ou le mari qui est resté en vie).A cet effet, voir les articles 731 et suivants du code civil sur les divers ordres de succession.

L'article 351 du code civil dispose que l'adopté reste dans sa famille naturelle et y conserve tous ses droits, sauf si le Tribunal en décide autrement. En plus, l'adoptant seul exerce la puissance paternelle[24] et c'est à lui que revient le droit de consentir au mariage de l'adopté lorsqu'il est encore mineur. En cas d'adoption par deux époux, c'est l'adoptant [25] qui gère les biens de l'adopté dans les mêmes conditions que le père pour ses enfants légitimes. Si les adoptants divorcent ou sont séparés de corps, le Tribunal applique aux enfants adoptés les règles concernant les enfants légitimes. En outre, le lien de parenté résultant de l'adoption s'étend aux enfants légitimes de l'adopté.

Par ailleurs, comme autres conséquences, l'article 354 du code civil prévoit que le mariage est interdit entre l'adoptant, l'adopté et ses descendants ; entre l'adopté et le conjoint de l'adoptant et réciproquement entre l'adoptant et le conjoint de l'adopté ; entre les enfants adoptifs du même individu ; enfin, entre l'adopté et les enfants qui pourraient survenir à l'adoptant. Ceci se justifie tout simplement du fait que par la force de cette institution, toutes ces personnes forment une même famille. Toute violation de ce principe sacré tomberait quasiment dans le domaine de l'inceste.

Toutefois, les prohibitions aux mariages entre les enfants adoptifs d'un même individu d'une part ou entre l'adopté et les enfants éventuellement engendrés par l'adoptant d'autre part peuvent être levées par décret du Président de la République s'il y a des causes et des motifs graves. Par exemple, la survenance d'une grossesse issue des œuvres de ceux-ci. Dans ce cas, une telle décision aura essentiellement pour but d'unir les parents de l'enfant qui

---

[24] C'est l'ensemble des prérogatives que les parents ont sur la personne et les biens de leurs enfants mineurs.
[25] C'est – à – dire le mari.

va naître ; pour lui permettre d'avoir une famille d'accueil stable.

Selon les termes de l'article 355 du code civil, l'adopté doit des aliments à l'adoptant s'il est dans le besoin et réciproquement l'adoptant doit des aliments à l'adopté. Il s'agit en fait des responsabilités normalement assumées dans des familles dignes de respect. Car les parents doivent s'occuper de leurs enfants. De même, ceux-ci doivent s'occuper de leurs parents.

Enfin, l'adopté a, sur la succession de l'adoptant, les mêmes droits qu'auraient les enfants ou descendants légitimes ; c'est-à-dire une part entière en fonction du nombre d'enfants, alors que l'enfant naturel a droit uniquement à la moitié de la part qui revient à l'enfant légitime. Mais ils n'acquièrent aucun droit de succession sur les biens des parents de l'adoptant. [26]

Au demeurant, il importe de signaler que l'adoption plénière présente des conséquences toutes particulières.

B) Les effets de la légitimation adoptive :

Pour l'essentiel, les effets de la légitimation adoptive sont prévus par l'article 370 du code civil, ceux – ci venant en principe s'ajouter aux principales conséquences qui découlent de l'adoption simple tels le changement de nom et autres.

Cependant, l'effet majeur est que l'enfant qui fait l'objet d'une légitimation adoptive cesse d'appartenir à sa famille d'origine, sous réserve des prohibitions au mariage visées aux articles 161, 162, 163 et 164 du code civil. Concrètement, cela signifie que l'adopté ne pourra par la suite prendre pour conjoint un de ses ascendants, ses frères ou sœurs légitimes ou naturels, ses oncles ou tantes issus

---

[26] Cf article 256 du code civil.

de sa famille d'origine. Toujours pour éviter de tomber dans le domaine de l'inceste, car il demeure uni à sa famille d'origine par les liens de sang.

Dans sa famille adoptive, l'adopté a les mêmes droits et les mêmes obligations que s'il était né du mariage. Il est donc considéré exactement comme un enfant légitime ou légitimé.[27]

L'alinéa 2 de l'article 370 du code civil précise que : « si un ou plusieurs des ascendants, des tuteurs de la légitimation adoptive n'ont pas donné leur adhésion à celle – ci dans un acte authentique, l'enfant et ces ascendants ne se devront pas d'aliments et n'auront pas qualité d'héritiers réservataires dans leurs successions réciproques ».cela signifie que si le consentement attendu n'a pas été donné dans un acte signé par devant un notaire par exemple, ces différentes personnes n'auront pas d'obligations réciproques entre elles.

Au total, il apparaît donc clairement que l'adoption, qu'elle soit simple ou plénière, est soumise à des conditions bien précises et produit des effets spécifiques.

Au-delà du placement coutumier qui dans nos traditions n'obéit à aucune forme préétablie, l'adoption légale au contraire doit se plier à une certaine rigidité procédurale devant les juridictions.

Section II : juridictions compétentes et procédure d'adoption en droit camerounais

Ces deux notions véhiculent en fond le principe de l'accès à la justice. L'on sait en effet que « les droits sont des prérogatives exigibles ; ils requièrent d'autrui une

[27] L'enfant est légitime quand il est né dans un mariage. Lorsque ses deux parents se sont mariés après sa naissance, il est dit légitimé.

prestation déterminée qui peut à l'extrême rigueur, se réduire à une abstention … »[28]

Ces droits doivent en principe être défendus devant des juridictions déterminées (§ 2), suivant une procédure bien précise (§ 1). Car en réalité, tout ordre juridique vise à assurer ou favoriser la réalisation de l'idéal de justice dans la société.[29]

§ 1 : La procédure d'adoption au Cameroun

D'après le **Vocabulaire juridique,** la procédure est l'ensemble des règles gouvernant un type de procès.[30] S'agissant de l'adoption, les règles varient légèrement suivant qu'elle est simple (A) ou plénière (B).

A) La procédure de l'adoption simple :

Cette procédure comprend essentiellement deux phases prévues par les articles 358 à 364 du code civil. Il s'agit de l'acte d'adoption d'une part (1) et de l'acte d'homologation d'autre part (2).

1- l'acte d'adoption :

L'article 358 du code civil dispose clairement que : « La personne qui se propose d'adopter et celle qui veut être adoptée, si elle est majeure, ou si, même mineure, elle a atteint l'âge de seize ans, doivent se présenter devant le juge de paix du domicile de l'adoptant ou devant un notaire, pour y passer acte de leurs consentements respectifs.

Si l'adopté a moins de seize ans, l'acte est passé en son nom par son représentant légal ».

---

[28] SERIAUX A, SERMET L, et VIRIOT – BARRIAL D, *Droits et libertés fondamentaux*, Dalloz, Paris, 1999, 5e Ed, P. 10.

[29] Le FRIANT M. « l'accès à la justice », in libertés et droits fondamentaux, Dalloz ; Paris, 1999, 5e Ed, P 357.

[30] CORNU G., *Op. cit* , p.696.

Il ressort de cette disposition que l'acte d'adoption est établi par un notaire ou par le juge du domicile de l'adaptant. Pratiquement, ceux-ci sont chargés de recueillir le consentement de l'adoptant et de l'adopté ou de son représentant légal [31] au cas où celui-ci est encore mineur. Le juge est un fonctionnaire de la justice en service au Tribunal, qui pose la quasi-totalité de ses actes de fonction en présence d'un greffier. Le notaire quant à lui est un auxiliaire de la justice investi du pouvoir d'établir des actes authentiques.

Le caractère authentique est donc la particularité principale des actes délivrés par ces responsables. En effet, ces actes font foi jusqu'à inscription de faux. C'est dire que l'on ne peut les contester ou les attaques qu'en démontrant devant un Tribunal, par une procédure non moins complexe, qu'il s'agit de faux actes. On comprend donc qu'en attribuant cette mission au notaire et au juge, le législateur a voulu entourer l'acte d'adoption de beaucoup de sécurité. [32]

Cette étape préfigure une autre tout aussi importante.

2) l'acte d'homologation :

L'article 360 du code civil prescrit formellement que l'acte d'adoption doit être homologué par le Tribunal civil du domicile de l'adoptant. Cette juridiction est saisie par requête de l'adoptant ou de l'adopté ; une expédition[33] de l'acte d'adoption doit être jointe à cette requête.

---

[31] Le représentant légal c'est le père ou la mère, ou encore un tuteur dûment désigné, voire toute personne mandatée par le conseil de famille en cas d'absence ou de décès des parents.

[32] Par exemple, le consentement ne doit pas être donné sous la contrainte.

[33] C'est – à – dire une copie délivrée par le notaire ou le Greffe du Tribunal selon le lieu où l'acte d'adoption a été établi.

La procédure se déroule en chambre de conseil,[34] le tribunal après s'être procuré les renseignements convenables, vérifie si toutes les conditions requises par la loi sont remplies, s'il y a de justes motifs de l'adoption et si celle-ci présente des avantages pour l'adopté et enfin, s'il existe des motifs qui peuvent s'opposer à l'attribution à ce dernier du nom de l'adoptant. Après avoir entendu le Procureur de la République, le Tribunal prononce, sans énoncer de motifs, qu'il y a lieu à adoption ou pas.

Les parties disposent d'un délai de trois mois à partir du prononcé du jugement du Tribunal pour faire appel de cette décision au cas où cette juridiction a refusé d'homologuer l'acte d'adoption. Dans cette hypothèse, la Cour d'Appel statue dans les mêmes conditions et modalités que celles ci-dessus indiquées s'agissant du Tribunal.

En cas de nom satisfaction au niveau de la Cour d'Appel, seul le recours en cassation pour vice de forme contre l'arrêt qui a refusé d'homologuer l'acte d'adoption est recevable pour permettre à la Cour Suprême de statuer en dernier ressort. Cette Cour ne revient pas sur le fond du dossier, c'est-à-dire si les conditions et les effets de l'adoption ont été respectés. Elle s'assure seulement que le Tribunal et/ou la Cour d'Appel n'ont pas violé les règles de procédure. C'est cela le vice de forme.

Le dispositif[35] du jugement ou de l'arrêt qui a homologué l'acte d'adoption est prononcé en audience publique. Dans les trois mois de son prononcé, sous peine d'une amende de 100 francs, un extrait est inséré dans un

---

[34] Chambre de conseil : Formation de toute juridiction civile siégeant sans publicité, par exemple au bureau du Président du Tribunal ou du juge, les portes fermées.

[35] Le dispositif est la partie d'un jugement ou d'un arrêt indiquant la décision rendue par le Tribunal ou la Cour.

journal d'annonces légales publié au lieu du domicile de l'adoptant ainsi que dans les registres d'état civil du lieu de naissance de l'adopté. Il est fait mention de l'adoption et éventuellement des ses nouveaux noms en marge de l'acte de naissance de l'adopté et ce à la diligence du représentant légal de l'adopté.

Selon l'article 367 du code civil, s'il y a de justes motifs, le Tribunal compétent peut, en audience ordinaire,[36] à la demande de l'adoptant ou de l'adopté et après audition du Ministère Public, révoquer l'adoption. Cette décision du Tribunal, qui doit être motivée, peut être attaquée par toutes les voies de recours et son dispositif est transcrit et publié comme pour ce qui est du jugement d'homologation de l'acte d'adoption. Cependant, la révocation n'est pas possible lorsque l'adopté est encore mineur de moins de 13 ans.

Par ailleurs, l'on doit noter que la révocation fait cesser pour ce qui est de l'avenir tous les effets de l'adoption. Toutefois, l'adopté garde les choses à lui données par l'adoptant ou ses proches, ce en vertu de la théorie des droits acquis. C'est dire que l'on ne peut pas effacer tout ce qui s'est passé entre-temps. Sur ce plan, l'adoption simple se démarque encore nettement de la légitimation adoptive.

B) La procédure de l'adoption plénière :

L'article 369 al 1 du code civil prévoit que : « *La légitimation adoptive ne peut résulte que d'un jugement rendu sur requête en audience publique, après enquête et débat en chambre du conseil* ». Ici, il faut au départ une requête comme dans l'adoption simple.

---

[36] Et non plus en chambre de conseil comme c'est le cas pour la procédure d'homologation.

Premier constat : dans ce cas, l'on n'a pas besoin d'un acte d'adoption établi par un notaire ou un juge. Si c'était le cas, la loi l'aurait clairement précisé. Cela se vérifie dans un jugement rendu par le Tribunal de grande instance du Mayo-Banyo le 24 décembre 2002.[37]

Dans cette espèce, Monsieur et Madame HEITZMANN ont saisi le Tribunal pour solliciter l'adoption plénière de la nommée AISSATOU SIDIKI âgée de 20 mois. Par lettre en date du 14 novembre 2002, le sieur SIDIKI ABOUBAKAR a écrit au Tribunal pour exprimer son « consentement éclairé » [38]

Dans cette correspondance, il explique que depuis le décès de son épouse MARYAMA DASSO survenu le 19 février 2002, il a dû faire face à beaucoup de difficultés. Les enfants étant très malades, il les a confiés au docteur HEITZ MANN Jean Baptiste, pour des soins médicaux. Après leur guérison, ils étaient très attachés au couple HEITZMANN. Lui-même étant polygame de deux femmes, l'une étant décédée, père de huit enfants et dépourvu de moyens pour sa subsistance et celle de sa famille, il a décidé de se décharger totalement de ses devoirs parentaux à l'égard de l'enfant sus-indiqué au profit du couple HEITZMANN.

Si la décision rendue dans le cas d'espèce a le mérite de n'avoir pas réclamé un acte d'adoption, elle a cependant la faiblesse de n'avoir pas exigé toutes les conditions requises par l'article 369 du code civil pour le prononcé d'une légitimation adoptive. [39] Le tribunal a certainement fait primer ici l'intérêt supérieur de l'enfant

[37] TGI du Mayo – Banyo, jugement n° 03/civ./2002-2003 du 24 décembre 2002.

[38] Formule utilisée dans la lettre.

[39] Par exemple, il ne s'agissait ni d'un enfant abandonné ni d'un enfant dont les parents sont inconnus, le père étant encore bien vivant.

qui commandait de le faire sortir de la pauvreté ambiante de sa famille naturelle pour lui donner la possibilité de bénéficier d'un meilleur encadrement offert par les époux HEITZMAN.

Encore faut-il s'assurer des aptitudes et qualités de ceux- ci pour ce faire. Car à titre de droit comparé, l'article 282 du cde de la famille du Congo Brazzaville prévoit que « L'adoptant doit réunir des qualités morales et disposer de ressources matérielles nécessaires pour assurer les obligations qui découlent de l'adoption ». Ces mêmes données doivent aussi être appréciées souverainement et prises en compte par le juge camerounais. Nous espérons qu'il en a été tenu compte.

En outre le texte susmentionné requiert l'ouverture d'une enquête, sans autres précisions. Nous pensons qu'il peut s'agir d'une enquête administrative, menée par les officiers de police judiciaire[40] ou d'une enquête sociale menée par les délégations départementales ou d'arrondissement du Ministère en charge des affaires sociales. Ceci pour permettre au Tribunal d'avoir suffisamment d'éléments lui permettant de bien apprécier la cause en vue de prendre la décision la plus indiquée qui soit, toujours dans l'intérêt supérieur de l'enfant ou de la personne à adopter.

Comme pour l'adoption simple, les débats ont également lieu en chambre de conseil, mais la décision est prononcée en audience publique. En cas de non-satisfaction, cette décision peut aussi être contestée par les voies de recours ci-dessus présentées,[41] suivant les mêmes

---

[40] Les officiers de police judiciaires sont entre autres le Procureur de la République et ses substituts, le commissaire et les officiers de police, le Commandant de Brigade etc.

[41] Voir le développement de la section II, paragraphe I, A, relatif à l'acte d'homologation

modalités. Le dossier doit également être communiqué au Parquet pour les réquisitions du Ministère Public qui doit donner son avis sur l'adoption sollicitée.

Dans les trois mois du prononcé d'un jugement de légitimation adoptive, et sous peine d'amande de 100 francs, à la diligence du représentant légal de l'adopté, il est fait mention de l'adoption et éventuellement de ses nouveaux noms en marge de l'acte de naissance de l'adopté.

L'alinéa 2 de l'article 369 du code civil précise qu'*a contrario*, la légitimation adoptive est irrévocable. Cela signifie que lorsqu'elle est prononcée et que la décision est devenue définitive, les délais des voies de recours étant expirés, on ne peut plus y revenir pour essayer de la remettre en cause.

Tel est l'état actuel de la procédure d'adoption au Cameroun, selon le droit Romano – germanique. Quid des juridictions devant connaître de cette matière ?

§ 2 : Les juridictions compétentes en matière d'adoption

De manière générale, le terme juridiction désigne en droit civil les organes chargés de juger. Il renvoie aussi à la mission de juger, à la compétence des sus – dits organes etc. [42] En tout état de cause, l'analyse des règles de compétence dans ce domaine conduit à un *distingo* subtile entre d'une part les juridictions de droit moderne (A) et d'autre part les juridictions de droit traditionnel(B). Sous quelques réserves, les parties ont la latitude de choisir l'une des deux voies à leur convenance.

[42] Cf CORNU G., op. cit., P. 505.

A) Les règles de compétence devant les juridictions de droit moderne :

Il ressort de l'article 18 al 1 (b) de la loi n°2006/015 du 29 décembre 2006 portant organisation judiciaire que les matières relatives à l'état des personnes sont réservées à la connaissance du Tribunal de Grande Instance, statuant en matière civile. Or l'adoption, le mariage, le divorce, la filiation etc concerne l'état des personnes. Concrètement, cela veut dire que la juridiction compétente pour l'adoption est le Tribunal de grande instance du domicile de l'adoptant. [43]

En cas d'exercice des voies de recours, la Cour d'Appel couvrant le ressort dudit domicile est compétente, [44] la Cour Suprême ayant une compétence nationale.

Malheureusement, dans la pratique, ces règles ne sont pas toujours respectées. En effet, dans une espèce : affaire VALENTIN GINER GARCIA et dame ANA ISABEL FENOY C/ Communauté des sœurs dominicaines de Granada, la Communauté des sœurs dont le siège est à Dschang dans le département de la Menoua, avait recueilli un enfant bondonné à Dschang. A la suite de la découverte de cet enfant, un acte de naissance a été dressé par l'officier d'état civil de la commune urbaine de Dschang, sur réquisition du Parquet de ladite ville. Les adoptants GINER GARCIA et dame ISABEL FENOY, qui résident en Espagne étaient représentés au Cameroun par un avocat domicilié à Yaoundé auprès duquel ils ont élus domicile. La demande aux fins d'adoption a été introduite au Tribunal de Grande Instance de la Méfou et Afamba. Or

[43] Cette précision transparaît de l'article 358 al 1 du code civil.

[44] Au Cameroun les Cours d'Appel ont une compétence s'étendant à une région, alors que le T G I a une compétence départementale, les TPI couvrant un arrondissement en principe.

l'on sait que le Tribunal compétent est celui du domicile de l'adoptant.[45] Pour ce cas, l'on devrait se référer aux règles relatives à l'adoption internationale. Même s'il fallait rester dans un cadre judiciaire purement interne, le tribunal de grande instance de la Menoua serait mieux indiqué.

Il apparaît donc qu'un Camerounais peut adopter un étranger ou être adopté par un étranger. Dans la première hypothèse, l'adoption peut influer sur la nationalité de la personne adoptée. Car la loi n°68/LF du 11 juin 1968 portant code de la nationalité camerounaise dispose en son article 21 que : « *L'enfant adopté par une personne de nationalité camerounaise peut déclarer dans les six mois précédant l'accomplissement de sa majorité et dans les formes prévues par les articles 36 et suivants de la présente loi qu'il réclame la qualité de Camerounais, pourvu qu'à l'époque de sa déclaration il ait son domicile ou sa résidence habituelle au Cameroun depuis au moins cinq années* ».[46] *A contrario*, l'article 345 du code civil français précise que « *l'adoption est sans effet sur la nationalité* ».

Au demeurant, il convient de noter que le Tribunal de grande Instance applique les règles du droit écrit, c'est – à – dire les dispositions du code civil. Or au Cameroun, celles – ci interviennent subsidiairement devant les juridictions de droit traditionnel où les demandes d'adoption présentées par les étrangers posent beaucoup de problèmes.

---

[45] TGI de la Méfou et Afamba, jugement N°46/civ. du 28 septembre 2006 ; Cf. art 360 du code civil.

[46] Il doit le faire dans la période couvrant les 6 derniers mois avant l'âge de la majorité qui est de 21 ans en saisissant le Président du Tribunal de première instance du lieu de sa résidence au Cameroun.

B) Les règles de compétence devant les juridictions de droit traditionnel :

D'après l'article 4 al 1 (a) du décret n°69/DF/544 du 19 décembre 1969 fixant l'organisation judiciaire et la procédure devant les juridictions traditionnelles du Cameroun : «Les tribunaux du premier degré connaissent des procédures relatives à l'état des personnes, à l'état civil, au mariage, au divorce, à la filiation, aux successions et aux droits réels immobiliers ».

L'adoption faisant partie intégrante des matières relatives à l'état des personnes, le Tribunal de Premier Degré est donc également compétent *rationae materiae* pour en connaître. Quant à la compétence *rationae loci*, il s'agit du Tribunal du Premier Degré du lieu du domicile de l'adoptant.

Dans la pratique au Cameroun, les Tribunaux de Premier Degré sont rattachés aux Tribunaux de Première Instance. C'est dire que le responsable de cette juridiction c'est le Président du Tribunal qui est assisté d'un ou de plusieurs juges.[47] En principe, on y applique la coutume et subsidiairement[48] le droit écrit. Dans ce cas, on doit respecter les prescriptions du code civil : recherche de justes motifs et d'avantages pour l'adopté, l'attribution du nom…Ces informations peuvent être établies par une enquête sociale. L'article 2 al 1 du décret sus – visé énonce que la compétence des juridictions traditionnelles est subordonnée à l'acceptation de toutes les parties au

---

[47] Les affaires y sont jugées soit par le Président du Tribunal, soit par un juge désigné par lui. Dans l'un ou l'autre cas, le magistrat qui officie est assisté par deux assesseurs ayant une bonne connaissance des coutumes des parties.

[48] C'est – à - dire lorsque la coutume applicable n'a pas règlementé certains domaines ou lorsqu'elle existe mais est contraire à la loi, aux bonnes mœurs ou à l'ordre public.

procès. Cela implique que si l'une d'elles s'y oppose, le Tribunal de Premier Degré doit se déclarer incompétent. Dans ce cas, l'on doit ensuite se référer au Tribunal de Grande Instance.

Au regard de tout ce qui précède, l'on peut se demander si un étranger peut valablement saisir le Tribunal de Premier Degré au Cameroun ? La réponse est négative. Pour une raison simple : les parties doivent appartenir à l'une des coutumes camerounaises. Ce qui ne semble pas être exactement le cas pour les étrangers ; à moins qu'ils aient acquis la nationalité camerounaise, séjourné pendant longtemps au Cameroun au point de s'intégrer vraiment dans une coutume donnée. Cela serait laissé à l'appréciation souveraine des juridictions.

Cela étant, il convient de relever que l'énonciation de la coutume des parties dans les décisions des juridictions traditionnelles est exigée par l'article 18 (f) du décret sus-mentionné. La Cour Suprême du Cameroun a plusieurs fois rappelé le caractère obligatoire de celle- ci dont elle sanctionne l'omission par la nullité de la décision rendue.[49]

Dans l'affaire de l'adoption plénière de l'enfant AISSATOU SIDIKI que nous avons indiquée ci- dessus,[50] les époux HEITZMANN ont dans un premier temps saisi le Tribunal de Premier Degré de Banyo, statuant en matière de droit traditionnel. Cette juridiction a prononcé un jugement d'adoption en date du 25 juillet 2002.[51] Ceci malgré l'opposition du Ministère Public dans ses réquisitions. Voulant se prévaloir de ce jugement, ces demandeurs ont été informés qu'il a une valeur précaire ;

---

[49] C.S., Arrêt n°2 du 12 octobre 1978.

[50] Voir le développement de la Section II, Paragraphe I, B, intitulé : La procédure de l'adoption plénière.

[51] TPD de Banyo, jugement n°55/C/2001-2002 du 25 juillet 2002.

le Tribunal de Grande Instance étant seul compétent en raison de leur nationalité et de leur non-appartenance à une coutume locale. Ils ont ainsi dû saisir le Tribunal de Grande Instance du Mayo-Banyo, statuant en matière civile, pour obtenir un autre jugement d'adoption le 24 décembre 2002.[52]

Il est donc constant que s'agissant de l'état des personnes, les causes d'adoption sont communicables au Ministère public pour ses réquisitions. Le Tribunal de Premier degré doit rendre un jugement après débats en chambre de conseil ; la décision devant toujours être prononcée en audience publique. Les voies de recours sont aussi ouvertes en cas de contestation.[53]

Conclusion

En définitive, il apparaît donc que l'adoption au Cameroun est encadrée par des règles rigoureuses régissant ses conditions et ses effets ; celles concernant la procédure et les juridictions compétentes pour en connaître n'étant pas reste.

Par ailleurs, il est indiqué que les procédures d'adoption doivent systématiquement faire l'objet d'une enquête sociale et d'une communication au Ministère public pour ses réquisitions, quelle que soit la juridiction saisie.[54]

Seulement, il y a lieu de se demander si la rigueur juridique sus-évoquée, ayant pour finalité d'assurer la protection des personnes à adopter contre les adoptions fantaisistes, travesties ou risquées, ne pourrait pas limiter

---

[52] TGI du Mayo -Banyo, jugement n°03/CIV/2002-2003 du 24 décembre 2002.

[53] Mais les délais sont différents. Voir les art. 24 et suivants du décret n°69/DF/544 du 19 décembre 1969.

[54] BENOUN C., op .cit ,P.18.

considérablement les chances de plusieurs enfants déshérités d'accéder à une bonne famille de substitution ? Quid des homosexuels qui solliciteraient adopter un enfant ? Cela ne nous semble pas possible au regard de notre législation actuelle.

L'homosexualité est encore sanctionnée comme infraction dans notre pays,[55] en raison de son caractère immoral.

En tout état de cause, on doit convenir que la question du trafic d'enfants n'est jamais loin du phénomène d'adoption. Une bonne illustration nous a été donnée par l'affaire dite de l'Arche de Zoé. En effet, créée à l'origine pour venir en aide aux enfants victimes du Tsunami de décembre 2004 en Asie, notamment dans la région de Banda au Soudan et au Tchad en 2007, à travers l'Opération Darfour encore appelée Opération « *children Rescue* », cette ONG semble s'être par la suite éloignée de ses objectifs initiaux. Cette « Opération Darfour 2007 » visait, selon l'Arche de Zoé, à collecter des dons et organiser l'évacuation des enfants de moins de 5 ans orphelins, environ 10.000 enfants, afin de leur faire obtenir un statut de demandeur d'asile via des familles d'accueil, voire de permettre par la suite à ces familles de procéder à une adoption simple ou plénière.[56]

---

[55] L'article 347 bis du code pénal dispose en effet que : « Est puni d'un emprisonnement de six mois à cinq ans et d'une amende de 20.000 à 200.000 francs toute personne qui a des rapports sexuels avec une personne de sexe. »

[56] Cette ONG, se fondant sur l'incapacité de l'ONU et de la Communauté internationale à maîtriser la situation, lance un communiqué de presse le 28 Avril 2007 : « Massacre au Darfour l'Arche de Zoé lance un cri d'alarme : il faut sauver les enfants du Darfour pendant qu'il est encore temps. Dans quelques mois, ils seront morts. »

Coup de théâtre : le 25 octobre 2007, plusieurs bénévoles de cette association qui accompagnaient un groupe de 103 enfants, sur le point de quitter le Tchad, sont arrêtés par les autorités de ce pays, de même que les membres d'équipage de l'avion affrété à cet effet auprès d'une compagnie espagnole. Ils sont soupçonnés de se livrer à un enlèvement d'enfants. D'ailleurs, le Président Tchadien IDRISS DEBY ITNO affirme que les enfants concernés ne sont pas des orphelins et qu'ils ont été enlevés pour alimenter des réseaux pédophiles ou un réseau de trafic. Dans les débats, certains observateurs ont même soupçonné les parents en détresse d'avoir donné ou « vendu » leur enfant à cette ONG dans l'optique espérée de leur offrir un avenir meilleur. En tout cas, la justice tchadienne a condamné les principaux membres à 8 ans de travaux forcés pour « tentative d'enlèvement de mineurs tendant à compromettre leur état civil, faux et usage de faux en écriture publique et grivèlerie ». Cette peine a été convertie en 8 ans d'emprisonnement par le Tribunal de Créteil en France ou ces condamnés ont ensuite été extradés.

Cette illustration pose de manière générale le problème de l'encadrement par des textes rigoureux des adoptions nationales ou internationales d'une part et d'une vigilance plus accrue sur la protection des droits fondamentaux de l'enfant d'autre part, cette catégorie étant la plus concernée par l'adoption. Dans son élan de promotion et de défense des droits de l'homme, le Cameroun a signé et ratifié la convention relative aux droits de l'enfant et la charte africaine des droits et du bien-être de l'enfant. Il a signé la convention de la Haye sur la protection des enfants et la coopération en matière d'adoption internationale, mais ne l'a pas encore ratifiée. Ainsi, tous les textes relatifs aux droits de l'homme doivent être scrupuleusement respectés aussi bien dans la théorie juridique que dans la pratique judiciaire.

Les efforts dans ce sens devraient se poursuivre par l'élaboration déjà annoncée et l'adoption d'un code camerounais des personnes et de la famille en remplacement du code civil actuellement en vigueur. En attendant, et en tout état de cause, l'éthique commande que chacun de nous apporte du sien à la pratique des adoptions. Dieu seul sait combien elles sont courantes. On ne doit pas prêter le flanc aux pratiques immorales et autres trafics décriés. Car la pente du mal est si douce et il est très facile d'y glisser.

En somme, les pouvoirs publics et les particuliers doivent chacun en ce qui le concerne apporter sa pierre, fût-elle modeste, à l'édifice CAMEROUN. L'image de notre pays en sortira grandie. C'est peut-être un rêve mais nous sommes de l'avis du cardinal Christian TUMI quand il dit : « je crois aux gens qui rêvent ! Et qui en rêvant, permettent de refaçonner l'environnement, le pays, le monde. J'ai par contre pitié des hommes qui ne rêvent pas. Car ils n'inventent rien et je ne voudrais pas être à la place de celui qui n'a aucun grand dessein. Sans rêve, le monde est totalement misérable. Le mot « rêve » signifie pour moi utopie créatrice, qui se rapproche de la foi. Le monde change à partir de quelques hommes, peu nombreux certes, mais qui sont animés de beaucoup de foi. Je crois que ces hommes-là existent au Cameroun et qu'ils sont capables de changer le visage actuel de notre pays. »[57]

---

[57] TUMI C.W.S., *Les deux régimes politiques d'AHMADOU AHIDJO, de Paul BIYA et Christian TUMI, Prêtre (Eclairage)*, MACACOS, Douala, 2006, P. 171.

ANNEXES

<u>Annexe 1 :</u> Article 9 et 21 de la convention relative aux droits de l'enfant du 20 novembre 1989 :

<u>Article 9 :</u>

1- Les Etats parties veillent à ce que l'enfant ne soit pas séparé de ses parents contre leur gré, à moins que les autorités compétentes ne décident, sous réserve de révision judiciaire et conformément aux lois et procédures applicables, que cette séparation est nécessaire dans intérêt supérieur de l'enfant. Une décision en ce sens peut être nécessaire dans certains cas particuliers, par exemple lorsque les parents maltraitent ou négligent l'enfant, ou lorsqu'ils vivent séparément et qu'une décision doit être prise au sujet du lieu de résidence de l'enfant.

2- Dans tous les cas prévus au paragraphe I, toutes les parties intéressées doivent avoir la possibilité de participer aux délibérations et de faire connaître leurs vues.

3- Les Etats parties respectent le droit de l'enfant séparé de ses deux parents ou de l'un deux, d'entretenir régulièrement des relations personnelles et des contacts directs avec ses deux parents sauf si cela est contraire à intérêt supérieur de l'enfant.

4- Lorsque la séparation résulte des mesures prises par un Etat partie, telle que la détention, l'emprisonnement, l'exil, l'expulsion ou la mort (y compris la mort, quelle qu'en soit la cause, survenue en cours de détention) des deux parents ou de l'un deux, ou de l'enfant, l'Etat partie donne sur demande aux parents, à l'enfant ou, s'il y a lieu, à un autre membre de la famille les renseignements essentiels sur le lieu où se trouvent le membre ou les membres de la famille, à moins que la divulgation de ces renseignements ne soit préjudiciable au bien – être de l'enfant. Les Etats parties veillent en outre à ce que la présentation d'une telle demande n'entraîne pas en elle – même de conséquences fâcheuses pour la personne ou les personnes intéressées.

<u>Article 21</u> :

Les Etats parties qui admettre et /ou autorisent l'adoption s'assurent que l'intérêt supérieur de l'enfant est la considération primordiale en la matière, et :

a)Veillent à ce que l'adoption d'un enfant ne soit autorisée que par les autorités compétentes, qui vérifient, conformément à la loi et aux procédures applicables et sur la base de tous les renseignements fiables relatifs au cas considéré ,que l'adoption peut avoir lieu eu égard à la situation de l'enfant par rapport à ses père et mère et représentants légaux et que, le cas échéant, les personnes intéressées ont donné leur consentement à l'adoption en connaissance de cause ,après s'être entourées des avis nécessaires ;

b) Reconnaissent que l'adoption à l'étranger peut être envisagée comme un autre moyen d'assurer les soins à l'enfant si celui-ci ne peut, dans son pays d'origine être placé dans une famille nourricière ou adoptive ou être convenablement élevé ;

c) Veillent, en cas d'adoption à l'étranger, à ce que l'enfant ait le bénéfice de garanties et de normes équivalant à celles existant en cas d'adoption nationale ;

d) Prennent toutes les mesures appropriées pour veiller à ce que, en cas d'adoption à l'étranger, le placement de l'enfant ne se traduise pas par un profit matériel indu pour les personnes qui en sont responsables ;

e) Poursuivent les objectifs du présent article en concluant des arrangements ou des accords bilatéraux ou multilatéraux, selon les cas, et s'efforcent dans ce cadre de veiller à ce que les placements d'enfants à l'étranger soient effectués par des autorités ou des organes compétents.

<u>Annexe 2 :</u> Article 4 de la convention de la Haye sur la protection des enfants et la coopération en matière d'adoption internationale du 29 mai 1993 :

Les adoptions visées par la convention ne peuvent avoir lieu que si les autorités compétentes de l'Etat d'origine :

a/ Ont établi que l'enfant est adoptable ;

b/ Ont constaté après avoir dûment examiner les possibilités de placement de l'enfant dans son Etat d'origine qu'une adoption internationale répond à l'intérêt supérieur de l'enfant ;

c/ Se sont assurés :

1- Que les personnes, institutions et autorités dont le consentement est requis pour l'adoption ont été entourées des conseils nécessaires et dûment informées sur les conséquences de leur consentement, en particulier sur le maintien ou la rupture, en raison d'une adoption des liens de droit entre l'enfant et sa famille d'origine ;

2-Que celles – ci ont donné librement leur consentement dans les formes légales requises et que ce consentement a été donné ou constaté par écrit ;

3- Que les consentements n'ont pas été obtenus moyennement payement ou contrepartie d'aucune sorte et qu'ils n'ont pas été retirés ; et

4-Que le consentement de la mère, s'il est requis, n'a été donné qu'après la naissance de l'enfant, et

d/ se sont assurés eu égard à l'âge et à la maturité de l'enfant,

1- Que celui – ci a été entouré des conseils et dûment informé sur les conséquences de l'adoption et de son consentement à l'adoption si celui – ci est requis ;

2- Que les souhaits et avis de l'enfant ont été pris en considération ;

3- Que le consentement de l'enfant à l'adoption lorsqu'il est requis a été donné librement dans les formes légales requises, et que son consentement a été donné ou constaté par écrit ; et

4- Que ce consentement n'a pas été obtenu moyennant payement ou contrepartie d'aucune sorte.

<u>Annexe 3 :</u> Article 24 de la charte africaine des droits et du bien – être de l'enfant de juillet 1990 :

Les Etats parties qui reconnaissaient le système de l'adoption veillent à ce que l'intérêt de l'enfant prévale dans tous les cas et ils s'engagent notamment à :

- créer des institutions compétentes pour décider des questions d'adoption et veiller à ce que l'adoption soit effectuée conformément aux lois et aux procédures applicables en la matière et sur la base de toutes les informations pertinentes et fiables disponibles permettant de savoir si l'adoption peut être autorisée compte-tenu du statut de l'enfant vis – à – vis de ses parents, de ses proches parents et de son tuteur et si, le cas échéant, les personnes concernées ont consenti en connaissance de cause à l'adoption après avoir été conseillées de manière appropriée ;

- Reconnaître que l'adoption transnationale dans les pays qui ont ratifié la convention internationale ou la présente charte ou y on adhéré, peut être considérée comme un dernier recours pour assurer l'entretien de l'enfant, si celui – ci peut être placé dans une famille d'accueil ou une famille adoptive, ou si il est impossible de prendre soins de l'enfant d'une manière appropriée dans son pays d'origine ;

- Veiller à ce que l'enfant affecté par une adoption transnationale jouisse d'une protection et de normes équivalentes à celles qui existent dans le cas d'une adoption nationale ;

- Prendre toutes les mesures appropriées pour que, en cas d'adoption transnationale, ce placement ne donne pas lieu à un trafic ni à un grain financier inapproprié pour ceux qui cherchent à adopter un enfant ;

- Promouvoir les objectifs du présent article en concluant les accords bilatéraux ou multilatéraux, et s'attacher à ce que dans ce cadre, le placement d'un enfant dans un autre pays soit mené à bien par les autorités ou organismes compétents ;

- Créer un mécanisme chargé de surveiller le bien – être de l'enfant adopté.

Annexe 4 : Lettre circulaire N° 90/02759/MINASCOF/DPJF/SDPF du 5 décembre 1990 sur le rappel des procédures en matière de garde provisoire d'enfants abandonnés :

Il m'a été donné de constater que certains responsables du service social ne respectent pas les prescriptions de la lettre-circulaire N°81/0018/IC/MINAS/DDS/SPFI su 18 septembre 1981 relative a la délivrance d'autorisation de garde provisoire.

A ce titre, je vous rappelle que tous les cas d'abandon d'enfants dont vous avez connaissance doivent impérativement, sauf cas d'existence sur place des familles d'adoptant préalablement agrées par mes soins :

Etre acheminés au centre d'OBOBOGO accompagnés d'un dossier comprenant :

- une note de signalement par les personnes physiques ou morales ayant découvert l'enfant ;

- un constat d'abandon établi par une autorité de Police ou de Gendarmerie ;

- un certificat médical attestant que l'enfant est indemne de toute maladie contagieuse ou donnant des renseignements précis sur sont état de santé.

Par ailleurs, tout dossier de demande de garde provisoire aux fins de l'adoption doit obligatoirement, en plus pièces précitées, être complété par un rapport d'enquête sociale approfondi sur le ou les parents demandeurs.

Ce rapport d'enquête sociale doit faire ressortir clairement et objectivement des garanties morales, matérielles et affectives offertes par les éventuels adoptants, qui doivent nécessairement remplir toutes les conditions d'adoption prévues par les 2 articles du code civil ci-après :

Article 343 :

L'adoption ne peut avoir lieu que s'il y a de justes motifs et si elle présente des avantages pour l'adopté.

Article 344(18 août 1941 J.O.C 1949 P.987):

L'adoption n'est permise qu'aux personnes de l'un ou de l'autre sexe âgées de plus de 40 ans. Toutefois, elle peut être demandée conjointement par deux époux non séparés de corps dont l'un au moins est âgé de plus de 35 ans s'ils sont mariés depuis plus de 10 ans et n'ont pas eu d'enfants de leur mariage.

Les adoptants devront avoir 15 ans de plus que les personnes qu'ils se proposent d'adopter ; Sauf si ces dernières sont les enfants de leur époux. Dans ce cas, la différence d'âge minimum exigé ne sera plus que de 10 années ; elle pourra être réduite par dispense du Président de République.

Je vous rappelle qu'en tout état de cause, il m'appartient d'agréer préalablement la famille d'accueil et de lui délivrer le moment venu l'attestation de garde provisoire de l'enfant, tenant lieu d'autorisation officielle de placement provisoire de mineur.

J'attache du prix à l'application stricte des prescriptions de la présente lettre - circulaire dont je vous demande par ailleurs d'assurer la plus large diffusion auprès des agents placés sous votre autorité et m'en accuser réception./-

Bibliographie

1- CORNU G., *Vocabulaire juridique*, PUF ,4[è éd.], Paris, 2003, 951 pages.

2- GUINCHARD S. et MONTAGNIER G., *Lexique de termes juridiques*, 8e édition, Dalloz, Paris, 1990,517 pages.

3- SERIAUX A., SERMET L. et VIRIOT –BARRIAL D., *Droits et libertés fondamentaux*, Dalloz, Paris, 1999, 5e édition ,709 pages.

4- LE FRIANT M., « L'accès à la justice », in *Libertés et Droits fondamentaux*, Dalloz, Paris, 1999, 5e édition ,452 pages.

5- MBENOUN C., « L'adoption en droit camerounais », Exposé présenté lors de la Réunion des chefs de Cours (Cours d'Appel et Cour Suprême), Yaoundé, du 28 au 31 Octobre 2008, 22 pages.

6- TUMI C.W.S., *Les deux régimes politiques d'AHMADOU AHIDJO, de Paul BIYA et Christian*

TUMI, Prêtre (Eclairage), MACACOS, Douala, 2006, 184 pages.

Textes indicatifs

- Code Civil ;
- Déclaration des droits de l'homme et du citoyen du 26 août 1789 ;
- Déclaration universelle des droits de l'homme du 10 décembre 1948 ;
- Code pénal Camerounais (lois N°65-LF-24 du 12 novembre 1965 et 67 –LF-1 du 12 juin 1967) ;
- Pacte international relatif aux droits civils et politiques du 16 décembre 1966 ;
- Décret N° 69/DF/544 du 19 décembre 1969 fixant l'organisation judiciaire et la procédure devant les juridictions traditionnelles du Cameroun oriental ;
- Charte africaine des droits de l'homme et des peuples du 28 juin 1981 ;
- Convention relative aux droits de l'enfant du 20 novembre 1989 ; ratifié par le Cameroun le 11 janvier 1993 ;
- Charte africaine des droits et du bien –être de l'enfant, adoptée en juillet 1990, ratifiée par le Cameroun le 5 septembre 1996 ;
- Convention de la Haye sur la protection des enfants et la coopération en matière d'adoption internationale, adopté le 29 mai 1993, entrée en vigueur le 1er mai 1995, non encore ratifiée par le Cameroun ;
- Loi N°2006/015 du 29 décembre 2006 portant organisation judiciaire.

Deuxième partie

LA SAUVEGARDE DES DROITS DE L'HOMME EN DROIT PENAL CAMEROUNAIS

Introduction

Le phénomène criminel cause nécessairement un trouble sérieux à l'ordre social. Ce qui appelle une riposte adéquate de la part des gouvernants, les principaux gardiens de l'ordre public. C'est pourquoi M. Louis-Marie MBEULA déclare : *« Toute société troublée a le droit de réagir. Cette réaction spontanée ne doit être ni instinctive, ni arbitraire, ni aveugle, ni privée ; mais au contraire réfléchie, réglementée et judiciaire. C'est pour pallier aux conséquences fâcheuses de la justice populaire qui anime toute société primitive victime des actes d'un délinquant que le législateur a institué les juridictions répressives. »*[1]

Il en découle que chaque société s'organise et se donne les moyens pouvant lui permettre de contrecarrer la délinquance, la criminalité. A ce propos, BEREND écrit : *« Comme on reconnaît l'oiseau à son plumage, on reconnaît le droit criminel à l'Etat dans lequel il s'est formé. »*[2]

Toutefois, cela ne signifie pas que les Etats puissent se livrer à des abus de toutes sortes. Le monde, a-t-on coutume de clamer, est devenu un « village planétaire ». Et pour ce faire, certaines valeurs passent pour être le patrimoine commun de l'humanité. Il s'agit notamment de la bonne gouvernance et de la démocratie qui reposent en fait sur la notion de l'Etat de droit. Une notion qui conditionne désormais toute coopération dans la sphère des relations internationales.

---

[1] MBEULA, L-M., *Cours de procédure pénale*, polycopié, Ed. Les Trois Combattants, P.1

[2] BEREND, B, « L'influence de l'organisation de l'Etat sur le droit pénal », RIDP, 1949, P.23

Aujourd'hui, il semble constant qu'il faille recourir à la notion de droits de l'Homme pour identifier un Etat de droit.

Le Professeur Jacques CHEVALLIER a bien exprimé cette corrélation entre Etat de droit et droits de l'Homme lorsqu'il écrivait que : « *l'Etat de droit implique au-delà de la hiérarchie des normes, l'adhésion à une conception substantielle du droit qui rapproche du rule of law britannique* ».[3]

En fait, les droits de l'Homme sont des prérogatives inhérentes à toute personne humaine, lui permettant de jouir d'une chose, d'une valeur ou d'exiger d'autrui une prestation.

Ces droits sont répertoriés par divers instruments juridiques internationaux. Entre autres, la Déclaration Française des Droits de l'Homme et du Citoyen du 26 août 1789, la Déclaration Universelle des droits de l'Homme du 10 décembre 1948, le Pacte international relatif aux droits civils et politiques, le Pacte international relatif aux droits économiques, sociaux et culturels adoptés par l'Assemblée Générale des Nations Unies le 16 décembre 1966 et la Charte Africaine des Droits de l'Homme et des Peuples adoptée par la XIIIe Conférence des Chefs d'Etat et de Gouvernement le 28 juin 1981 à Nairobi au Kenya.

Or les droits de l'Homme ne peuvent véritablement régner qu'en régime démocratique. Si la démocratie n'implique pas forcément les droits de l'Homme, le contraire ne saurait être vrai.[4] Au-delà de ce qui peut paraître aujourd'hui comme un effet de mode, il importe de classer la démocratie au rang des éléments constitutifs de ce que le professeur Luc SINDJOUN appelle *« Le*

---

[3] CHEVALLIER, J., *L'Etat de droit*, Paris, Monchrestien, 2e éd. 1994.
[4] Cf. DENQUIN, J, *Les droits politiques*, Paris, Monchrestien, 1966.

patrimoine constitutionnel commun des sociétés politiques ».[5]

Il en résulte donc que même dans la répression du phénomène criminel, les droits de l'Homme doivent occuper une place de choix.

Aussi, le Cameroun s'inscrivant dans le concert des sociétés démocratiques, affirme avec véhémence son attachement aux principaux textes juridiques internationaux relatifs aux droits fondamentaux de la personne humaine.[6]

C'est donc dire que ces différents textes ont un effet non négligeable sur la législation camerounaise, lorsqu'ils ne sont pas tout simplement transposés à l'échelon national. Seulement, dans le cadre de la présente étude, nous ne saurions avoir la prétention de passer en revue tous les aspects de cette législation. Il nous a semblé opportun de nous limiter uniquement à l'aspect pénal pour essayer autant que possible de mieux le cerner.

Ainsi, un regard porté sur le droit pénal camerounais permet de relever que ce droit est fortement influencé par le droit international des droits de l'Homme quant à son contenu, même si sa mise en œuvre effective pose parfois quelques problèmes. En outre, il convient de souligner que tout cela est couronné par des mécanismes, tant dans l'ordre interne qu'à l'échelon supranational, permettant en principe de contrôler le respect des droits humains en cette matière.

---

[5] SINDJOUN, L., *La formation du patrimoine juridique commun des sociétés politiques : éléments pour une théorie de la civilisation politique internationale*, Codesria, Monographie 2/97, 63p.

[6] Voir le préambule de la Constitution camerounaise du 18 janvier 1996.

Concrètement, il est question d'examiner la relation qui existe entre les droits et libertés fondamentales de la personne humaine d'une part, et le droit pénal camerounais d'autre part. Il s'agit entre autres du droit à la vie, du droit à l'intégrité physique et morale, du droit à la vie privée, du droit à une bonne administration de la justice, du droit à la santé, à l'éducation, du droit à la liberté individuelle, du droit à la liberté d'expression, de conscience…

Encore que dans le cadre de notre analyse, le droit pénal s'entend *lato sensu* de **«L'ensemble des règles de droit ayant pour but la sanction des infractions. »** [7]

En réalité, l'on verra le droit criminel au Cameroun sous l'angle du droit pénal substantiel - comprenant le droit pénal général et le droit pénal spécial- et de la procédure pénale applicable dans ce pays. Mais il importera également, pour avoir une vue un peu plus générale, d'y intégrer l'exécution des condamnations pénales.

Ainsi par exemple, il faut dire de prime abord que le droit pénal substantiel appliqué au Cameroun a repris à son actif plusieurs principes internationaux protecteurs des droits de l'Homme. A ce sujet, il importe de mentionner la théorie de « défense sociale » qui selon la vision positiviste recommande de protéger la société contre le danger criminel ; mais qui d'après **GRAMATICA** et **Marc ANCEL** demande de tout mettre en œuvre pour la resocialisation les délinquants.

Cela est perceptible dans la prise en compte de la personnalité des délinquants lors du prononcé des condamnations pénales. Ainsi, le mineur peut-il bénéficier

---

[7] *Lexique de termes juridiques*, 8e édition, Dalloz 1990, p.199.

de l'excuse atténuante de minorité et des mesures de sûreté.[8]

Il importe aussi de signaler le sacro-saint principe de la légalité des délits et des peines, cher à **Cesare BECCARIA**, qui apparaît dans l'article 17 du Code pénal camerounais en ces termes : *« Les peines et les mesures sont fixées par la loi et ne sont prononcées qu'à raison des infractions légalement prévues ».*

Commet donc un excès de pouvoir, le juge qui condamne un prévenu pour un délit qui, au jour du prononcé du jugement, n'est plus prévu par la loi au nombre des infractions.[9]

Ce principe a pour corollaire celui de la non-rétroactivité des lois pénales que ce même code prévoit lorsqu'il dispose en sont article 3 : « Ne sont pas soumis à la loi pénale les faits commis antérieurement à son entrée en vigueur ou ceux qui n'ont pas été jugés avant son abrogation expresse ou tacite. »

Ainsi, le juge ne peut prononcer une peine que la loi ne prévoyait pas à l'époque où les faits ont été perpétrés.[10] Ce principe s'accommode d'ailleurs avec celui de l'interprétation restrictive des lois pénales.

Quant à la protection de certaines catégories sociales, notamment les femmes et les enfants, il convient de noter par exemple que l'article 27 al 3 du code pénal camerounais énonce :

« Si une femme condamnée à une peine privative de liberté est enceinte ou vient d'accoucher, elle ne subit sa peine que six semaines après son accouchement. »

---

[8] Voir les art. 20, 80, 87 et suivants du code pénal camerounais.
[9] C.S .C.O Arrêts n°26 et 27 du 29 octobre 1968, Bull. n°19, p.2242-2243.
[10] C.S.C.O. Arrêt n°113 du 4 mai 1965, Bull. n°12, P.993.

Par ailleurs, la protection du droit à la vie prend une ampleur considérable. Non seulement des changements très importants ont été apportés par la reforme législative de 1990 faisant suite au « vent démocratique », mais également la peine de mort n'est presque plus prononcée par les juridictions camerounaises depuis plusieurs années, même si elle subsiste encore dans le code pénal, par exemple en son article 276 qui réprime le crime d'assassinat.

Aussi, compte - tenu de la nouvelle donne mondiale, il y aurait peut-être lieu de croire à des aménagements prochains.

Néanmoins, il se pose toujours la sempiternelle question de savoir si l'on doit absolument protéger la vie d'un individu qui se donne le lugubre loisir de supprimer celle des autres.

En tout cas, il importe de remarquer qu'au lendemain de la Deuxième Guerre mondiale, la peine capitale a bel et bien été prononcée par le Tribunal Militaire International Nuremberg en Allemagne et le Tribunal International pour l'Extrême-Orient basé à Tokyo au Japon.

Qu'en outre, le Pacte International relatif aux droits civils et politiques envisage cette peine pour les infractions d'une gravité exceptionnelle lorsqu'il prévoit en son article 6 al. 2 que : **« Dans les pays où la peine de mort n'a pas été abolie, une sentence de mort ne peut être prononcée que pour les crimes les plus graves...»**

Mais depuis lors, la question a beaucoup évolué et la tendance actuelle est à l'aménagement d'une éthique internationale appelant une élimination systématique de la peine de mort. Cela peut être vérifié à travers la floraison plus ou moins récente d'instruments juridiques traitant de l'abolition de la peine de mort, notamment le Protocole de la Convention américaine relative aux droits de l'Homme du 15 décembre 1989, le Protocole n° 6 de la Convention européenne de la sauvegarde des droits de l'Homme et des libertés fondamentales du 28 avril 1983 et le deuxième Protocole facultatif se rapportant au Pacte international relatif aux droits civils et politiques visant à abolir la peine de mort, adopté le 5 décembre 1989. Sans oublier le traité de Rome en date du 17 juillet 1998 créant la Cour Pénale Internationale qui exclut implicitement cette peine en son article 77, même pour les infractions d'une extrême gravité ; plus récemment encore, la résolution adoptée par l'assemblée générale de ONU le 15 novembre 2007 prescrivant un moratoire sur l'exécution effective de la peine de mort, lorsque celle-ci a été prononcée.

Ceci dit, il convient à présent d'envisager pour la suite la place des droits fondamentaux de la personne humaine non seulement dans la procédure pénale applicable au Cameroun (chapitre 1), mais également dans l'exécution des condamnations pénales suivant le régime pénitentiaire en vigueur (chapitre 2). Enfin, nous analyserons les mécanismes internes de contrôle de la mise en œuvre desdits droits (chapitre 3).

Chapitre I : La place des droits fondamentaux de la personne humaine dans la procédure pénale applicable au Cameroun

La présente étude prend nécessairement en compte les principales étapes de la procédure pénale, à savoir : l'enquête préliminaire (Section I), l'information judiciaire et la phase du jugement au fond (Section II). Mais au préalable, il faut signaler que jusqu'au 31 décembre 2006, la procédure pénale au Cameroun était régie par une double législation : l'une d'inspiration française, appliquée dans la partie francophone ; et l'autre d'origine anglo-saxonne étant appliquée dans la partie anglophone du pays. [11] Dans un souci d'uniformisation et de protection des droits de l'homme, le législateur camerounais a voté la loi N°2005/007 du 27 juillet 2005 portant code de procédure pénale. Ce code, qui couvre l'ensemble du territoire national, est entré en vigueur le 1er janvier 2007.

Section I : Les droits de l'homme au niveau de l'enquête préliminaire

Nous les examinerons notamment dans l'accomplissement des actes de l'enquête préliminaire (§ 1) et dans le régime juridique de la garde à vue (§ 2).

§ 1 Les droits fondamentaux dans l'accomplissement des actes de l'enquête préliminaire.

La loi assigne aux officiers de police judiciaire des limites dans l'accomplissement de leurs fonctions. Ce qui a pour but principal de protéger le domicile des individus (A), le secret professionnel avec toutes ses implications (B) et la liberté d'expression (C).

A) L'inviolabilité du domicile12

Dans l'optique de la recherche de la vérité, les O.P.J.[13] peuvent effectuer des perquisitions et des saisies dans des domiciles privés. A cet effet, l'article 93 al.1 du code de procédure pénale prescrit qu'ils doivent être munis d'un mandat délivré par un magistrat ou une juridiction compétente, sauf en cas de fragrant délit. A défaut de mandat, ils doivent solliciter l'autorisation du maître des lieux.

---

[11] Il s'agit notamment de la « Criminal Procedure Ordinance » pour la partie anglophone et du code d'instruction criminelle pour la zone francophone, l'ordonnance n° 72/4 du 26 août 1972 portant organisation judiciaire de l'Etat étant appliquée sur l'ensemble du territoire national camerounais.

[12] Art. 17 du Pacte international relatif aux droits civils et politiques.

[13] Entendons : Officiers de police judiciaire.

En outre, l'alinéa 2 dudit article dispose que : « toute perquisition ou saisie est opérée en présence du maître des lieux, du détenteur des biens à saisir ou de leur représentant ainsi que deux témoins pris parmi les personnes présentes ou les voisins. » L'alinéa 3 quant à lui donne droit au maître des lieux, au détenteur des biens à saisir ou à leur représentant de fouiller l'OPJ avant qu'il n'entreprenne la perquisition. En plus, celle-ci ne peut être faite qu'aux heures légales, c'est-à-dire entre six heures du matin et dix-huit heures comme le recommande l'article 99 alinéa 1 du code de procédure pénale. Néanmoins, une perquisition commencée avant dix-huit heures peut se poursuivre au-delà, sur autorisation du Procureur de la République. Il s'agit en somme des garanties qui concourent à la protection des lieux privés. Signalons par ailleurs que le respect du secret professionnel imposé à ces mêmes autorités, couvre un autre pan des droits fondamentaux.

B) La notion du secret professionnel

La perquisition ne saurait avoir pour conséquence la violation des droits de la défense et du secret professionnel. Ainsi par exemple, un O.P.J. ne peut perquisitionner dans un cabinet d'avocat ou d'un officier ministériel en général que suivant des formalités particulières, en raison des documents que ceux-ci détiennent pour le compte de leurs clients et qui très souvent constituent des véritables confidences.

En outre, dans une acception très large de la notion de défense, les perquisitions ne peuvent être faites dans un établissement militaire qu'avec l'autorisation du commandant dudit établissement.

Il importe à présent de dire un mot sur les auditions diligentées au cours de l'enquête préliminaire dans les services de police ou de gendarmerie.

C) Les auditions et la liberté d'expression[14]

Lorsqu'une infraction a été commise, les O.P.J. ont le pouvoir d'entendre toute personne pouvant contribuer à la manifestation de la vérité. Mais il leur est interdit d'extorquer une quelconque déclaration. Ce qui signifie donc que les personnes entendues –suspects ou témoins- doivent pouvoir s'exprimer librement sans contrainte ou violence d'aucune sorte, comme le souligne l'article 122 al.2 du code de procédure pénale. Ce même article en son alinéa 1 (b) demande qu'un temps raisonnable soit accordé aux suspects pour se reposer effectivement lors des auditions. L'article 116 al.3 quant à lui dispose : «L'officier de police judiciaire est tenu, dès l'ouverture de l'enquête préliminaire et, a peine de nullité, d'informer le suspect :

- de son droit de se faire assister d'un conseil ;
- de son droit de garder le silence. »

Dans cette optique et en cas de bavure, il convient de noter que l'article 132 (bis) du code pénal camerounais sanctionne sévèrement les actes de torture.

Si les droits fondamentaux de la personne humaine sont considérés dans l'accomplissement des actes de l'enquête préliminaire, ils semblent nettement plus renforcés dans le régime juridique de la garde à vue.

§ 2 Les droits fondamentaux dans le régime juridique de la garde a vue

Il ne semble pas inutile de préciser que la garde à vue relève de la compétence des O.P.J. –qui sont spécialement formés pour exercer les fonctions de police judiciaire- et

---

[14] cf. Art. 19 commun à la Déclaration universelle des droits de l'Homme et au Pacte international relatif aux droits civils et politiques ; Art. 9 de la Charte africaine des droits de l'Homme et des Peuples.

non des A.P.J.[15] qui sont les collaborateurs des O.P.J. Aussi, envisagerons-nous la protection du gardé à vue contre les atteintes à l'intégrité physique et morale (B) et les garanties procédurales prévues par la législation en vigueur (A).

A) Les garanties procédurales : les délais et les conditions justificatives de la garde a vue

Avant le 1er janvier 2007, la garde-à-vue en droit commun était régie par l'article 3 de la loi N° 58-203 du 26 décembre 1958 portant simplification de la procédure pénale au Cameroun, modifiant l'article 9 du code d'instruction criminelle. D'après cette loi, le délai de la garde à vue pour les infractions de droit commun était de 24 heures renouvelable 3 fois[16], sur autorisation du Procureur de la république territorialement compétent. Le code de procédure pénale a apporté quelques modifications. En effet, au terme de l'article 119 al.2 (a) dudit code : « Le délai de la garde à vue ne peut excéder 48 heures renouvelable une fois. » Ce qui équivaut, en cas de renouvellement à un maximum de 96 heures, c'est-à-dire 4 jours. Ce même article précise en son al.2 (b) que « sur autorisation écrite du Procureur de la République, ce délai, peut, à titre exceptionnel, être renouvelé deux fois. » (48 heures x 2). Dans ce cas, la durée totale est de 192 heures, c'est-à-dire 8 jours au maximum.

En outre, il convient de relever que, pour éviter les interpellations abusives, l'alinéa 4 de cet article mentionne que, sauf en cas de crime ou de délit fragrant, la garde-à-vue ne peut être ordonnée les samedis, dimanches ou jours fériés. Toutefois, si elle a commencée un vendredi ou la

---

[15] Entendons : Agents de police judiciaire.

[16] Sous ce régime, la doctrine au Cameroun était divisée sur le point de savoir si la durée maximale de la garde à vue était donc de trois ou de quatre jours, les renouvellements y compris (72 ou 96 heures ?).

veille d'un jour férié, elle peut être prorogée dans les conditions ci-dessus, c'est-à-dire qu'en principe, elle ne saurait excéder 8 jours.

L'ordonnance N° 72/5 du 26 août 1972 portant organisation judiciaire militaire prévoit quant à elle, en son Article 10 un délai de 48 heures renouvelable 3 fois sur autorisation du Commissaire du gouvernement.

De plus, l'O.P.J. ne peut recourir à la garde à vue que si et seulement si deux conditions sont remplies.[17]

Il faut que :

- l'infraction pouvant provoquer cette mesure soit constitutive d'un crime ou d'un délit passible d'une peine d'emprisonnement ;
- des lourds indices pèsent sur le suspect, soit par son aveu, soit par des déclarations concordantes de plusieurs témoins. Cette mesure est donc exclue dans tous les autres cas, notamment en matière de contraventions ou de délits passibles seulement de la peine d'amende.

Il faut seulement regretter le fait que toutes ces garanties soient ignorées par la grande majorité de la population. De plus, celle-ci ne semble guère mieux édifiée en ce qui concerne l'intégrité physique et morale.

B) La protection du gardé à vue contre les atteintes à l'intégrité physique et morale.

Le droit international des droits de l'Homme a consacré plusieurs textes à la protection du citoyen contre les atteintes, même lorsqu'il est privé de sa liberté.[18] Le

---

[17] cf. MBEULA, L – M., op. cit.note1, P.61.

[18] Art. 6 et suivants du Pacte international relatif aux droits civils et politiques ; ensemble art. 3 et suivants de la Déclaration universelle

droit positif camerounais lui a emboîté le pas en incriminant certains actes ou comportements des enquêteurs susceptibles de porter atteinte à l'intégrité physique ou morale du suspect.[19]

Ces différents instruments de protection des droits humains proscrivent formellement des pratiques tels la balançoire, les sévices et violences, le cachot, les projecteurs, les tortures[20] utilisées le plus souvent par les enquêteurs pour obtenir l'aveu du suspect ou un témoignage à charge ou à décharge.

Par ailleurs, le code de procédure pénale a introduit beaucoup d'innovations. Non seulement le gardé à vue peut être assisté d'un conseil lors des actes de l'enquête, mais l'article 123 de ce code prévoit en ses alinéas 1 et 2 la possibilité pour le gardé à vue d'être soumis à des examens médicaux sur réquisition du Procureur de la République, soit d'office, soit à la demande de l'intéressé, de son avocat ou d'un membre de sa famille ; ceci dans les 24 heures de la demande. L'alinéa 3 dispose quant à lui qu'à la fin de la garde à vue, il est obligatoirement procédé à l'examen médical du suspect à ses frais et par un médecin de son choix si l'intéressé, son conseil ou un membre sa famille en fait la demande. Dans tous les cas, il doit être informé de cette faculté.

Concrètement, le rapport médical ou le certificat médico-légal établi par le médecin peut dans ce contexte servir de base aux poursuites judiciaires engagées contre les auteurs de violences ou de voies de fait conformément

---

des Droits de l'Homme ; art. 4 et suivants de la Charte Africaine des Droits de l'Homme et des Peuples.

[19] art. 275 et suivants du Code Pénal camerounais, mais surtout l'art. 132 (bis).

[20] TGI du Mfoundi, jugement N° 193/ crim. 26 juin 1998, Affaire M.P. et MAAH Hubert c/ NSOM et autres (décision frappée d'appel).

aux articles 277 à 281 du code pénal ou à l'article 132 bis dudit code sur la torture. D'où le pas franchi pour la suite de la procédure.

Section II : La sauvegarde des droits fondamentaux au cours de l'information judiciaire et dans la phase de jugement

L'article 8 de la Déclaration Universelle des Droits de l'Homme énonce que toute personne a droit à un recours juridictionnel contre les actes violant ses droits fondamentaux. Cela ne signifie point que les personnes poursuivies doivent absolument être sacrifiées, car elles continuent de jouir de certains droits en raison notamment du sacro-saint principe de la présomption d'innocence.

Ainsi par exemple, s'il est vrai que certains principes protecteurs sont spécifiques à l'instruction judiciaire ou au jugement au fond (§ 1), il convient aussi de reconnaître qu'il existe des règles qui leur sont communes (§ 2).

§ 1 Les principes spécifiques à l'instruction judiciaire ou au jugement au fond :

L'on relève dans toute procédure pénale et précisément dans celle appliquée au Cameroun l'existence de règles de protection propres à l'information judiciaire (A) ou à la phase de jugement au fond (B). Il importe de les analyser les unes après les autres.

A) Les droits de l'homme à l'instruction judiciaire

Ils s'appliquent autant à la vie privée (1) qu'à la sécurité publique des individus (2).

1) Le respect du droit à la vie privée dans l'accomplissement des actes d'instruction

Le Juge d'instruction[21] en sa qualité d'O.P.J. Supérieur peut accomplir les mêmes actes que les autorités de police ou de gendarmerie ; notamment les perquisitions et les saisies d'objets dans les domiciles des particuliers ou même dans certains établissements. Sous réserve toutefois des limites évoquées ci-dessus au sujet de l'enquête préliminaire.

En plus, ce magistrat a le pouvoir de priver certains individus de leur liberté non seulement pour obtenir la manifestation de la vérité, mais aussi et surtout pour préserver la paix et la sécurité publiques.

2) La protection de la sécurité publique

Tout homme a le droit de vivre en toute sécurité au sein de la société à laquelle il appartient. Ainsi, pour protéger les citoyens camerounais et autres résidents, la loi pénale permet au Juge d'instruction de placer en détention préventive certains délinquants estimés dangereux en décernant à leur encontre un mandat de détention provisoire; en attendant l'issue de l'information judiciaire et éventuellement la sentence de la juridiction de jugement.

Par ailleurs, l'article 221 du code de procédure pénale, pour éviter les détentions anormalement longues, limite la durée de la détention provisoire à 6 mois. Il est prévu des possibilités de renouvellement ; mais celui-ci ne peut dépasser 6 mois en cas de délit et 12 mois en cas de crime. Concrètement, pour une même procédure d'information

---

[21] Le code de procédure pénale consacre le retour du Juge d'instruction, contrairement à l'ordonnance N° 72/4 du 26 août 1972 qui instituait le Magistrat instructeur dont le rôle a soulevé beaucoup de controverses.

judiciaire, la privation de liberté à cette étape ne doit pas excéder 18 mois pour les crimes et 12 mois pour les délits.

B) Les droits de l'homme devant la juridiction de jugement : le droit a un procès équitable

Aux termes de l'article 10 de la Déclaration de 1948, toute personne a droit à un procès équitable devant un tribunal indépendant et impartial.

Faisant suite à ce droit supranational, le droit positif camerounais a entouré le procès pénal notamment d'un certain nombre de garanties également applicables en d'autres matières.

Ainsi par exemple, l'article 17 al. 7 de la loi No 2006/015 du 29 décembre 2006 portant organisation judiciaire de l'Etat prévoit que le Tribunal de Grande instance –qui connaît des crimes et délits connexes – « peut siéger en formation collégiale composée de trois membres, sur ordonnance du Président, prise d'office ou sur réquisitions du Ministère Public ou à la requête d'une partie. » De même, l'article 21 de la loi sus - citée et l'article 2 de l'ordonnance N° 72/6 du 26 août 1972 portant organisation de la Cour Suprême disposent que les affaires soumises à la Cour d'Appel ou à la Cour Suprême doivent être jugées par trois magistrats, membres desdites Cours. Tout ceci vise à limiter autant que faire ce peut les risques d'arbitraire.

Notons en outre que tout justiciable qui doute de l'impartialité d'un «juge» peut le récuser et demander qu'il soit remplacé par un autre. Pour cause de suspicion légitime, il peut même solliciter et obtenir le renvoi de son affaire devant une autre juridiction en vertu de l'article 604 du code de procédure pénale.

Cela dit, et pour avoir une vue un peu plus générale, il échet à présent de nous appesantir sur les droits humains qui s'imposent non seulement à l'information judiciaire mais également au procès proprement dit.

§ 2. Les règles communes à l'information judiciaire et à la procédure de jugement

«Il faut... faire descendre les droits de l'Homme de l'empyrée du droit naturel, pour les transmuer en règles de droit positif», écrit le Prof. Adolphe MINKOA SHE[22]. Aussi, la procédure pénale en vigueur au Cameroun intègre-t-elle les principes tels que la présomption d'innocence (A), le droit pour toute personne poursuivie de se défendre et d'être assistée tant à l'instruction judiciaire qu'à la barre (B). A cela s'ajoute également le droit à des réparations civiles (C).

A) La présomption d'innocence et la protection de la liberté de la personne humaine

Toute personne poursuivie en matière pénale est présumée innocente jusqu'à ce que sa culpabilité soit établie par une juridiction compétente[23]. Elle doit donc être traitée en tenant compte de ce facteur.

Ainsi par exemple, les articles 15 al.1 (a) et 18 al. (a) de la loi N° 2006/015 du 29 décembre 2006 susvisée, 22 et suivants du code de procédure pénale donne la possibilité aux personnes poursuivies et placées en détention provisoire de solliciter du juge d'instruction ou de la juridiction compétente la mise en liberté par une demande motivée. Il convient de mentionner que cette mise en

---

[22] MINKOA SHE, A., *Droits de l'Homme et Droit Pénal au Cameroun*, Ed. Economica, 1999, p. 14.

[23] Art. 9 de la Déclaration Française des droits de l'Homme et du Citoyen ; Art. 11 de la Déclaration universelle des droits de l'Homme ; Art. 7 al. 1(b) de la Charte Africaine des droits de l'Homme et des Peuples ; Art. 14 al. 2 du Pacte international relatif aux droits civils et politiques.

liberté peut même être accordée d'office. Dans l'un et l'autre cas, la liberté peut être assortie d'une caution ou non, la caution pouvant être financière ou personnelle c'est-à-dire qu'un ou plusieurs garants s'engagent pour le compte du suspect, de l'inculpé, du prévenu ou de l'accusé.

B) Les droits de la défense et l'exercice des voies de recours

Cet intitulé suggère une démarche en deux étapes : la défense au fond d'une part (1) et le recours aux instances judiciaires supérieures d'autre part (2).

1) Les droits de la défense

Le droit pénal camerounais accorde à tout justiciable le droit de se défendre[24]. Il peut le faire lui-même ou alors avec l'aide d'un avocat- défenseur. S'il ne dispose pas de ressources financières suffisantes, il peut solliciter et même obtenir auprès des autorités compétentes une assistance judiciaire en vertu du décret N° 76/521 du 9 novembre 1976 ; encore qu'en cas de crime passible de la peine capitale ou perpétuelle, le tribunal doit lui commettre un avocat d'office, aux frais du trésor public, lorsqu'il n'en a pas, comme le relève l'article 417 al.2 du code de procédure pénale ; car il est souhaitable que toute personne poursuivie pour crime ou délit soit assistée d'un conseil, l'avocat maîtrisant mieux que l'accusé les possibilités de recours outre les différents moyens de défense.

---

[24] Art. 14 al. 3, Pacte relatif aux droits civils et politiques et Art. 7, al. 1©, Charte Africaine des droits de l'Homme et des Peuples.

2) L'exercice des voies de recours

Qu'il s'agisse des ordonnances du juge d'instruction ou des décisions du tribunal, des voies de recours existent, l'appel étant le moyen le plus utilisé[25].

En fait, ces recours permettent, en cas de doute, de contester les décisions rendues par le juge d'instruction ou le juge, pour obtenir en fin de compte une sentence plus ou moins satisfaisante, en tout cas équitable.

Sur un tout autre plan, signalons qu'il est aussi du devoir du juge pénal d'octroyer des dommages-intérêts lorsque la demande lui en est expressément faite.

C) La double facette de la constitution de partie civile

La victime d'une infraction a droit à des réparations. Pour ce faire, elle peut si elle le désire se constituer partie civile devant le juge d'instruction [26] et/ou devant la juridiction de jugement. En réalité, c'est cette dernière instance qui est compétente pour statuer là-dessus, en toute souveraineté.

Seulement, certaines procédures et constitutions abusives de partie civile peuvent se retourner contre le plaignant.

En effet, les articles 162, 260 et 398 du code de procédure pénale offrent la possibilité à toute personne relaxée ou acquittée de demander à son profit la condamnation de son adversaire à des dommages-intérêts

[25] Citons aussi l'opposition (art. 427 et suivants du code de procédure pénale) et le pourvoi en cassation (articles 472 et suivants du même code).

[26] Art. 157 et suivants du code de procédure pénale.

en guise de réparation du tort à lui causé par une procédure qui à la fin s'est avérée non fondée[27].

Ainsi donc, prenant en compte les droits fondamentaux de la personne humaine, le droit pénal camerounais s'efforce d'assurer aux justiciables un procès équitable. Et en cas de condamnation pénale devenue définitive, la procédure pénale cède le pas au régime pénitentiaire.

Chapitre II : la garantie des droits de l'homme dans l'exécution des condamnations pénales au Cameroun

Le régime pénitentiaire au Cameroun est régi par le décret N° 92/052 du 27 mars 1992 portant abrogation du décret N° 73/774 du 11 décembre 1973. Les personnes détenues ne devant pas être totalement sevrées de leurs droits, il s'agit pour nous de voir dans quelle mesure cette législation prend en considération non seulement les droits civils et politiques du prisonnier (Section I), mais également ses droits économiques, sociaux et culturels (Section II).

Section I : Les droits civils et politiques dans le système pénitentiaire camerounais

Les personnes incarcérées conservent néanmoins des droits inhérents à la vie collective (§ 2). Et en tant qu'être humain, leur dignité d'Homme doit également être protégée (§ 1).

§ 1. La protection de la dignité humaine

Cette protection consiste notamment en l'interdiction de la torture dans les prisons (B) et la condamnation de l'esclavage et du travail forcé (A).

---

[27] Art. 1382 du Code Civil : « Tout fait quelconque de l'homme, qui cause à autrui un dommage, oblige celui par la faute duquel il est arrivé, à le réparer » ; Cf. EYIKE – VIEUX, *Code d'instruction criminelle et pratique judiciaire camerounaise,* P.U.A., p. 130 – 132.

A) La condamnation de l'esclavage et du travail force

Les principaux instruments juridiques internationaux interdisant l'esclavage ou le travail forcé ont été ratifiés par le Cameroun.

Ce qui signifie qu'en principe, les prisonniers et les détenus ne doivent pas être maintenus dans un régime de servitude.

L'article 49 du décret N° 92/052 du 27 mars 1992 portant régime pénitentiaire dispose que : «Les condamnés et les contraignables sont astreints à la corvée. Les prévenus ne sont utilisés qu'aux menus travaux d'entretien de la prison». Il importe ici de relever que l'article 8 al. 3 © du Pacte international relatif aux droits civils et politiques précise que le travail normalement requis d'un individu qui est détenu en vertu d'une décision de justice régulière n'est pas considéré comme «travail forcé ou obligatoire».

Néanmoins, il y a lieu de craindre des dérapages et autres abus de la part des régisseurs et gardiens de prison. Car en fait, la corvée ne doit pas être entendue au sens des lourds travaux autrefois imposés aux esclaves ; mais plutôt des travaux, quelque peu difficiles soit, visant en tout et pour tout l'occupation, l'amélioration, l'amendement des prisonniers, qui doivent donc être épargnés d'actes de torture.

B) L'interdiction de la torture

S'il est vrai que les autorités pénitentiaires ont un droit de correction à l'égard des prisonniers, ce pouvoir ne saurait être exagéré. Qu'il s'agisse des prisonniers politiques ou des prisonniers de droit commun, ils ne doivent aucunement être soumis de manière délibérée à des actes de torture.

Aussi, l'article 132 (bis) al. 5 du Code Pénal camerounais, définit la «torture» comme : «tout acte par lequel une douleur ou des souffrances aiguës, physiques, mentales ou morales, sont intentionnellement infligées à une personne, par un fonctionnaire ou toute autre personne, agissant à titre officiel ou à son instigation ou avec son consentement exprès ou tacite, aux fins notamment d'obtenir d'elle ou d'une tierce personne des renseignements ou des aveux, de la punir d'un acte qu'elle ou une tierce personne a commis ou est soupçonnée d'avoir commis...».

Ce même article en ses alinéas 1 à 4 punit des peines d'amende et d'emprisonnement allant de deux ans à une condamnation à vie toutes personnes qui se rendraient coupables d'actes de torture. Seulement,

On constate en pratique que de telles actions sont rares en justice, peut-être à cause de l'ignorance ou même de la peur des éventuelles victimes.

Outre la dignité du prisonnier, un accent non négligeable doit être mis sur un autre aspect : celui de la vie collective.

§ 2. Les droits inhérents à la vie collective.

La liberté de réunion et de conscience, concerne aussi les prisonniers (A) qui ont également droit à une vie familiale (B).

A) Le droit à la liberté de réunion et de conscience.

Sous réserve de la dangerosité de certains prisonniers, les personnes incarcérées doivent en principe être autorisées à des heures réglementaires à se retrouver entre elles pour discuter, échanger.

De même, chaque prisonnier doit pouvoir pratiquer sa religion en toute liberté et conscience[28]. A cet effet, il incombe aux responsables des différents établissements pénitentiaires d'aménager un cadre propice. Aussi, l'article 42 al. 1 du décret du 27 mars 1992 susvisé prévoit-il que :

«Le régisseur de la prison dresse une liste nominative des Ministres des différents cultes autorisés à célébrer des offices religieux à l'intérieur de la prison ou à visiter les détenus».

Ces responsables doivent également s'employer à maintenir le cordon ombilical qui unit le prisonnier ou le détenu préventif à sa famille.

B) Le droit à la vie familiale

Pour leur équilibre psychologique, les personnes incarcérées ont le droit de recevoir à des heures bien précises la visite de leurs parents, amis et connaissances. Cela est prévu par l'article 37 al. 1 du décret 92/052 susmentionné qui énonce que :

«Les condamnés sont autorisés à recevoir les visites des membres de leurs familles et amis en présence d'un ou de plusieurs éléments d'encadrement... Ils peuvent également recevoir des courriers dans les mêmes conditions. »

Toutefois, il se pose avec acuité un problème relatif à la sexualité des détenus. Peut-on permettre à tous les détenus, notamment les majeurs et adultes mariés, de «rencontrer» sexuellement leur conjoint ?

---

[28] cf. Art. 18 Déclaration universelle des droits de l'Homme et Pacte international relatif aux droits civils et politiques ; Art. 2 et 8 de la Charte Africaine des droits de l'Homme et de Peuples ; Préambule de la Constitution camerounaise du 18 janvier 1996.

Cela exige que les autorités pénitentiaires «renoncent à leur droit de surveillance constante», comme l'a souligné la Commission Européenne des droits de l'Homme dans ses décisions du 21 mai 1975 et du 03 octobre 1978.

Il y a lieu d'y réfléchir pour éviter aux prisonniers des perturbations, des punitions supplémentaires [29]. On pourrait par exemple créer dans les prisons des espaces appropriés pour ce genre de rencontre. Encore qu'il faut se demander si tous les prisonniers doivent bénéficier de ce type de faveur.

Ainsi donc, le droit pénal pénitentiaire camerounais accorde une place particulière aux droits civils et politiques ; mais il ne fait point abstraction aux droits économiques, sociaux et culturels.

Section II : Les droits économiques, sociaux et culturels du prisonnier camerounais

L'étude de la mise en œuvre des droits sociaux (§ 1) précèdera celle des droits économiques et culturels (§ 2).

§ 1. La mise en œuvre des droits sociaux

La santé du prisonnier (A) devrait nous préoccuper autant que son éducation et son instruction (B).

A) La santé du prisonnier

L'article 32 al.1 du décret du 27 mars 1992 dispose que : «Chaque détenu est soumis au moment de son incarcération à une visite médicale».

L'article 33 al. 1 du même texte énonce que : «Dans tout établissement pénitentiaire, il doit être aménagé une infirmerie ou un local destiné à recevoir les malades. Son fonctionnement est assuré par le responsable de l'infirmerie, sous la supervision de l'autorité médicale

[29] cf. PERRIN, « La sexualité en prison », in *Rev. Pénit.*, 1985, P. 81.

compétente la plus proche. En cas de maladie contagieuse ou épidémique, l'autorité médicale compétente prend en accord avec le régisseur toutes les mesures de protection et de prophylaxie nécessaires».

Les prisonniers camerounais ont également droit à une ration journalière équilibrée et suffisante devant leur permettre d'éviter toute carence alimentaire et leur donner l'énergie indispensable à leur santé et à l'exécution des travaux auxquels ils sont astreints, comme le précise l'article 29.

Cependant, il convient de noter que cela ne se vérifie pas toujours dans la réalité. S'il existe bel et bien une infirmerie dans les prisons camerounaises, la modicité des moyens qui leur sont alloués ne favorise pas leur bon fonctionnement. Il en est de même de l'alimentation.

Il importe donc d'en appeler à une plus grande générosité de la part des pouvoirs publics et des particuliers qui y jouent déjà un rôle non négligeable en plus de leur apport au niveau de l'éducation et de l'instruction des prisonniers.

B) L'éducation et l'instruction du prisonnier

La resocialisation est l'une des missions fondamentales assignées aux prisons. Il faut éduquer le prisonnier, l'aider à s'instruire, à s'améliorer. A ce propos, Monseigneur Raphaël-Marie ZE, évêque de Sangmélima au Cameroun écrit : «En chacun de nous, il y a des germes de vertus et des germes de vices. Eduquer une personne humaine, c'est précisément l'aider à tendre vers la maturité du corps et de l'âme, en faisant grandir harmonieusement ses diverses potentialités positives et en faisant régresser les potentialités négatives»[30].

---

[30] ZE, R-M., « La culture de la paix : un défi pour l'éducation et le développement », in *Pour une culture chrétienne de la paix*, Actes du

Dans cette optique, l'article 6 du décret de 1992 portant régime pénitentiaire au Cameroun dispose : «Les prisons écoles sont destinées à la formation théorique et pratique des condamnés ou des mineurs placés en rééducation ». Et l'article 62 poursuit : «Chaque établissement pénitentiaire organisera des cours pour mineurs et adultes et mettra dans les conditions fixées par le règlement intérieur de la prison des livres et ouvrages nécessaires au développement de leurs connaissances ».

Concrètement, les détenus plus instruits tiennent généralement lieu d'enseignants à titre bénévole pour les mineurs et les adultes incarcérés. Ils méritent d'être encouragés, même s'il convient d'ores et déjà de saluer les succès obtenus chaque année aux différents examens officiels.

De plus, notons que les prisonniers camerounais bénéficient aussi des droits sur le plan économique et culturel.

§ 2. Les droits économiques et culturels des personnes incarcérées

Elles peuvent non seulement exercer une activité rentable (A) mais aussi exprimer la richesse de leur culture (B).

A) L'exercice d'une activité rentable

Au quotidien, les prisonniers camerounais s'efforcent de s'occuper utilement. Ils s'attellent notamment à faire de la couture, de la broderie, de la vannerie, l'artisanat… dont les produits sont vendus soit à l'intérieur de la prison, soit

---

Colloque organisé à Yaoundé (Cameroun) les 3 et 4 mars 2000 par le Conseil Pontifical de la Culture et l'Association des Conférences Episcopales de la Région de l'Afrique Centrale (A.C.E.R.A.C.), P. 86.

à l'extérieur avec le concours et l'encadrement des gardiens de prison.

Le décret N° 92/052 permet aux services publics, aux entreprises privées et aux particuliers de solliciter et d'obtenir la main-d'œuvre pénale. A cet effet, l'article 52 de ce décret dispose : «Toute cession de main-d'œuvre pénale donne lieu au paiement d'une indemnité journalière et de frais de surveillance».

Y faisant suite, l'article 53 précise les modalités d'encaissement de ces revenus dont une partie est reversée au trésor public et l'autre destinée à la constitution d'un pécule qui sera remis au détenu corvéable à la fin de sa détention. Qu'en est-il de la vie culturelle ?

B) La vie culturelle en prison

Aux termes de l'article 63 du décret du 27 mars 1992 fixant le régime pénitentiaire au Cameroun : «Des séances récréatives peuvent être organisées dans les établissements pénitentiaires avec le concours éventuel des personnes venues de l'extérieur sur autorisation préalable et écrite du régisseur de la prison».

En principe, le prisonnier camerounais doit avoir la latitude d'organiser des séances de danse, de théâtre, bref d'animation culturelle.

Il revient donc aux responsables des établissements pénitentiaires de les insérer dans leur règlement intérieur.

En somme, il apparaît que le droit pénitentiaire camerounais en particulier et le droit pénal camerounais en général sont dans une certaine mesure influencés par le droit international et notamment le droit international des droits de l'Homme. Mais il faut pouvoir en assurer l'efficacité. A cet égard, il convient d'envisager pour la suite les moyens de contrôle existants qui devraient certainement contribuer au respect et à la mise en œuvre effective des droits fondamentaux de la personne humaine en cette matière.

Chapitre III : Le contrôle interne des droits de l'homme en matière pénale au Cameroun

« Toute société dans laquelle la garantie des droits n'est pas assurée ni la séparation des pouvoirs déterminée, n'a point de constitution. » Ainsi s'expriment les auteurs de la Déclaration Française des Droits de l'Homme et du Citoyen, en son article 16.

Aussi, le droit positif camerounais a-t-il prévu des mécanismes pouvant jouer un rôle important dans la sauvegarde des droits fondamentaux de la personne humaine en matière pénale. En outre, les particuliers-individuellement ou groupe-ne manquent pas de se déployer activement dans ce domaine. A cet effet, les institutions constitutionnelles d'une part (Section I), les partis politiques et la société civile d'autre part (section II) méritent de retenir un temps soit peu notre attention.

Section I : Le rôle des institutions constitutionnelles dans la sauvegarde des droits de l'homme au Cameroun

En faisant référence au sacro-saint principe de la séparation des pouvoirs, MOTESQUIEU déjà en son temps faisait remarquer que tout homme qui a le pouvoir est tenté d'en abuser ; qu'il faut que par la disposition des choses, le pouvoir arrête le pouvoir.[31]

Dans cette lignée, la Constitution camerounaise du 18 janvier 1996 organise le fonctionnement des trois pouvoirs constitutionnels classiques.[32] C'est ainsi que dans la

---

[31] cf. MONTESQUIEU, *l'Esprit des lois,* chap. XI

[32] Cf. Constitution du 18 janvier 1996 ;

présente étude, nous allons d'abord analyser l'importance du pouvoir exécutif et du pouvoir législatif dans la surveillance des droits humains en matière pénale au Cameroun (§ 1) avant de nous appesantir sur le rôle du pouvoir judiciaire et du Conseil constitutionnel (§ 2).

§ 1 La surveillance des droits fondamentaux par le pouvoir exécutif et le pouvoir législatif

L'examen de l'action du pouvoir exécutif (A) précèdera l'étude de l'influence du pouvoir législatif sur la garantie des droits de l'homme en matière pénale au Cameroun (B).

A) L'action du pouvoir exécutif :

Au Cameroun, l'action du pouvoir exécutif quant au contrôle des droits de l'Homme dans le domaine pénal peut être envisagée à deux niveaux au moins.

D'abord, dans ses rapports avec le pouvoir législatif ; ensuite, à travers des personnes désignées à cet effet.

Aux termes de l'article 26 de la Constitution camerounaise[33], sont du domaine de la loi : les garanties, obligations et droits fondamentaux du citoyen, notamment la sauvegarde de la liberté et de la sécurité individuelle, le régime des libertés publiques…

Lorsqu'une loi est adoptée par Parlement, c'est le Président de la république qui doit en principe la promulguer.

Il doit le faire dans un délai de quinze jours à compter du jour où cette loi lui a été transmise, s'il ne formule pas une demande de seconde lecture ou s'il n'en saisit pas le

[33] cf. également art. 20 de la constitution camerounaise du 02 juin 1972.

Conseil constitutionnel[34] parce que celle-ci est contraire à la constitution.

Ainsi, lorsqu'une loi nouvellement votée par le Parlement met en péril les droits fondamentaux de la personne humaine, le Président de la République peut refuser de la promulguer et demander aux parlementaires de la modifier pour délibérer à nouveau. S'il échoue à ce niveau, il peut saisir le Conseil constitutionnel[35] pour inconstitutionnalité de ladite loi.

Le Président de la République veille à ce que les lois soient en conformité avec les accords et traités internationaux négociés et ratifiés par le Cameroun.[36]

En outre, le gouvernement camerounais a, par décret n° 90/1459 du 08 novembre 1990, crée une structure chargée de la promotion et de la surveillance des droits de l'Homme dans le pays. Il s'agit du comité national des droits de l'Homme et des libertés qui est essentiellement composé de juristes et d'experts rompus en la matière. Suite à la loi N° 2004/16 du 22 juillet 2004, ce comité a été remplacé par la commission nationale des droits de l'homme et des libertés dont la composition prend en compte la quasi-totalité des composantes de la société camerounaise.

Dans le cadre de leurs missions, ses membres doivent descendre sur le terrain pour enquêter et dresser des rapports sur la situation des droits de l'homme au Cameroun.

Ainsi, ils visitent les cellules des commissariats et brigades de gendarmerie, s'enquièrent des procédures

---

[34] art. 31 de la constitution du 18 janvier 1996.

[35] A propos du conseil constitutionnel, voir infra B du paragraphe 2.

[36] Il ne saurait les ratifier sur le plan international pour les sacrifier ensuite à l'échelon national.

criminelles pendantes devant les juridictions, de la situation des droits humains dans les prisons etc. Ils peuvent le faire soit d'initiative, soit sur saisine des particuliers ou même d'une administration.

Seulement, il convient de signaler que l'efficacité d'une telle structure passe nécessairement par son indépendance qu'il faut à tout prix préserver. Sinon les parlementaires par exemple auraient certainement à redire au sujet des dérives qui seraient éventuellement imputables au gouvernement.

B) Le pouvoir législatif et les droits de l'homme au Cameroun :

Outre les particuliers, l'administration, bras séculier du pouvoir exécutif, est généralement considérée comme un danger pour les droits de l'homme et les libertés publiques.

A cet égard, le Parlement doit pouvoir jouer un rôle de contrôle et de régulation. Ainsi, l'exécutif doit rendre compte au législatif, incarnation de la masse populaire, de la gestion des affaires publiques.

L'article 35 al.1 de la Constitution camerounaise énonce que : « *Le parlement contrôle l'action gouvernementale par voie des questions orales ou écrites et par la constitution des commissions d'enquêtes sur des objets déterminés.* » Et le gouvernement doit, sous réserve des impératifs de la défense nationale, de la sécurité de l'Etat ou du secret de l'information judiciaire, fournir les renseignements qui lui sont demandés.

C'est dire que le Parlement a un pouvoir d'investigation très poussé vis-à-vis de l'exécutif. Cependant, il peut se poser un problème de neutralité si le Parlement est majoritairement composé de députés issus du parti au pouvoir. Heureusement, avec le déploiement des partis politiques de l'opposition, l'on assiste de plus en plus à un certain réglage au niveau des opinions au sein du Parlement camerounais.

Ainsi par exemple, le gouvernement camerounais à dû s'expliquer devant l'Assemblée Nationale sur le bien-fondé du commandement opérationnel[37].

De plus, le Parlement est chargé de contrôler la conformité des lois, traités et accords internationaux - négociés et ratifiés par le pouvoir exécutif - à la constitution qui, comme nous l'avons noté plus haut, accorde une place de choix aux droits fondamentaux. Il peut également à cet effet saisir le Conseil constitutionnel[38]. Celui-ci et le pouvoir judiciaire tenant d'ailleurs un rôle fondamental dans la garantie des droits humains au Cameroun.

§ 2 La sauvegarde des droits de l'Homme par le pouvoir judiciaire et le conseil constitutionnel

Le recours au pouvoir judiciaire (A) et la garantie des droits humains par le Conseil constitutionnel camerounais (B) seront examinés successivement.

A) Le recours au pouvoir judiciaire

Le pouvoir judiciaire intervient notamment pour sanctionner les violations flagrantes des droits de l'Homme ; en occurrence en matière pénale. Il doit d'ailleurs le faire à travers les différents degrés de juridiction.

Ainsi, l'article 37 al.2 de la Constitution camerounaise dispose que : *« Le pouvoir judiciaire est*

---

[37] Le commandement opérationnel a été instauré à Yaoundé et à Douala (Cameroun) pour faire face à la recrudescence de la criminalité et du grand banditisme.

[38] Art.43, 46 et 47 de la constitution.

exercé par la Cour Suprême, les Cours d'Appel et les tribunaux. » Le juge pénal peut donc être saisi pour réprimer les violations des droits de l'Homme commises en matière répressive.

Par exemple, la responsabilité pénale d'un officier de police judiciaire peut être engagée en cas d'abus exercés à l'égard des personnes gardées à vue[39] ou des personnes arbitrairement privées de leur liberté.

L'un des cas les plus évocateurs est certainement cette affaire LAGASSO. Ce policier a, de concert avec certains de ses éléments, copieusement battu un magistrat qui s'est rendu au commissariat pour contrôler les gardes à vue un samedi. Non contents de le bastonner, ils l'ont enfermé pendant des heures dans une cellule. Il n'a recouvré sa liberté que grâce à l'intervention du Procureur de la République. Poursuivi pour ces faits, cet OPJ a été condamné par le tribunal de grande instance du Mfoundi à dix ans d'emprisonnement ferme. Mais la Cour d'Appel du Centre a ramené cette peine à deux ans.[40]

En somme, le juge pénal camerounais est appelé à jouer un rôle déterminant dans la protection des droits fondamentaux. Il faut tout simplement que les citoyens puissent lui faire confiance et que lui-même s'efforce de mériter une telle confiance en rendant des décisions selon le droit, la justice et l'équité.

A quelques différences près, ces exigences s'imposent aussi au Conseil constitutionnel qui est le gardien de la Constitution.

---

[39] voir Cour Suprême du Cameroun, arrêt n° 121/p du 18 février 1982, inédit

[40] TPI du Mfoundi, jugement n° 122 /crim. Du 1er mars 1996 et C.A du Centre, arrêt n° 37/crim. du 10 décembre 1996.

B) La garantie des droits fondamentaux par le Conseil constitutionnel camerounais.

Crée au Cameroun par la Constitution du 18 janvier 1996, le Conseil constitutionnel statue sur la constitutionnalité des lois, des traités et accords internationaux.[41]

Dans cette optique, l'article 47 al.3 de la loi fondamentale énonce : « *Avant leur promulgation, les lois ainsi que les traités et accords internationaux peuvent être déférés au Conseil Constitutionnel par le Président de la république, le Président de l'Assemblée Nationale, le Président du Sénat, un tiers des députés ou un tiers des sénateurs, les présidents des exécutifs régionaux.* »

Cette haute structure doit donc veiller au respect des dispositions constitutionnelles, en l'occurrence au préambule de la constitution[42] qui affirme l'attachement du Cameroun aux droits et libertés fondamentales inscrites dans les différents instruments juridiques internationaux.

Il faut seulement espérer que cette instance qui n'est pas encore fonctionnelle soit rapidement mise sur pied. En attendant, la mission qui lui incombe est encore exercée par la Cour suprême. Encore que dans son fonctionnement concret, il faudrait que les membres de ce conseil soient suffisamment armés d'esprit d'indépendance pour bien accomplir leur tâche.

Au total, il apparaît donc que la Constitution camerounaise a prévu des mécanismes non négligeables pour garantir les droits de l'Homme, en matière répressive notamment. Mais compte-tenu de l'extrême sensibilité de

---

[41] Art. 46 et 47 de la constitution.

[42] Notons qu'aux termes de l'article 65 de la constitution camerounaise du 18 janvier 1996, le préambule fait partie intégrante du bloc de constitutionalité.

cette dernière, signalons que l'action des partis politiques et de la société civile suscite une attention particulière.

Section II : L'impact des partis politiques et de société civile sur la protection des droits de l'homme au Cameroun.

Il convient de noter à ce niveau qu'après l'influence des partis politiques (§ 1), nous analyserons la portée du contrôle exercé par la société civile (§ 2).

§ 1. L'influence des partis politiques :

Après la chute du mur de Berlin à la fin de la décennie 1980, il souffle sur la planète entière un vent auquel le Cameroun n'échappe pas : c'est celui de la démocratie.

Celle-ci va favoriser la création d'un certain nombre de partis politiques (A) qui au-delà de la quête du pouvoir vont également faire des droits de l'homme un cheval de bataille (B).

A) L'importance numérique des partis politiques et leur effet sur les populations camerounaises quant à la défense des droits fondamentaux

A la faveur de la démocratisation de la vie publique au Cameroun, l'on voit naître à partir de l'année 1990 une pléthore de partis politiques. [43] Et le droit positif camerounais leur assigne une fonction importante dans l'encadrement et l'éducation des populations.

Ainsi, il ressort de l'article 3 de la Constitution camerounaise du 18 janvier 1996 que : « *Les partis et*

[43] Il s'agit en réalité d'un retour au multipartisme, puisque l'histoire nous enseigne qu'il y a eu plusieurs partis politiques au Cameroun pendant la période coloniale qui ont même survécu quelques années après l'obtention de l'indépendance en 1960. Et au moment où nous réalisons ce travail les chiffres officiels font état de l'existence de plus de 200 partis politiques au Cameroun.

formations politiques concourent à l'expression du suffrage. Ils doivent respecter les principes de la démocratie, de la souveraineté et de l'unité nationales. » En fait, leur concours consiste à inculquer ces mêmes principes à leurs militants. Comme la démocratie ne peut se concevoir sans le respect des droits de l'homme, ils doivent aussi former les citoyens dans ce domaine.

A cet effet, les partis politiques organisent très souvent des séminaires de formation lorsqu'ils ne créent pas tout simplement une structure permanente pour l'encadrement des militants ou d'un public plus large.[44]

A contrario, l'effet de la grande majorité de ces partis n'est pas facilement perceptible à cause du nombre très réduit de leurs militants et de leur faiblesse sur le plan politique. Sinon ils concourent tous à l'éveil des consciences et par ricochet à la surveillance et à la défense des droits humains.

B) Les partis politiques, défenseurs inconditionnels des droits de l'Homme

Comme nous l'avons déjà relevé plus haut, outre les particuliers, le pouvoir exécutif et son bras séculier qu'est l'administration sont généralement considérés comme une *épée de damoclès*, un danger permanent pour les droits de la personne humaine. A cet égard – et c'est de bonne guerre d'ailleurs - les partis de l'opposition s'érigent ipso facto en « surveillants » du régime en place en particulier et de toutes violations des droits humains en général.

---

[44] C'est le cas de l'Union Nationale pour la Démocratie et le Progrès (UNDP) qui dispose d'un Centre d'études politiques ; du Rassemblement Démocratique du Peuple Camerounais (RDPC) et du Social Democratic Front (SDF) dont l'organisation des sessions de formation est légion.

C'est ainsi qu'au Cameroun, l'opposition politique constitue une sorte de contrepoids à l'égard du pouvoir. Par exemple, elle réagit avec véhémence en cas d'arrestations dites arbitraires ou de poursuites pénales de quelque citoyen sans fondement apparent.

Notons également qu'après les remous observés à la suite du commandement opérationnel[45], les partis de l'opposition ont pesé d'un poids non négligeable sur la décision du gouvernement qui a consisté à faire arrêter les auteurs présumés des exactions pour les traduire devant les autorités judiciaires compétentes.

En tout cas, il y va de l'intérêt des partis politiques d'exprimer publiquement leur engouement pour la défense du bien commun, pour convaincre la masse populaire dans leur optique de conquête et/ou de maintien au pouvoir. Toutefois, il convient de noter que cette action est appuyée par la société civile qui par définition est apolitique.

§ 2. La portée du contrôle exercé par la société civile

Dans une communauté humaine donnée, le terme société civile désigne toutes les forces plus ou moins organisées en dehors des partis politiques et de l'administration. Il s'agit notamment de la presse, des associations, des groupes d'individus, voire des personnes prises individuellement… Avant de mesurer l'impact proprement dit de ces forces sur la protection des droits fondamentaux (B), il ne nous semble pas superflu de mettre un accent, aussi infime soit-il, sur l'essor qu'elles connaissent aujourd'hui au sein de la société camerounaise (A).

---

[45] Instauré pour faire face à la recrudescence de la criminalité et du grand banditisme, cette opération a donné lieu à des abus de divers ordres.

A) La libéralisation de la vie publique au Cameroun comme catalyseur du réveil de la société civile

Avec la chute du « rideau de fer »[46], l'instauration de la démocratie en Europe de l'Est et dans les pays du Tiers-Monde implique non seulement l'avènement du multipartisme, mais aussi la libéralisation de la vie publique. C'est ainsi que plusieurs textes vont être adoptés au Cameroun pour aménager un cadre favorable à l'exercice des droits et libertés. Entre autres citons par exemple la loi n° 90/053 du 19 décembre 1990 portant liberté d'association ou encore la loi n° 90/052 du 19 décembre 1990 sur la libéralisation de la communication sociale, qui a été modifiée par la loi n°96/04 du 4 janvier 1996.

Dans ce contexte, on assiste alors dans ce pays à un véritable foisonnement de médias privés, d'associations sous forme d'ONG[47] ou d'églises qui à leur manière - et ce malgré quelques égarements - contribuent utilement à la promotion et à la protection des droits de l'Homme au Cameroun.

B) La société civile dans sa vocation protectrice des droits fondamentaux de la personne humaine.

Suivant leur charisme propre, les différentes églises existant actuellement au Cameroun pointent assez régulièrement du doigt les anomalies relevées ça et là dans le système pénal en vigueur.

Plus d'une fois, la Conférence épiscopale, pour ce qui est de l'Eglise catholique romaine, a attiré l'attention du gouvernement et des autorités judiciaires sur les gardes à vue et les détentions préventives anormalement longues ou

---

[46] Le mur de Berlin

[47] Organisations Non Gouvernementales.

encore sur les conditions de vie dans les prisons ; sans oublier le sempiternel problème des lenteurs judiciaires.

De plus, les associations de défense des droits de l'Homme mènent des investigations presqu'au quotidien sur la situation des droits humains au Cameroun et en dressent des rapports. Puis, ce sont les médias, de la presse privée pour la plupart, qui leur servent de podium de publication.

Tout cela participe donc de la garantie des droits fondamentaux dans le cadre étatique camerounais. Toutefois, il n'est point nécessaire que les différents protagonistes se regardent en adversaires ou en ennemis ; car en toute chose, il faut savoir proportion garder.

Conclusion

En définitive, il apparaît donc que le droit pénal camerounais est largement imprégné des règles du droit international, en occurrence du droit international des droits de l'Homme. Nous avons aussi pu relever qu'il existe divers moyens de contrôle du respect effectif de ces droits, notamment à l'échelle nationale.

Cependant, il faut que les autorités compétentes - les officiers de police judiciaire, les magistrats, les régisseurs et autres gardiens de prison - puissent appliquer les textes tels qu'ils ont été prévus. Ce qui suppose au départ qu'ils aient des moyens suffisants en personnel, de même que sur le plan technique et matériel pour mener à bien leurs missions. Cela permettrait par exemple de lutter contre les lenteurs judiciaires. Il convient ici de saluer l'entrée en vigueur du nouveau code de procédure pénale qui est certainement d'un apport singulier pour les droits humains au Cameroun compte-tenu de ses innovations.[48]

Ainsi donc, un effort a déjà été fait, mais cet effort, comme on peut le noter avec le professeur Adolphe MINKOA SHE, « appelle encore une réforme d'envergure, notamment en procédure pénale.

Concrètement, il s'agit d'évaluer systématiquement le droit positif au regard de l'exigence humaniste exprimée par la constitution et les instruments internationaux relatifs aux droits de l'Homme ratifiés par le Cameroun.[49] ».

A cela devrait s'atteler le comité technique national chargé du suivi des instruments internationaux relatifs aux droits de l'Homme et aux libertés. Mais avant tout, il faut de la part de chacun et de tous une bonne dose de civisme et d'humanisme.

Outre les recours exercés par les autorités étatiques et ceux initiés par les ONG, les citoyens doivent apprendre à défendre leurs droits .A cet égard, l'on doit répandre au maximum la culture des droits de l'Homme. Sinon l'utilité des structures de contrôle qui ont été érigées à cet effet peut être limitée sur le plan concret.

De plus, les différents textes juridiques internationaux ratifiés par le Cameroun constituent un quitus pour la saisine d'une part sur le plan régional de la Commission africaine des droits de l'homme et des peuples ou de la Cour africaine des droits de l'homme et des peuples ; d'autres part sur le plan universel de la Commission des droits de l'homme de l'O.N.U. ou de la Cour Pénale Internationale.

---

[48] Ce code est, nous semble-t-il, une bonne synthèse du système anglo-saxon et du système français selon le caractère biculturel du Cameroun.

[49] MINKOA SHE, A., op. cit. note 22, p. 260.

Toutefois, il y a lieu de s'interroger de manière générale sur la portée réelle des mécanismes non-juridictionnels de contrôle des violations des droits fondamentaux. Ils n'ont pas en tant que tel un caractère contraignant, car ils n'aboutissent pas à une décision obligatoire en droit.

Par ailleurs, il importe d'aménager sur le plan international des possibilités de recours juridictionnels pour les particuliers. Car après tout, la clé de voûte de la garantie des droits de l'Homme reste et demeure le droit de recours individuel, comme le soutient M. Frédéric SUDRE.[50]

Il s'agit-là d'une solution à laquelle la Belgique a pendant quelques années manifestées son ouverture, même si l'on a quelquefois redouté une abondance de recours individuels fantaisistes.

Toutes choses qui expliqueraient peut-être le chemin emprunté dans l'adoption du statut de la C.P.I. qui n'envisage pas de tels recours.

En tout cas, on peut reprendre le mot de M. PASSO pour dire qu'un traité à vocation universelle est un puzzle dont il manquera toujours une pièce.[51]

Au total, les droits de l'Homme sont et doivent être une préoccupation constante et récurrente pour tous. Chaque Etat devant à son niveau favoriser leur expansion. Il est clair que la communauté internationale y met à

---

[50] Cf. SUDRE, F., Cours de Droits Fondamentaux, 2001/2002, Chapitre 11, Module 117.

[51] Cf. PASSO SOMBANG, E, la *compétence de la Cour Pénale Internationale*, Mémoire présenté et soutenu publiquement en vue de l'obtention du Diplôme d'Etudes Approfondies (D.E.A.) en Droit Privé, Option Droit Privé Fondamental, Université de Yaoundé II – Soa, Année Académique 1999- 2000, p. 61.

l'heure actuelle un point d'honneur. Au point où les exigences de démocratie et de bonne gouvernance sont devenues une condition fondamentale dans le domaine des relations internationales. Une interpellation qui concerne tout particulièrement les pays du Sud et invite ceux du Nord à un perfectionnement permanent de leurs systèmes politiques. En fait, le plus important est que les droits fondamentaux de la personne humaine s'en portent toujours mieux. C'est ce à quoi nous devons tous nous atteler pour le bien-être de nos populations et le progrès, voire le développement de notre pays.

Bibliographie

Ouvrages généraux

1-CHEVALLIER, J., *L'Etat de droit*, Paris, Monchrestien, 2e éd. 1994.

2-DENQUIN, J., *Les droits politiques*, Paris, Monchrestien, 1966.

Ouvrages speciaux, cours et memoire

1-ABENA MBARGA, G., *Cours de Pratique de l'instruction judiciaire*, Ecole Nationale d'Administration et Magistrature (E.N.A.M.), Année académique 2000-2001.

2-EYIKE VIEUX, *Code d'instruction criminelle et pratique judiciaire camerounaise*, P.U.A., 1999.

3-FOMBE, A.R., *Cours de ''Court Practrice''*, E.N.A.M., 2000-2001.

4-GALEGA, P., *Cours de ''Preliminary Inquiry''*, E.N.A.M., 2000-2001.

5-MARQUISET, J., *Manuel pratique de l'Instruction*, Librairie du Recueil Sirey.

6-MBEULA, L-M., *Cours de procédure pénale*, éd. Les Trois Combattants, Année académique 2000-2001.

7-MINKOA SHE, A., *Droits de l'Homme et Droit pénal au Cameroun,* Ed. Economica, 1999.

8-NDJERE, E., *Cours de Pratique du Parquet*, E.N.A.M., 2000-2001.

9-PASSO SOMBANG, E., *La compétence de la Cour Pénale Internationale*, Mémoire présenté et soutenu publiquement en vue de l'obtention du Diplôme d'Etudes Approfondies (D.E.A.) en Droit Privé, option Droit Privé Fondamental, Université de Yaoundé II-SOA, Année académique 1999-2000.

Articles

1-BEREND, B., « L'influence de l'organisation de l'Etat sur le droit pénal », in *R.I.D.P.*, 1949.

2-GLELE-AHANHANZO, M., « La Commission africaine des droits de l'Homme et des Peuples », in *R.J.P.I.C.*, 1986.

3-OLINGA, A.D., « L'impératif démocratique dans l'ordre régional africain », in *RCADHP*, 1999.

4-PERRIN, « La sexualité en prison », in *Rév. Pénit.*, 1985.

5-POUGOUE, P.G., « La Commission africaine des droits de l'Homme et des Peuples entre son passé et son avenir », in *L'éffectivité des droits fondamentaux dans les pays francophones*, Ed. AUPELF-UREF, Montréal, 1994.

6-ZE, R-M., « La culture de la paix : un défi pour l'éducation et le développement », in *Pour une culture chrétienne de la paix*, Actes du Colloque organisé à Yaoundé (Cameroun) les 03 et 04 mars 2000 par le Conseil Ponctifical de la culture et l'Association des

Conférences Episcopales de la Région de l'Afrique Centrale (A.C.E.R.A.C.)

Textes

- Déclaration Française des droits de l'Homme et du Citoyen du 26 août 1789.
- Charte des Nations Unies du 26 juin 1945.
- Déclaration Universelle des Droits de l'Homme du 10 décembre 1948.
- Pacte international relatif aux droits civils et politiques du 16 décembre 1966.
- Pacte international relatif aux droits sociaux, culturels et économiques du 16 décembre 1966.
- Charte Africaine des Droits de l'Homme et des Peuples du 28 juin 1981.
- Protocole relatif à la Charte Africaine des Droits de l'Homme et des Peuples du 9 juin 1998.
- Traité portant création de la Cour Pénale Internationale du 17 juillet 1998.
- Constitution camerounaise du 2 juin 1972.
- Constitution camerounaise du 18 janvier 1996.
- Code pénal camerounais (loi n° 65-L F-24 du 12 novembre 1965 et loi n° 67-LF-1 du 12 juin 1967).
- Code d'instruction criminelle.
- Loi n° 58-203 du 26 décembre 1958 portant simplification de la procédure pénale au Cameroun.
- Loi n° 90/052 du 19 décembre 1990, sur la libéralisation de la communication sociale.
- Loi n° 90/053 du 19 décembre 1990 portant liberté d'association au Cameroun.
- Décret n° 92/052 du 27 mars 1992 portant régime pénitentiaire au Cameroun.
- Décret du 8 novembre 1990 portant création du comité national des droits de l'Homme et des libertés au Cameroun.

- Ordonnance n° 72/4 du 26 août 1972 portant organisation judiciaire de l'Etat.
- Ordonnance n° 72/5 du 26 août 1972 portant organisation judiciaire militaire.
- Ordonnance n° 72/6 du 26 août 1972 portant organisation de la Cour Suprême.
- Décret n° 76/521 du 9 novembre 1976 portant assistance judiciaire au Cameroun.
- Criminal Procedure Ordinance (1955)
- Loi N° 2004/16 du 22 juillet 2004 portant création, organisation et fonctionnement de la commission nationale des droits de l'homme et des libertés.
- Loi N° 2005/007 du 27 juillet 2005 portant code de procédure pénale.
- Loi N° 2006/015 du 29 décembre 2006 portant organisation judiciaire.

Troisième partie

LE CODE CAMEROUNAIS DE PROCÉDURE PÉNALE A L'ÉPREUVE DES DROITS DE L'HOMME

Introduction

La "procédure" renvoie à la « branche de la science du droit ayant pour objet de déterminer les règles d'organisation judiciaire, de compétence, d'instruction des procès et d'exécution des décisions de justice »[1]. Il en résulte que la "procédure pénale ou criminelle" est le rameau de la "procédure" ayant pour objet de déterminer les règles homologues en ce qui concerne les juridictions pénales de l'ordre judiciaire.

Les droits de l'homme quant à eux sont un « ensemble de facultés et de prérogatives considérées comme appartenant naturellement à tout être humain et dont le Droit public… s'attache à imposer à l'État le respect et la protection en conformité avec certains textes de portée universelle »[2]. A s'y méprendre, l'on pourrait penser que ces droits, autrement désignés sous le vocable de "droits fondamentaux de la personne humaine"[3], s'imposent uniquement à l'État en tant qu'autorité et entité globale. En fait, leur respect s'applique aussi de manière impérative aux individus constituant inéluctablement la population de l'État[4].

Cela dit, l'actualité des droits de l'homme n'est plus à démontrer. Ce concept apparaît désormais comme une sorte d'étendard commun de l'humanité et de la société internationale. Nous en voulons pour preuve la floraison des instruments juridiques en cette matière et la multiplication des mécanismes mis sur pied pour les faire respecter sur le plan concret. Dans l'environnement actuel,

---

[1] CORNU, Gérard, *Vocabulaire juridique,* PUF, 4e Ed; Paris, 2003, P. 696.

[2] Idem, P. 324.

[3] Généralement pour englober le sexe masculin et le sexe féminin.

[4] Dans la théorie du Droit constitutionnel, l'État est une entité comprenant un territoire, une population et un gouvernement.

caractérisé essentiellement par la mondialisation, l'État du Cameroun n'a pas manqué d'exprimer solennellement son attachement à ces valeurs cardinales que constituent les droits fondamentaux. En effet, cet attachement apparaît clairement au préambule de la constitution du 18 janvier 1996[5] qui renvoie aux conventions et traités internationaux y relatifs[6].

Dans cette optique, à l'instar de beaucoup d'autres pays dans le monde, le Cameroun a dû revisiter son arsenal législatif. Le point d'orgue, à la suite du ''vent de l'Est''[7], se situe autour de l'année 1990 où l'on assiste à l'adoption et à la publication d'une foultitude de textes-lois et décrets-confirmant l'option libérale et démocratique prise par le Gouvernement camerounais. Ce vent libéral agit également comme un coup d'accélération sur le projet d'élaboration d'un code camerounais de procédure pénale envisagé depuis belle lurette, le droit pénal en général étant très souvent considéré comme l'un des ventres mous des droits de l'Homme[8].

---

[5] Il convient également de mentionner que l'article 65 de cette constitution dispose expressément que le préambule fait partie intégrante de la constitution.

[6] Il s'agit entre autres de : la Déclaration des droits de l'homme et du citoyen du 26 août 1789; la Déclaration universelle des droits de l'homme du 10 décembre 1948; le Pacte international relatif aux droits civils et politiques, le Pacte international relatif aux droits économiques sociaux et culturels adoptés par l'Assemblée Générale des Nations Unies le 16 décembre 1966 et la charte Africaine des droits de l'homme et des peuples adoptée par la XIIIe conférence des chefs d'État de Gouvernement le 28 juin 1981 à Nairobi au Kenya.

[7] Après la chute du mur de Berlin en novembre 1989, la démocratisation des pays de l'Europe de l'Est a fait naître une conscience qui s'est répandue comme un vent dans le monde entier. C'est cette conscience libérale obligeant chaque État à se démocratiser qu'on a appelé "le vent de l'Est".

[8] Les violations dans ce domaine étant plus sensibles et plus visibles.

Jusqu'au 1er janvier 2007, deux textes différents, voire contradictoires, coexistent plus ou moins pacifiquement en matière de procédure pénale au Cameroun. Il s'agit :

- du code d'instruction criminelle qui est un code Napoléonien adopté en 1810 et rendu applicable dans la partie francophone du pays par une ordonnance du 14 février 1938;
- de la *criminal procedure ordinance*; extraite des *Laws of Nigeria* de 1958, appliquée dans la partie anglophone.

Or cette disparité textuelle, à coup sûr, ne donne pas bonne impression, notamment au sein d'un Etat qui se veut moderne et unitaire. Sans oublier que les textes ci-dessus énumérés brillent essentiellement par leur ancienneté légendaire et semblent parfois mal s'accommoder à la modernité ambiante; surtout qu'entre-temps, ils ont certainement connu plusieurs modifications dans leurs pays d'origines respectifs – la France ou le Nigeria – au point de céder finalement la place à des codes entièrement nouveaux. D'où la nécessité d'une harmonisation devant se traduire par l'adoption d'un texte unique.

Ainsi, une réflexion est engagée à cet effet dès les lendemains de l'indépendance du Cameroun[9]. Au départ marquée par un grand enthousiasme, elle connaît par la suite une certaine torpeur avant de rebondir en 1973 pour après sombrer à nouveau, le texte envisagé semblant ne pas être une priorité. C'est le contexte de démocratisation sus-évoqué qui viendra finalement redynamiser ce processus qui aboutit à l'adoption et à la publication de la loi n°2005/007 du 27 juillet 2005 portant code de procédure pénale. D'après l'article 747 de ce code, cette

[9] Cette indépendance est proclamée le 1er janvier 1960.

loi devait entrer « en vigueur le premier jour du treizième mois suivant celui de sa promulgation ». Mais pour permettre aux populations et aux praticiens du droit de bien s'imprégner de ses dispositions, son entrée en vigueur a été repoussée au 1er janvier 2007.

Ce code, moderne, voire futuriste apporte beaucoup d'innovations et est réputé mettre un point d'honneur sur les droits fondamentaux de la personne humaine. Aussi, la présente étude se donne-t-elle pour objectif de mesurer la portée de cette assertion. Autrement dit, peut-on dire que la loi n°2005/007 du 27 juillet 2005 constitue un cordon de sécurité autour des droits de l'homme en matière pénale au Cameroun?

Dans le cadre de cette étude, il serait illusoire de prétendre passer au crible toutes les dispositions de cette loi. Notre analyse est essentiellement axée sur les points saillants du vécu quotidien de la procédure pénale au Cameroun. Ainsi, le caractère didactique de ce code permet de scruter la place accordée auxdits droits dans la procédure de droit commun dite ordinaire (Section I); sans oublier les procédures particulières prévues par le législateur (Section II), cette structuration étant largement suggérée par le code.

Section I : Procédure de droit commun et droits fondamentaux dans le code de procédure pénale

Au-delà des définitions académiques, la procédure pénale est, selon PRADEL, « le lien nécessaire, l'inévitable trait d'union entre l'infraction et la sanction » [10]. Or entre l'infraction et la sanction, cette procédure suppose le déploiement de certaines étapes que sont : l'enquête, qu'il s'agisse de l'enquête préliminaire ou

[10] PRADEL, J, *Procédure pénale*, Paris, Cujas, 9e Edition, n° 2.

de flagrance (§ 1), l'instruction préparatoire (§ 2), le jugement au fond (§ 3) et enfin l'exécution des condamnations pénales (§ 4). L'examen de celles-ci constitue le fil conducteur de notre analyse.

§ 1 Considérations humanistes à l'enquête

L'enquête préliminaire est « une procédure effectuée par la police ou la gendarmerie, sur ordre du Parquet ou d'office, tendant à rassembler les preuves d'une infraction »[11]. A côté de celle-ci, il y a aussi l'enquête de flagrance qui est diligentée par les mêmes autorités en cas de crime ou de délit flagrant[12]. Dans ce dernier cas, l'OPJ[13] dispose en général de pouvoirs plus étendus. En tout état de cause, qu'il s'agisse de l'une ou de l'autre, l'enquête suppose l'accomplissement d'un certain nombre d'actes parmi lesquels nous optons de nous appesantir sur ceux qui semblent être les plus importants. Il s'agit notamment des auditions (A), des perquisitions et saisies (B) et de la garde à vue (C).

---

[11] CORNU, G, *Vocabulaire juridique*, PUF, 4e Ed, Paris, 2003, P.347.

[12] D'après l'article 103 al.1 du Code de procédure pénale : « Est qualifié crime ou délit flagrant, le crime ou le délit qui se commet actuellement ou qui vient de se commettre. »
L'alinéa 2 de cet article dispose que : « Il y a aussi crime ou délit flagrant lorsque :

a) après la commission de l'infraction, la personne est poursuivie par la clameur publique;

b) dans un temps très voisin de la commission de l'infraction, le suspect est trouvé en possession d'un objet ou présente une trace ou indice laissant penser qu'il a participé à la commission du crime ou du délit;

c) Il y a également flagrance lorsqu'une personne requiert le Procureur de la République ou un officier de police judiciaire de constater un crime ou un délit commis dans une maison qu'elle occupe ou dont elle assure la surveillance. »

[13] Officier de Police Judiciaire.

A) Les auditions et la liberté d'expression :

Sous quelques réserves, l'expression libre est un droit fondamental de la personne humaine[14]. Dans ce sillage, l'article 116 al. 3 du CPP dispose que : « L'officier de police judiciaire est tenu dès l'ouverture de l'enquête préliminaire et, à peine de nullité, d'informer le suspect :

- de son droit de se faire assister d'un conseil;
- de son droit de garder le silence. »

Il s'agit ici d'une très grande innovation par rapport au système prévu par le CIC où le suspect ne pouvait pas être assisté à ce niveau de la procédure. Il convient de préciser ici que le conseil peut être un avocat, un frère, une sœur de l'intéressé ou toute personne habilitée ayant plus ou moins de bonnes connaissances juridiques. Cette disposition a pour but de s'assurer que les déclarations mentionnées au procès-verbal d'enquête ont été faites librement, sans contrainte[15]; mais aussi à assurer l'effectivité de l'exercice des droits de la défense[16], car non seulement le droit au silence est un mode de défense, mais il importe également que le suspect puisse efficacement se défendre lors de sa déclaration.

Par ailleurs, il faut signaler qu'à ce niveau, le conseil ne prend pas la parole à la place du suspect. Il se borne à l' «assister », c'est-à-dire qu'il lui prodigue des

---

[14] cf. Art. 19 de la Déclaration universelle des droits de l'homme et du Pacte international relatif aux droits civils et politiques et l'art. 9 de la Charte Africaine des droits de l'Homme et des Peuples.

[15] cf. DJIAZET MBOU MBOGNING, S, *La sauvegarde des droits de l'homme en droit pénal interne camerounais et en droit pénal international*, Mémoire présenté en vue de l'obtention du Diplôme inter-universitaire de 3e cycle en Droits Fondamentaux, université de Nantes, Année académique 2001-2002, P.11.

[16] cf. FISON – ROCHE, M.A., « Les droits de la défense en matière pénale », in *Libertés et droits fondamentaux*, Dalloz, Paris, 1999, 5e Ed. P. 413-447.

conseils et veille surtout à la régularité des actes posés. En tout cas, toute irrégularité relevée peut ultérieurement aboutir à l'annulation de la procédure par le tribunal compétent[17].

En plus, l'article 122 al. 1 (b) du CPP prévoit que lors de son audition, un temps raisonnable doit être accordé au suspect pour se reposer effectivement. Mention doit être faite au procès-verbal d'enquête au même titre que les autres formalités ci-dessus décrites.

Au demeurant, il n'est pas superflu de relever que certains actes de l'enquête obligent l'OPJ à se transporter au domicile du suspect.

B) Les perquisitions et saisies face au principe de l'inviolabilité du domicile

Entre autres, l'article 17 du Pacte international relatif aux droits civils et politiques pose clairement le principe de l'inviolabilité du domicile. Or il peut arriver que dans certains cas, les OPJ soient amenés à se rendre dans des domiciles privés pour rechercher et éventuellement saisir tous objets pouvant conduire, dans le cadre d'une infraction à la manifestation de la vérité. Dans la même veine de l'article 17 susmentionné et s'agissant de la procédure pénale au Cameroun, les articles 93, 94, et 99 du CCP, traitant des perquisitions et saisies ont prévu des règles spécifiques à observer. Ainsi par exemple, l'article 93 al.1 dispose à cet effet que l'OPJ doit être muni d'un mandat. Ce mandat doit être délivré par un magistrat ou une juridiction compétente. Seulement ce même texte

[17] Voir TPI de Banyo, jugement n°187/SP du 12 décembre 2007, Affaire MP et DANG ADJIMI ZAKARI C/ OUSSOUMANOU ABOUBA, AHMADOU YAMBA et SAIDOU OUMAROU, poursuivis pour violences légères en coaction, où la procédure a été déclarée nulle pour non-respect des prescriptions de l'art. 116 al. 3 du CPP.

prévoit également, qu'il peut agir sans mandat en cas de crime ou délit flagrant. La grande difficulté à ce niveau se trouve dans l'appréciation de la notion de flagrance[18]. Il y a lieu de craindre qu'une trop grande élasticité de ce concept soit plutôt une ouverture aux abus.

L'alinéa 2 de L'article 93 exige quant à lui la présence du maître des lieux, du détenteur des biens à saisir ou leur représentant ; en plus, il faut la présence de deux témoins choisis parmi les voisins ou les personnes trouvées sur les lieux. L'alinéa 3 souligne à grand trait que les deux premières personnes sus-évoquées ou leur représentant ont le droit de fouiller l'OPJ avant le début de la perquisition ou de la saisie et qu'elles doivent être informées de ce droit. En cas d'absence du maître des lieux et s'il y a urgence, il faut une autorisation écrite du Procureur de la République et la présence de deux témoins, précise l'alinéa 4. En cas d'impossibilité de communiquer avec le Parquet, l'OPJ procède à la perquisition, puis aux saisies éventuelles. En tout état de cause, il faut noter qu'à défaut de mandat, il faut le consentement du maître des lieux ou de détenteur des biens à saisir ; la perquisition ou la saisie devant en outre être effectuée aux heures légales, c'est-à-dire entre 6 heures et 18 heures. Seulement, une perquisition commencée avant 18 heures peut se prolonger au-delà, sur autorisation du Procureur de la République[19].

Toutes ces mesures visent à garantir la régularité des actes à poser par l'OPJ, notamment que les domiciles privés ne soient pas l'objet d'intrusions à des heures indues ou que des objets compromettant n'y soient

---

[18] Pour plus de précisions, lire DJOUTSOP, P.R, « La flagrance des crimes et des délits dans le Code Camerounais de Procédure Pénale », in *Les tendances de la nouvelle procédure pénale camerounaise*, PUA, Yaoundé, 2007, vol 1, PP. 27-53.
[19] cf. articles 94 et 99 du CPP.

frauduleusement introduits pour ensuite être saisis comme pièces à conviction. Il y a tout simplement lieu de souhaiter que les OPJ s'accommodent utilement à ces nouvelles dispositions autant qu'à celles prévues pour la garde à vue.

C) Les nouveaux principes directeurs de la garde à vue

Avant le 1er janvier 2007, la garde à vue en droit commun était régie par l'article 3 de la loi N° 58-203 du 26 décembre 1958 portant simplification de la procédure pénale au Cameroun, modifiant l'article 9 du CIC. D'après cette loi, le délai de la garde à vue pour les infractions de droit commun était de 24 heures renouvelable 3 fois, sur autorisation du Procureur de la République territorialement compétent [20]. Le CCP a apporté quelques modifications. En effet, aux termes de l'article 119 al.2 (a) dudit code :

« Le délai de la garde à vue ne peut excéder 48 heures renouvelable une fois. » Ce qui équivaut, en cas de renouvellement, à un maximum de 96 heures, c'est-à-dire 4 jours. Ce même article précise en son alinéa 2 (b) que « sur autorisation écrite du Procureur de la République, ce délai peut, à titre exceptionnel, être renouvelé deux fois (48 heures x 2). »Dans ce cas, la durée totale est de 192 heures, c'est-à-dire 8 jours au maximum.

En outre, il convient de souligner que pour éviter les interpellations abusives, l'alinéa 4 de cet article précise que, sauf en cas de crime ou de délit flagrant, la garde à vue ne peut être ordonnée les samedi, dimanche ou jour férié. Toutefois, si elle a commencé un vendredi ou la

[20] Sous ce régime, la doctrine au Cameroun était alors divisée sur le point de savoir si la durée maximale de la garde à vue était donc de 3 ou 4 jours, les renouvellements y compris (72 ou 96 heures ?)

veille d'un jour férié, elle peut être prorogée dans les mêmes conditions ci-dessus, c'est-à-dire qu'en principe, elle ne saurait excéder 8 jours. Contrairement au CIC, le CPP a le mérite d'avoir précisé le point de départ de la garde à vue en spécifiant que celle-ci « court à partir de l'heure à laquelle le suspect se présente ou est conduit dans les locaux du commissariat de police ou de la brigade de gendarmerie»[21]. Cependant, certains auteurs, à l'instar du Dr Spener YAWAGA reproche à ce code d'avoir prévu un délai trop long[22], celui-ci pouvant atteindre 8 jours.

Or ce délai nous semble plutôt raisonnable au regard des difficultés très souvent rencontrées par les OPJ dans la pratique. La réforme a certainement tenu compte des doléances formulées à cet effet. Sinon on risquerait de sacrifier l'efficacité de la justice à l'autel de la célérité à travers les enquêtes bâclées.

Sur un autre plan, il convient de mentionner que l'article 123 du CPP en ses alinéas 1 et 2 prévoit la possibilité pour le gardé à vue d'être soumis à des examens médicaux sur réquisition du Procureur de la République, soit d'office, soit à la demande de l'intéressé, de son avocat ou d'un membre de sa famille ; ceci dans les 24 heures de la demande. L'alinéa 3 dispose quant à lui qu'à la fin de la garde à vue, il est obligatoirement procédé à l'examen médical du suspect à ses frais et par un médecin de son choix si l'intéressé, son conseil ou un membre de sa famille en fait la demande. Dans tous les cas, il doit être informé de cette faculté.

Concrètement, le rapport médical ou le certificat médico-légal établi par le médecin peut dans ce contexte,

---

[21] Article 121 du CPP.

[22] YAWAGA, S, « La garde à vue », in *Les tendances de la nouvelle procédure pénale camerounaise*, PUA, Yaoundé, 2007, vol 1, P. 69 et suivantes.

servir de base aux poursuites judiciaires engagées contre les auteurs de violences ou voies de fait[23]. D'où le pas franchi pour la suite de la procédure.

§ 2 Les droits de l'homme à l'instruction préparatoire

Encore appelée information judiciaire, l'instruction préparatoire occupe une place de choix dans le CPP. Celui-ci consacre le retour de la notion de juge d'instruction ; ce qui induit une nette démarcation d'avec le régime de l'ordonnance N° 72/4 du 26 Août 1972 qui, en confiant l'information judiciaire au Procureur de la République, cumulait entre les mains de cette autorité les fonctions de poursuites et celles d'instruction, violant ainsi un droit sacré de la personne humaine[24].

Le JI en sa qualité d'OPJ supérieur, peut accomplir les mêmes actes que les Autorités de Police ou de Gendarmerie. Il s'agit notamment des perquisitions et saisies dans les domiciles des particuliers ou même dans certains établissements, sous réserves toutefois des limites évoquées ci-dessus s'agissant de l'enquête.

Cependant, il nous semble plus intéressant à ce stade de la procédure de mettre un accent tout particulier sur le régime de la détention provisoire (A) et sur celui de la mise en liberté (B) au regard des innovations apportées.

---

[23] Conformément aux articles 277 à 281 du Code Pénal ou à l'article 132 (bis) dudit code sur la torture ; Cf. TGI du Mfoundi, jugement N° 122/crim du 1er mars 1996 et CA du centre, arrêt N°37/crim du 10 décembre 1996 où un OPJ à été condamné à 10 ans d'emprisonnement ferme en première instance et la peine a ensuite été ramenée à 02 ans d'emprisonnement ferme par la Cour d'Appel ; lire également : NKENGUE, J.P., « l'OPJ, l'enquête de police et la torture », in *Les tendances de la nouvelle procédure pénale camerounaise*, op. cit., PP. 223-269.

[24] En effet, on ne peut en même temps être celui qui poursuit les délinquants et celui qui les juge, car le JI est d'abord un juge.

A) Le régime juridique de la détention provisoire[25]

En règle générale, les délinquants et autres individus dangereux doivent, d'une manière ou d'une autre, être extirpés de la société afin de préserver la sécurité publique et la paix sociale[26]. Aussi, le JI a-t-il le pouvoir d'ordonner la mise en détention provisoire de toute personne soupçonnée d'avoir commis un crime ou un délit passible d'une peine privative de liberté, en attendant la décision ultérieure du tribunal compétent. A cet effet, l'article 219 du CPP dispose que le mandat de détention provisoire doit indiquer la durée de sa validité. L'article 221 quant à lui précise que cette durée ne doit pas dépasser 06 mois. Il est néanmoins prévu une possibilité de renouvellement ; mais celui-ci ne peut dépasser 06 mois en cas de délit et 12 mois en cas de crime. Concrètement, pour une même procédure d'information judiciaire, la privation de liberté à cette étape ne doit pas excéder 18 mois pour les crimes et 12 mois pour les délits. A l'expiration de ces délais, même si l'instruction n'est pas clôturée, le JI a l'obligation de mettre l'inculpé en liberté s'il n'est détenu pour autre cause en attendant l'issue de sa procédure. Ces dispositions légales ont pour but d'éviter les lenteurs judiciaires et les détentions

---

[25] Voir ZIBI NSOE, T, « Les principales innovations du code de procédure pénale », Exposé présenté lors de la Réunion annuelle des Chefs de Cours d'Appel, Yaoundé, du 25 au 28 octobre 2005.

[26]. Cf. THOMAS, D, « Le droit à la sûreté », in *Libertés et droits fondamentaux*, Dalloz, Paris, 1999, 5e Ed. PP. 261 – 282 ; Cf. DJIAZET MBOU MBOGNING, S, *La sauvegarde des droits de l'homme en droit pénal camerounais*, Université Catholique d'Afrique Centrale, Institut Catholique de Yaoundé, Département de Droit canonique, *Cahiers de la Quinzaine de Yaoundé*, N° 12, juillet 2004, P. 21.

provisoires anormalement longues[27]. Ceci devrait en outre être accompagné d'une augmentation substantielle du personnel judiciaire – magistrats et greffiers – dans certaines juridictions où l'engorgement est très souvent déploré, pour que les dossiers puissent effectivement être traités avec plus de célérité. Or l'insuffisance du personnel demeure l'un des ventres mous de notre système judiciaire [28] ; celui-ci ayant en outre érigé la liberté au rang des droits individuels.

B) Les règles gouvernant la mise en liberté

Sous le règne du CPP et conformément aux instruments juridiques internationaux relatifs aux droits fondamentaux, la liberté est le principe et la détention est l'exception[29]. C'est donc à dessein que le législateur parle de ''Détention provisoire'' et de Mise en liberté'' car en attendant le jugement au fond, c'est la détention qui est provisoire et non la liberté. Cela implique que le JI doit beaucoup réfléchir sur la nécessité et même l'opportunité de la détention provisoire qu'il ordonne ; certaines circonstances pouvant ultérieurement le déterminer à changer d'avis[30]. Pour ce faire, il pourra ordonner une mise en liberté sans ou sous caution, conformément aux articles 15 al 1 (a) et 18 al 1 (b) de la loi N° 2006/015 du

---

[27] Sous le régime du CIC, il est parfois arrivé que des individus soient détenus plusieurs années durant pour être finalement déclarés non coupables par le Tribunal compétent.

[28] Ce qui appelle donc un recrutement conséquent.

[29] Sur le caractère exceptionnel du placement en détention, cf. THOMAS, D, *op. cit*, PP.274 et 275.

[30] Même si certains auteurs estiment que «l'expérience montre qu'il est rare pour des autorités de se contredire ». cf. YAWAGA, S, *L'information judiciaire dans le code camerounais de procédure pénale*, PUA, collection *vademecum*, 2007, P. 144.
Cet avis nous semble relatif au regard des mises en liberté observées dans la pratique depuis l'entrée en vigueur du CPP.

29 décembre 2006 portant organisation judiciaire, 222 et suivants du CPP.

L'article 222 al 1 du CPP dispose que : «Le Juge d'instruction peut, à tout moment et jusqu'à la clôture de l'information judiciaire, d'office, donner mainlevée du mandat de détention provisoire. » L'alinéa 2 de cet article précise quant à lui que : «Lorsqu'elle n'est pas de droit ou lorsqu'elle n'est pas donnée d'office, la mise en liberté peut, sur la demande de l'inculpé et après réquisitions du Procureur de la République, être ordonnée par le Juge d'instruction, si l'inculpé souscrit l'engagement de déférer aux convocations de celui-ci et de le tenir informé de ses déplacements ». Il s'agit en l'espèce de la mise en liberté sans caution qui mérite quelques clarifications. Dans ce cas précis, le JI ne demande pas de caution particulière à l'inculpé ; mais s'assure tout de même qu'il y a quelques garanties de représentation, notamment qu'il a une résidence ou un domicile fixe et bien connu. Ici, quand le JI décide de sa propre initiative, en principe il n'a d'avis à solliciter de qui que ce soit [31]. Mais, lorsque la mise en liberté sans caution résulte d'une demande de l'inculpé, le JI doit obligatoirement solliciter les réquisitions du Procureur de la République en lui transmettant le dossier en cause. Mais il n'est nullement lié par ces réquisitions.

Par ailleurs, l'article 224 al.1 du CPP dispose que toute personne légalement détenue à titre provisoire peut bénéficier de la mise en liberté moyennant une caution.

L'alinéa 2 y apporte un tempérament en précisant que ces dispositions ne s'appliquent pas aux personnes poursuivies pour crime passible de l'emprisonnement à vie ou de la peine de mort. De manière prosaïque, il s'agit de la mise en liberté sous caution. D'après M. Jean Pierre

---

[31]. En application du principe de l'indépendance du Juge.

MVONDO EVEZO'O : « Il s'agit de concilier la liberté d'aller et de venir reconnue à tout citoyen avec la nécessité de veiller à ce que les personnes traduites en justice ne se soustraient pas de leur responsabilité»[32].

A l'examen des termes du CPP, il apparaît que la caution peut être un cautionnement ou un garant. Le cautionnement est une somme d'argent fixée par le J.I et que l'inculpé doit verser au Trésor public pour garantir sa représentation en justice, le cas échéant, le remboursement des frais engagés par la partie civile, la réparation des dommages causés par l'infraction et le paiement des amendes et des frais de justice[33]. Par contre, le garant est une personne qui s'engage devant le JI par un acte écrit à assurer la représentation personnelle de la personne libérée ; faute de quoi il sera contraint à verser à l'Etat le montant fixé dans l'acte d'engagement. Ceci aux fins des garanties ci-dessus spécifiées. L'inculpé peut présenter un ou plusieurs garants. A tout moment, le garant peut se présenter devant le JI pour se décharger de son engagement, s'il estime ne plus pouvoir maîtriser l'inculpé. Dans ce cas, celui-ci peut à nouveau être placé en détention provisoire, à moins qu'il ne fournisse une nouvelle caution[34].

Il y a lieu de signaler que la demande de mise en liberté sous caution, d'après l'article 225 du CPP, peut être adressée, selon les cas, à l'officier de police judiciaire, au Procureur de la République, au Juge d'instruction ou à la juridiction de jugement. C'est dire que cette mesure peut être également accordée au commissariat de police, à la

---

32. MVONDO EVEZO'O, J.P., « La liberté sous caution », Exposé présenté lors de la Réunion des Chefs de Cours d'Appel, Yaoundé, du 16 au 19 octobre 2007.

33 cf. Article 232 du CPP.

34 cf. Articles 228 et suivants du CPP

brigade de gendarmerie, au Parquet, au tribunal ou devant une cour. Avec cette large ouverture, l'on a fait le reproche au CPP de favoriser les riches au détriment des pauvres, brisant ainsi le sacro-saint principe de l'égalité de tous devant la justice. Cette position nous semble trop radicale, car avec la notion de "garant", l'argent n'est pas forcément placé au premier plan. Il intervient plutôt a posteriori, en cas de non représentation de la personne poursuivie ; encore que la liberté sous caution n'est pas une nouveauté en droit camerounais, car elle existait déjà dans le CIC en ses 114 et suivants, même si son application était plutôt très rare en pratique.

Enfin, notons qu'au-delà de la mise en liberté sans ou sous caution, le JI peut même décider, selon les cas, de placer l'inculpé sous le régime de la surveillance judiciaire[26].

Ce qui suppose que celui-ci soit laissé en liberté ; en attendant l'issue de l'information judiciaire ou du jugement au fond[36].

§ 3 La protection des droits fondamentaux dans la phase de jugement

Le jugement est l'œuvre des juridictions que sont : les Tribunaux de première instance, les Tribunaux de grande instance, les Cours d'Appel et la Cour Suprême, tous

---

[26] En s'inspirant de l'article 246 du CPP et de la doctrine française, cette mesure vise 3 objectifs au moins :

1) garantir la représentation de l'inculpé ;
2) faire respecter certaines mesures disjonctives (interdiction de sortir du territoire, de conduire un véhicule, de rencontrer certaines personnes, d'exercer certaines activités professionnelles ou sociales etc) ;
3) Imposer des mesures de traitement social ou médical.

Cf. YAWAGA, S, op. cit., P. 154.

[36] En cas de non-lieu décidé par le JI ou de non condamnation par la juridiction compétente, le cautionnement versé doit être restitué.

statuant en matière pénale[37]. Le CPP consacre la procédure accusatoire qui signifie que le procès est la chose des parties. Le Président du Tribunal ou le juge dirige seulement les débats et se forge une opinion pour la décision qu'il va rendre[38]. Dans cette logique, la charge de la preuve incombe à la partie qui a mis l'action en mouvement, c'est-à-dire au Ministère public et éventuellement la victime[39]. En tout état de cause, le CPP met en exergue une diversité de droits dont les principaux nous semblent être la présomption d'innocence (A), le respect des droits de la défense (B) et la possibilité d'exercer des voies de recours (C).

A) La présomption d'innocence dans le cadre d'un procès pénal

Toute personne poursuivie en matière pénale est présumée innocente jusqu'à ce que sa culpabilité soit établie par une juridiction compétente. C'est la substance de l'article 8 du CPP qui reprend les dispositions de l'article 9 de la Déclaration des droits de l'homme et du citoyen, de l'article11 de la Déclaration universelle des droits de l'homme, de l'article7 al.1 (b) de la Charte Africaine des droits de l'homme et des peuples et de l'article 14 al. 2 du Pacte international relatif aux droits civils et politiques.

En effet, il serait très malaisé de considérer qu'un prévenu ou un accusé est coupable avant qu'une décision de condamnation ne soit prononcée à son en contre. Selon les circonstances et la gravité des faits à lui reprochés, il doit pouvoir mériter certaines faveurs. C'est pourquoi le

---

[37]. cf. article 288 al. 2 du CPP.

[38]. Contrairement au système inquisitoire prévu par le CIC, dans lequel le juge avait un rôle plus actif dans la recherche de la vérité.

[39]. cf. article 307 du CPP qui est une consécration de la maxime latine "*Actori incumbit probatio*".

législateur a prévu que certains puissent être poursuivis devant les juridictions sans être privés de leur liberté et que ceux qui ont été incarcérés puissent solliciter une mise en liberté en attendant l'issue de leur procédure[40]. L'on pourrait s'interroger sur l'efficacité de telles prévisions ; mais il faut dire que pour freiner le laxisme de certaines autorités, des mesures spéciales ont été édictées. Ainsi par exemple, toute personne ayant fait l'objet d'une détention provisoire abusive peut, lorsque la procédure aboutit à une décision de relaxe ou d'acquittement devenue irrévocable, obtenir une indemnité si elle établit qu'elle a subi du fait de sa détention un préjudice grave. L'indemnité est à la charge de l'Etat qui peut ensuite exercer une action récursoire contre son agent fautif[41]. C'est le cas par exemple d'un juge qui au cours d'un procès peut décider de la détention provisoire d'un prévenu ou d'un accusé poursuivi libre par le Parquet ou le J.I. Une telle décision pourrait être lourde de conséquence au cas où elle est prise à la légère. En tout cas, le principe du contradictoire en droit donne l'opportunité à chacun de pouvoir se défendre le cas échéant ; même comme les populations ont presque toujours peur de s'attaquer à une autorité.

B) Le respect des droits de la défense :

A l'instar des autres systèmes juridiques, le droit pénal camerounais accorde aux justiciables le droit de se défendre[42]. Ils peuvent le faire eux mêmes et/ou avec l'aide d'un conseil. Lorsqu'ils ne disposent pas de

---

[40] C'est l'essence des articles 222 et suivants du CPP relatifs à la mise en liberté avec ou sans caution.

[41] cf. Art. 236 et suivants du CPP. Ces dispositions sont également valables pour les garde-à-vue ou les détentions provisoires abusives ordonnées par l'OPJ ou le J.I.

[42] cf. articles 14 al. 3 du Pacte international relatif aux droits civils et politiques et 7 al. 1 © de la Charte Africaine des droits de l'homme et des peuples.

ressources financières suffisantes, ils peuvent solliciter auprès des autorités compétentes une assistance judiciaire en vertu du décret N° 76/521 du 9 novembre 1976 ; encore qu'en cas de crime passible de la peine de mort ou d'une peine d'emprisonnement à perpétuité, le tribunal doit obligatoirement et d'office commettre un avocat pour défendre l'accusé lorsqu'il n'en a pas, comme l'exige l'article 417 al. 2 du CPP. Cette disposition vient restreindre le champ des commissions d'office du CIC qui s'étendait à toutes les affaires criminelles[43]. Il y a cependant lieu d'observer qu'en dehors des grandes agglomérations, l'assistance judiciaire est peu sollicitée en pratique. Est-ce à cause de l'ignorance des justiciables ou alors du doute de ceux-ci quant à l'efficacité de cette mesure ? En tout cas, il est constant que la présence d'un conseil auprès d'un accusé ou d'un prévenu est dans une large mesure le gage d'un procès équitable, encore que l'avocat maîtrise mieux les possibilités de recours en cas de décisions non satisfaisantes.

C) L'exercice des voies de recours :

Les instruments juridiques internationaux mettent un point d'honneur sur l'exercice des voies de recours. En effet, en cas de doute ou d'insatisfaction, l'on doit pouvoir contester et éventuellement faire échec aux décisions rendues par une juridiction[44]. Ainsi par exemple, un justiciable qui n'a pas pu être présent lors de son procès peut faire opposition au jugement intervenu, conformément aux articles 427 et suivants du CPP. Dans ce cas, l'affaire devra être jugée à nouveau par la même juridiction. A contrario, lorsque toutes les parties ont

[43] Pour la définition des contraventions, délits et crimes, voir l'article 21 du Code pénal camerounais.

[44] Qu'il s'agisse du juge d'instruction ou d'une juridiction de jugement.

comparu ou tout au moins déposé des conclusions écrites, ou lorsque le prévenu a été cité à sa propre personne, le jugement est contradictoire et toute contestation éventuelle doit être formulée par la voie de l'appel pour que l'affaire soit à nouveau jugée, cette fois par la Cour d'Appel[45]. Ensuite, les contestations élevées contre les arrêts rendus par la Cour d'Appel peuvent être examinés par la Cour Suprême à la suite d'un pourvoi en cassation[46]. Il importe de relever qu'en général, à travers les voies de recours, l'on met en lumière le respect du principe du double degré de juridiction pour avoir les meilleures décisions possibles. Or contrairement au CIC, le CPP permet à la Cour Suprême non plus de contrôler seulement la bonne application du droit, mais aussi d'examiner les faits en les confrontant aux règles de droit applicables. Dans ce cas, elle agit exactement comme une Cour d'Appel quant à ses compétences. Au bout du compte, une même affaire aura donc été examinée de fond en comble par trois juridictions[47]. Ceci vise essentiellement à réduire à leur plus simple expression la marge d'erreur judiciaire tout en favorisant l'émergence des décisions plus ou moins justes ; celles ayant acquis l'autorité de la chose jugée devant finalement être exécutées.

§ 4 La protection des droits de l'homme dans l'exécution des condamnations pénales

En matière pénale et sous réserve de certaines mesures spéciales, les condamnations comprennent deux volets principaux : d'une part les peines privatives de liberté qui se résument dans l'emprisonnement (A), d'autre part les peines pécuniaires (B). Or il est de

---

45. cf. articles 436 et suivants du CPP.

46 cf. Art. 472 et suivants du CPP, plus précisément l'article 510.

47. Ce qui consacre en quelque sorte le principe du triple degré de juridiction.

principe que les personnes condamnées ne doivent pas être perçues comme des sacrifiés. Au contraire, selon la théorie de CESARE BECARIA, l'on doit autant que possible, les ménager et préparer leur resocialisation au terme de leur peine. Dans cette optique, le CPP a prévu quelques règles qu'il convient d'analyser.

A) Les mesures inhérentes à la peine d'emprisonnement

Aux termes de l'article 555 al. 1 du CPP : « Les condamnés à une peine privative de liberté sont répartis dans différentes catégories de prisons ». L'alinéa 2 de cet article dispose que : « Les conditions d'exécution des peines privatives de liberté sont définies par un texte particulier. Elles doivent tenir compte de la nature de l'infraction, du quantum de la peine, du sexe, de l'âge, de l'état de santé mental ou physique et de la conduite du condamné, de manière à concilier la nécessité de la réinsertion sociale de celui-ci et les impératifs de la discipline. »

En réalité, ce texte devrait s'arrimer aux différentes catégories de prisons prévues sur le plan légal[48]. Ainsi par exemple, les mineurs condamnés devraient prioritairement être orientés vers les prisons écoles. Or pratiquement, celles-ci n'existent presque pas. D'où un appel pressant aux pouvoirs publics, avec le concours des bailleurs de fonds, en vue de la mise sur pied des différentes catégories de prison ; car même dans les prisons où toutes les catégories sociales se retrouvent, il est demandé notamment que les mineurs soient séparés des majeurs.

[48] D'après l'article 2 du Décret n°92/052 du 27 mars 1992 portant régime pénitentiaire au Cameroun, les prisons sont classées en 5 catégories : les prisons d'orientation ou de sélection, les centres de relégation, les prisons de production, les prisons écoles et les prisons spéciales. Or en pratique, la distinction ne semble pas toujours aisée.

Mais cette exigence est très souvent foulée au pied et parfois les enfants en ressortent plus corrompus qu'à l'entrée. Quid donc de la resocialisation ?

En somme, au-delà des généreuses dispositions sus-évoquées, l'on devrait chacun à son niveau s'employer à améliorer les conditions de détention dans nos différentes prisons ; encore que les condamnations pécuniaires peuvent toujours y conduire par le biais des contraintes par corps.

B) Les mesures relatives aux condamnations pécuniaires

L'expression "condamnations pécuniaires" englobe les amendes, les frais de justice et les dommages-intérêts[49]. Or d'après l'article 393 al. 1 (a) du CPP : « les condamnations pécuniaires, à l'exception des dommages-intérêts, sont exécutoires sur le champ par consignation au Greffe de la somme concernée. »

Les frais de justice, encore appelés "dépens", représentent le montant, en terme financier, exposé par l'Etat pour assurer le bon déroulement d'une procédure judiciaire[50]. A la fin de la procédure et en cas de culpabilité, la personne condamnée doit rembourser cet argent à l'Etat. En outre, la peine d'amende est également prononcée au profit de l'Etat pour la réparation du préjudice causé à la société à travers la commission d'une infraction. C'est dont à dessein que l'article 393 al. 1 (a) accorde la priorité de l'exécution immédiate aux amendes et frais de justice. Lorsque ce paiement n'est pas effectué,

---

[49] cf. MEKOBE SONE, Daniel, « L'exécution des décisions de justice en matière pénale », Exposé présenté lors de la Réunion des chefs de Cours d'Appel, Yaoundé, du 16 au 19 octobre 2007.

[50] Voir *Lexique de termes juridiques*, 8e Ed. Dalloz, Paris, 1990, P. 179.

le condamné y est automatiquement contraint par corps[51]. Or s'agissant des dommages et intérêts, en cas de non-paiement, la partie civile bénéficiaire doit au préalable saisir la juridiction compétente pour obtenir le bénéfice de la contrainte par corps ; c'est-à-dire celle qui a rendu la décision. La CPC vise à obliger le condamné à exécuter les condamnations pécuniaires ou à effectuer les restitutions ordonnées par une juridiction. Concrètement, la personne en cause doit être écrouée dans une prison pour une durée correspondant au montant des sommes réclamées[52]. Cependant le fait de purger cette peine ne libère pas l'intéressé de cet argent car les voies d'exécutions civiles peuvent ultérieurement être utilisées[53].

Au demeurant, le CPP protège certaines catégories sociales. Ainsi, l'article 565 dispose : « La contrainte par corps ne peut être exercée ni contre les personnes âgées de moins de dix-huit (18) ans ou de plus de soixante (60) ans au moment de l'exécution, ni contre les femmes enceintes. » Il s'agit notamment d'un privilège accordé aux mineurs, aux personnes du troisième âge et aux femmes en gestation, en raison de leur fragilité. Pour les premiers et les dernières, on doit attendre respectivement l'âge de la majorité [54] et l'accouchement. Entre-temps, ceux-ci ne risquent-ils pas de disparaître ? Pour les seconds, seule l'exécution par la voie civile est possible.

Par ailleurs, l'article 566 du CPP énonce : « La contrainte par corps ne peut être exercée simultanément contre le mari et la femme, même pour le recouvrement

---

[51] cf. article 393 al. 2 du CPP.

[52] L'article 564 du CPP détermine les durées par catégorie en fonction du montant des peines pécuniaires prononcées.

[53] La saisie de ses biens et leur vente par un huissier de justice.

[54] Il s'agit ici de la majorité civile qui au Cameroun est fixée à 21 ans, alors que l'âge de la majorité pénale est de 18 ans.

des sommes afférentes à des condamnations différentes. » Le législateur a voulu ici protéger les familles ; car il serait très regrettable que le père et la mère abandonnent au même moment leurs enfants pour purger une CPC. Les conséquences seraient forcément très dommageables.

Au total, le code camerounais de procédure pénale apparaît grandement influencé par le droit international des droits de l'homme. Dans ce même sillage, il a prévu des procédures spéciales dont l'étude ne manque pas d'intérêt.

Section II : Procédures particulières et droits fondamentaux dans le code de procédure pénale

Les procédures particulières sont celles qui n'obéissent pas aux règles ordinaires ci-dessus parcourues. C'est dire qu'elles ont chacune un régime spécial. Seulement, l'interrogation majeure demeure celle de savoir si les préceptes du droit international des droits de l'homme ont également présidé à leur élaboration. Si oui selon quelle ampleur et pour quelle efficience sur le plan concret ? Il serait fastidieux dans ce cadre de prétendre passer en revue toutes les procédures particulières édictées par le code camerounais de procédure pénale. Aussi, notre analyse portera-t-elle essentiellement sur la libération immédiate (§ 1), les amendes forfaitaires (§ 2), le privilège de juridiction (§ 3) et les poursuites pénales contre les mineurs (Paragraphe IV). En plus de leur caractère spécial, ces procédures nous semblent mériter une attention toute particulière au regard de leur nature plus ou moins nouvelle, voire ésotérique[55].

[55] Le constat est que même celles qui existaient bien avant la promulgation du CPP sont généralement ignorées par le commun des mortels.

§ 1 La procédure de libération immédiate : un substrat du respect de la liberté individuelle

La libération immédiate est encore connue sous la dénomination de "procédure d'habeas corpus" qui étymologiquement signifie : "que tu aies ton corps" ; *"ad subjiciendum"*, "pour le produire devant le Tribunal"[56]. En réalité, le terme "Habeas corpus" est, originairement, le nom d'un des textes les plus célèbres dans l'histoire de la liberté, adopté par le parlement anglais en 1679. En vertu de cette loi, toute personne emprisonnée a le droit d'être présentée à un juge pour qu'il statue sur la validité de l'arrestation. Le vent des droits de l'homme soufflant, cette procédure a été récupérée par beaucoup de pays. Dans le système camerounais notamment, elle est soumise à certaines conditions (A) autant qu'elle obéit à des modalités bien précises (B).

A) Les conditions justificatives de la procédure de libération immédiate :

D'après l'article 584 al.1 du CPP, pour qu'il y ait lieu à l'ouverture de la procédure d'"habeas corpus" ou de libération immédiate, il faut qu'on ait à faire à une arrestation ou à une détention illégale, ou encore à une inobservation flagrante des formalités prescrites par la loi. En somme, il s'agit de toutes les formes de privation de liberté ordonnées au mépris des dispositions légales en vigueur. Ce qui équivaut purement et simplement à des abus ; même si elles ont été ordonnées par des autorités compétentes pour le faire. Ainsi par exemple, une garde à vue qui excède 8 (huit) jours au commissariat de police ou à la brigade de gendarmerie devient illégale. De même, la détention provisoire ordonnée par le juge d'instruction et qui excède 12 mois pour les délits et 18 mois pour les

---

[56] cf. *Lexique de termes juridiques*, *op. cit.*, P. 256.

crimes est illégale[57]. Est également illégale, toute privation de liberté ordonnée suite à la commission d'une infraction passible de la seule peine d'amende.

Par ailleurs, l'article 584 al.2 du CPP énonce que cette procédure s'étend aussi aux mesures de garde à vue administrative. Celles-ci ne peuvent excéder 15 jours et sont ordonnées par les autorités administratives que sont les Gouverneurs, les Préfets, les Sous-préfets, les Chefs de District etc..., généralement dans le cadre du maintien de l'ordre.

En définitive, il apparaît que le pouvoir accordé à certaines autorités et les autorisant à priver leurs concitoyens de leur liberté doit être exercé dans les règles de l'art. Sinon toute défaillance relevée est susceptible de donner lieu à un recours en justice pouvant aboutir à la libération immédiate. Seulement, celle-ci est sujette à certaines modalités pratiques.

B) Les modalités de mise en œuvre de la procédure d'"habeas corpus" :

Est compétent en cette matière : le Président du tribunal de grande instance du lieu d'arrestation ou de détention de la personne concernée, ou tout autre magistrat du siège dudit tribunal désigné par lui [58]. Par exemple, si une personne est illégalement détenue à Dschang, c'est le Président du Tribunal de grande instance de la Menoua, ou l'un de ses juges désigné par lui, qui est compétent pour connaître de toute action éventuelle y relative.

Cette juridiction présidentielle est saisie par une simple requête[59], énonçant les griefs soulevés contre

---

[57] cf. articles 119, 219 et 221 du CPP.

[58] C'est-à-dire par le président ; cf. article 584 al.1 du CPP.

[59] Cette requête peut être rédigée par la personne concernée, son conseil ou même un membre de sa famille.

l'arrestation ou la détention querellée ou contestée. Après examen de la requête, le Président du TGI ou le juge désigné par lui décide par ordonnance et peut ordonner la libération de l'intéressé s'il estime que les griefs énoncés sont fondés. Dans le cas contraire, la requête est rejetée.

L'on pourrait douter de l'efficacité pratique de cette procédure. Mais il convient de reconnaître, avec M. EYIKE-VIEUX, que les Tribunaux camerounais ont, à maintes reprises, reconnu leur compétence pour connaître des requêtes en libération immédiate concernant des personnes gardées à vue soit par une autorité administrative, soit par une autorité militaire[60].

Il n'est pas superfétatoire de relever que la procédure de libération immédiate n'est pas une nouveauté en droit pénal camerounais. En effet, elle existait déjà sous le label de l'ordonnance n°72/4 du 26 août 1972 portant organisation judiciaire, modifiée par la loi n°89/019 du 29 décembre 1989, notamment à l'article 16 (d). Sous cette législation, elle relevait de la compétence du Tribunal de grande instance qui statuait par jugement. A travers le CPP, le législateur a préféré attribuer cette compétence au Président du même tribunal[61], vraisemblablement pour alléger et faciliter la procédure, le Président ou le juge désigné devant statuer dans son cabinet et non à la salle d'audience, par simple ordonnance. Ce qui met davantage en relief le principe de la célérité de la justice qui semble également sous-tendre l'institution des amendes forfaitaires par ailleurs dictée par un souci d'efficacité.

---

[60] cf. EYIKE VIEUX, *Code d'instruction criminelle et pratique judiciaire camerounaise*, PUA, Yaoundé 1999, P. 42 ; cf. TGI du Mfoundi, jgt n° 104/CRIM DU 26 JANVIER 1996, cf. TGI du Mfoundi, jgt n° 315/crim du 23 août 1996, in *Juridis Périodique*, n°30, P. 33.

[61]. Au président du TGI

§ 2 L'institution des amendes forfaitaires et leur portée pratique

Comme toute science, les sciences juridiques mettent un accent particulier sur la définition des concepts. Ainsi, il ressort de l'article 606 al. 1 du CPP que : « L'amende forfaitaire est une peine pécuniaire applicable aux contraventions et dont le montant est fixé d'avance par la loi. » Par ailleurs, les contraventions sont un type d'infractions appartenant à une catégorie de moindre gravité. Autrement dit, en droit camerounais, il s'agit des fautes pénales pour lesquelles les sanctions prévues ne sont pas très fortes ou très lourdes[62]. En général, elles renvoient à certaines dispositions du Code pénal, du Code de la route et de bien d'autres textes encore.

S'agissant de ce groupe d'infractions, le législateur a voulu, à travers le CPP, éviter aux usagers des longues procédures pouvant aboutir à des décisions de justice. En effet, un adage bien connu spécifie clairement que : « le temps c'est l'argent ». Néanmoins, il est judicieux de préciser que les amendes forfaitaires couvrent un champ précis (A) et que des modalités particulières président leur mise en œuvre (B).

A) Le champ d'exécution des amendes forfaitaires

Le Code pénal camerounais a prévu quatre (4) catégories de contraventions. Il s'agit des contraventions allant de la première à la quatrième classe[63]. L'article 612 du CPP quant à lui fixe les taux des amendes forfaitaires ainsi qu'il suit, tout en s'inspirant du cliché sus-évoqué :

a) 1000 francs CFA pour les contraventions de première classe : à titre d'illustration, il s'agit notamment des

---

[62] Pour plus de précisions, voir article 21 du Code pénal.
[63] cf. articles R. 367 et suivants du Code pénal.

infractions tel l'encombrement de la voie publique prévu par l'article R. 367 al. 5 du Code pénal ;

b) 2400 francs CFA pour les contraventions de deuxième classe : c'est le cas par exemple de l'ouverture abusive des portières résultant de l'article 4 du Code de la route ;

c) 3600 francs CFA pour les contraventions de troisième classe : ici on peut citer le freinage brusque ou le défaut de boîte de pharmacie, infractions prévues respectivement par les articles 14 et 81 du Code de la route ;

d) 25000 francs CFA pour les contraventions de quatrième classe : comme exemples, on peut citer la rixe sur la voie publique, le refus d'obtempérer, le défaut de permis de conduire etc..., résultant respectivement des articles R. 370 al. 1 du Code pénal, 39 et 41 du Code de la route.

Il s'agit des taux fixes qui ne peuvent être revus ni à la hausse ni à la baisse et ont le bénéfice d'être payables immédiatement entre les mains de l'officier de police judiciaire pour le compte de l'Etat ; évitant ainsi à l'usager l'ouverture d'une enquête suivie éventuellement d'un procès devant le tribunal compétent pouvant aboutir en cas de condamnation, à une augmentation des charges pécuniaires du condamné [64].

Toutefois, l'on doit noter que l'amende forfaitaire n'est pas admise pour toutes les contraventions. A cet effet, l'article 606 al.2 du CPP dispose que le paiement de cette amende ne doit pas être autorisé si :

a) la contravention dont s'agit a causé un dommage corporel ou matériel : par exemple lorsque l'ouverture

[64] En effet, en plus de l'amende prononcée dans le jugement, le condamné devra en outre supporter les dépens, c'est-à-dire les frais de justice.

abusive des portières a provoqué des blessures sur un passant, même par inadvertance ;

b) la contravention est connexe à un crime ou un délit : citons à titre d'exemple l'excès de vitesse ou le défaut de maîtrise ayant causé un homicide ou des blessures involontaires ;
c) la contravention se rapporte à la gérance ou à l'exploitation d'un débit de boisson ; Exemple : fermeture tardive d'un bistrot ;
d) une disposition légale impose à l'agent verbalisateur de prendre une mesure administrative, comme par exemple la mise en fourrière, le retrait du permis de conduire ou de toute autre pièce ;
e) le contrevenant est en état d'ivresse dans un lieu public ; c'est le cas notamment d'un conducteur de véhicule automobile qui n'obéit pas aux injonctions des forces de maintien de l'ordre et qui, rattrapé dans sa course, se trouve être saoul.

En un mot, l'on constate que les restrictions ci-dessus énumérées se fondent plus ou moins sur un critère : celui de l'élément d'aggravation couplé à la contravention initiale. Dans ce cas, on doit impérativement recourir aux règles de droit commun, c'est-à-dire à la procédure ordinaire.

Le cadre des amendes forfaitaires ayant ainsi été balisé, il importe à présent de jauger les normes relatives à leur mise en pratique.

B) La mise en œuvre des amendes forfaitaires

Il ressort "*expressis verbis*" de l'article 607 al.1 du CPP qu'en principe, seuls les officiers de police judiciaire ont qualité pour percevoir les amendes forfaitaires[65]. De

[65] cf. art. 79 et 80 du CPP pour les précisions sur la définition du terme OPJ.

plus, l'alinéa 2 dudit article dispose que : « Les agents de police judiciaire et les agents publics investis des attributions de police judiciaire ne peuvent percevoir lesdites amendes que s'ils y sont régulièrement habilités. »

Il faut mentionner que dans la pratique et s'agissant de la police judiciaire, les APJ et les OPJ travaillent sous la direction et le contrôle du Ministère public, c'est-à-dire du Procureur de la République et du Procureur Général. Dans le cadre de la police administrative et du maintien de l'ordre, ils dépendent plutôt des autorités administratives. Or les amendes forfaitaires concernent la police judiciaire. Dans ce contexte, ils doivent être munis d'un carnet à souches et délivrer un reçu à l'usager après le paiement de l'amende. Cependant, l'on doit signaler que le CPP n'a pas spécifié en quoi consiste la procédure d'habilitation s'agissant des APJ. Face à ce vide juridique, l'on pense qu'il revient à chaque chef d'unité de police ou de gendarmerie de dresser une liste comprenant les noms de ses collaborateurs APJ choisis par lui, laquelle liste devra être soumis à l'approbation du Procureur de la République territorialement compétent. Celui-ci décidera de l'habilitation ou non en tenant compte du degré de probité des personnes proposées[66].

Avant d'instrumenter, l'agent verbalisateur doit au préalable prouver sa qualité au contrevenant, en produisant soit sa carte professionnelle, soit tout autre acte d'habilitation. Ceci pour éviter des abus. En outre, il y a lieu de relever que le paiement est facultatif, c'est-à-dire qu'on peut refuser de payer l'amende si on estime par exemple que l'infraction n'est pas caractérisée. Dans ce cas, l'intéressé est entendu sur procès-verbal, ensuite

[66] Ceci permet d'éviter aux APJ d'être obligés chaque fois de conduire les contrevenants, pour effectuer les paiements auprès des chefs d'unités qui en règle générale sont de OPJ.

transmis au Procureur de la République qui pourra le faire enrôler à une audience du tribunal compétent pour débats.

Même en cas de paiement de l'amende par le contrevenant, l'agent verbalisateur doit établir un procès-verbal qui est transmis au Procureur de la République pour lui permettre d'exercer son contrôle. En effet, celui-ci a la possibilité d'invalider l'amende forfaitaire perçue ; car il a le pouvoir d'ordonner le remboursement de l'amende encaissée à tort ou du surplus en cas de majoration par l'agent du taux fixé par la loi. De même, il peut ordonner le paiement par le contrevenant du complément en cas de minoration du taux par l'agent verbalisateur. Dans ce dernier cas, si le contrevenant refuse de payer ce complément, des poursuites judiciaires doivent être engagées à son encontre suivant la procédure de droit commun[67].

En bref, les amendes forfaitaires apparaissent comme une faveur accordée aux usagers pour leur faciliter la tâche. Mais aussi, elles visent à permettre à l'Etat d'encaisser rapidement et immédiatement les amendes prévues, car en général, il y a beaucoup de difficultés à retrouver les personnes verbalisées et ensuite condamnées aux peines d'amende par les juridictions[68]. C'est donc une innovation du CPP qui a également prévu un certain nombre de privilèges quant aux compétences des juridictions.

---

[67] Lire les articles 610 et suivants du CPP.

[68] La procédure ayant parfois pris beaucoup de temps, il devient difficile de les localiser pour les obliger à payer ces amendes et frais de justice, au regard de la grande mobilité des populations.

§ 3 La dignité humaine comme source particulière du privilège de juridiction

Le privilège de juridiction est un droit spécial reconnu à certaines catégories de personnes leur permettant d'être jugées par des juridictions particulières en raison de leur qualité et ceci pour les infractions qu'elles ont commises[69]. En fait, l'objectif pour le législateur est d'éviter que ces personnes soient jugées dans la localité ou dans la ville où elles travaillent ; car ce serait une entame considérable à leur honneur, à leur dignité, voire à leur autorité, même si elles sont finalement déclarées non coupables[70]. Pour ce faire, une considération particulière est accordée aux magistrats d'une part (A) et aux responsables de l'Administration et aux officiers de police judiciaire d'autre part (B).

A) Le privilège reconnu aux magistrats

Aux termes de l'article 629 al.1 du CPP : « Lorsqu'un magistrat de l'ordre judiciaire est susceptible d'être <u>inculpé</u> d'une infraction, le Procureur général compétent présente une requête au Président de la Cour Suprême qui désigne un magistrat chargé <u>d'instruire</u> l'affaire et trois autres, d'un grade au moins égal à celui du mis en cause, en vue du jugement éventuel de l'affaire en <u>premier ressort</u>. »[71] L'alinéa 2 de cet article précise que le Président de la Cour Suprême indique en outre la ville où l'affaire sera jugée.

Ces dispositions légales appellent quelques observations. De prime abord, il faut dire qu'elles

[69] Voir également CORNU, G, *Vocabulaire juridique*, PUF, 4e Edition, Paris 2003, P. 506.

[70] Comme nous l'avons démontré plus haut, la présomption d'innocence étant un principe cardinal des droits fondamentaux.

[71] Les soulignements observés dans ce texte sont de nous et non du législateur.

concernent les magistrats de l'ordre judiciaire, c'est-à-dire en principe ceux qui travaillent dans les juridictions, notamment les tribunaux, les Cours d'Appel et la Cour Suprême. On peut donc légitimement se demander si ce même privilège s'applique aux magistrats en service au Ministère de la Justice ou en détachement dans les autres administrations de l'Etat. La réponse nous semble affirmative si l'on se réfère à l'article 1er du statut de la magistrature[72].

Par ailleurs, on note que les procédures concernant les magistrats passent nécessairement par l'information judiciaire. D'où l'utilisation des termes "inculpé", "instruire". Dans cette optique, le J.I. est un magistrat désigné par le Premier Président de la Cour Suprême. Ce J.I. doit avoir au moins le même grade que le magistrat poursuivi. De plus, suivant ces mêmes considérations, trois autres magistrats sont désignés par la même autorité pour juger l'affaire en premier ressort[73]. Ce qui implique la possibilité en cas d'insatisfaction d'exercer des voies de recours, en conformité avec le principe du double degré de juridiction. A cet effet, l'article 632 du CPP dispose : « En cas d'appel, l'affaire est examinée par des magistrats de la

---

[72] L'article 1er du Décret n°95/048 du 8 Mars 1995 portant statut de la magistrature dispose en effet que : « le corps judiciaire comprend :
- Les Magistrats du siège et du parquet en service dans les juridictions ;
- Les Magistrats en service au Ministère de la Justice ;
- Les Magistrats en détachement ;
- Les attachés de justices. »

[73] En effet, il serait malaisé qu'un magistrat soit jugé par un collègue moins gradé que lui. C'est pourquoi l'article 633 du CPP dispose que lorsque le magistrat mis en cause est le plus ancien dans le grade le plus élevé, son affaire est examinée par la Cour Suprême siégeant en chambres réunies. Il s'agit d'une composition de la C.S. constituée des représentants de toutes les chambres de cette haute juridiction.

Cour Suprême désignés par le président de ladite Cour. Il est statué en collégialité. »

Enfin, l'expression "Procureur Général compétent" ne semble pas suffisamment explicite. A notre sens, si l'infraction considérée concerne un magistrat relevant des tribunaux d'instance ou d'une Cour d'Appel, le Procureur Général près la Cour d'Appel du ressort est compétent. Si par contre elle concerne un magistrat relevant de la Cour Suprême, le Procureur Général près cette haute juridiction devrait être compétent. Dans cette logique, celui-ci ne pouvant pas aisément couvrir l'ensemble du territoire national[74], il nous semble que le Procureur Général près une Cour d'Appel, informé d'une infraction commise dans son ressort par un magistrat de la Cour Suprême, doit aussitôt informer le Procureur Général près cette Cour pour qu'il saisisse le Premier Président de la Cour Suprême. Il convient de souligner que, pour contourner l'inertie des Procureurs Généraux, l'article 630 du CPP prévoit que les victimes peuvent directement saisir le Premier Président de la Cour Suprême par une plainte avec constitution de partie civile ; celle-ci pouvant être retrouvée lors des poursuites diligentées contre d'autres autorités.

B) Le cas des autorités administratives et des officiers de police judiciaire

D'après l'article 634 al 1 du CPP : « Lorsqu'un Gouverneur de Province a commis un crime ou un délit dans l'exercice et même hors de l'exercice de ses fonctions, le Procureur Général près la Cour d'Appel compétent adresse un rapport au Président de la cour Suprême qui désigne un tribunal compétent, conformément aux alinéas (2) et (3) du présent article. »

[74] Le Procureur Général près la Cour Suprême a une compétence nationale. cf. article 127 al. 3 du CPP.

L'alinéa (2) quant à lui dispose que : « Lorsqu'un Préfet ou tout autre chef de circonscription administrative ou un officier de police judiciaire a commis un crime ou un délit dans l'exercice et même hors de l'exercice de ses fonctions, le Procureur de la République transmet le dossier au Procureur Général pour en saisir le Président de la Cour d'Appel compétente. Celui-ci désigne le parquet chargé de diligenter les poursuites et la juridiction de jugement compétente pour en connaître. »

L'analyse de ce texte suscite quelques précisions. Il convient tout d'abord de spécifier que le Gouverneur, le Préfet, le Sous-préfet et le Chef de district commandent respectivement les circonscriptions administratives suivantes : la province, le département, l'arrondissement et le district. En principe, leurs adjoints ne semblent pas concernés par les dispositions légales ci-dessus énoncées[75]. En plus, les infractions imputées à ces autorités doivent pouvoir être qualifiées de crime ou délit. Ce qui exclut les contraventions[76] ; celles-ci devant obéir au régime de droit commun.

Par ailleurs, il apparaît que le processus précédant la désignation du tribunal compétent ne pose pas de problèmes particuliers. Seulement, après cette désignation, qui doit nécessairement tenir compte de l'obligation de délocalisation[77], la procédure devra subséquemment être plus ou moins celle de droit commun. En réalité, le Parquet peut diligenter l'enquête ou la confier à une unité

---

[75] En application du principe de l'interprétation stricte des lois pénales.

[76] A moins qu'il ne s'agisse d'une contravention connexe à un crime ou à un délit. Sur la connexité, voir l'article 6 du CPP.

[77] D'après l'article 634 al.3 du CPP : « la poursuite, l'instruction et le jugement doivent être confiés à des juridictions de l'ordre judiciaire autres que celles de la province, du département, de l'arrondissement ou du district, selon le cas, où le mis en cause exerce ses fonctions. »

de police ou de gendarmerie de son ressort. Ensuite, le Procureur de la République, à l'appréciation des faits contenus dans le procès-verbal d'enquête, décidera ou non de l'ouverture de l'information judiciaire, celle-ci n'étant obligatoire qu'en cas de crime[78]. Ce qui différencie cette procédure de celle prévue pour les magistrats. Enfin, l'affaire pourra être portée devant le tribunal désigné par le Président de la Cour d'Appel et les voies de recours éventuelles devraient être celles de la procédure ordinaire.

Au total, il faut dire que le privilège de juridiction accordé aux magistrats, aux autorités administratives et aux OPJ est une innovation de pointe. En effet, sous l'ancienne législation, ce privilège n'était reconnu qu'aux diplomates et aux membres du gouvernement. Quid des autorités religieuses que sont les prêtres, les pasteurs, les imams, les religieux et les religieuses occupant parfois d'importants postes de pouvoir au regard de leur grande autorité morale ? A l'examen, seules les autorités tel le Nonce apostolique dans l'Eglise catholique, pourrait en l'état actuel bénéficier dudit privilège, compte-tenu de sa qualité d'agent diplomatique représentant le Saint-Siège.

Par ailleurs, l'enfance délinquante est également sujette à une réglementation « sui generis ».

§ 4 La promotion des droits de l'enfant dans le code camerounais de procédure pénale

Il ressort des instruments juridiques internationaux que l'enfant est tout être humain âgé de moins de dix-huit (18) ans[79]. Cette même définition s'applique à la notion de

[78] cf. article 142 al. 1 du CPP.

[79] Voir art. 1er de la convention relative aux droits de l'enfant, adoptée par l'Assemblée Générale de l'ONU le 20 novembre 1989 ; art. 2 de la charte africaine des droits et du bien-être de l'enfant, adoptée par la 26e conférence des chefs d'Etat et de Gouvernement de l'OUA à Addis-Abeba en Ethiopie, en juillet 1990.

mineur en droit pénal camerounais. Cela résulte de l'article 80 du code pénal[80]. L'âge est généralement déterminé à partir, de l'acte de naissance. A défaut, l'on peut recourir au certificat d'âge apparent établi par un médecin. Ceci dit, les mineurs, à cause de leur immaturité et de leur délicatesse, nécessitent une attention particulière. Aussi, dans cette partie, nous attellerons-nous à examiner le degré d'implication de cette sollicitude dans le code de procédure pénale. Ceci à travers la détermination de la juridiction compétente (A), le régime des libertés prévu pour les mineurs (B) et enfin, les mesures et peines qui leur sont applicables (C).

A) La détermination de la juridiction compétente

D'après l'article 713 du CPP : « Le tribunal de première instance, statuant en matière de délinquance juvénile, est compétent pour connaître de tous les crimes, délits et contraventions commis par le mineur âgé de plus de dix (10) ans et de moins de dix-huit (18) ans. Toutefois, lorsqu'il existe des complices ou co-auteurs majeurs, la juridiction de droit commun est seule compétente. » Ce texte détermine la compétence organique et la compétence matérielle[81]. L'article 714 du CPP quant à lui indique la compétence territoriale et précise qu'il doit s'agir du tribunal du lieu de la commission de l'infraction ; du

---

[80] Aux termes de cet article :

« (1) le mineur de dix ans (moins de dix ans) n'est pas pénalement responsable.

(2) le mineur de dix à quatorze ans pénalement responsable ne peut faire que l'objet de l'une des mesures spéciales prévues par la loi.

(3) le mineur de plus de quatorze ans et de moins de dix-huit ans, pénalement responsable, bénéficie de l'excuse atténuante.

(4) le mineur de dix-huit ans est pleinement responsable. »

[81] L'organe ici c'est le TPI, statuant en matière de délinquance juvénile, et les matières concernées sont les crimes, les délits et les contraventions.

domicile du mineur ou de ses parents, tuteur ou gardien ; du lieu où le mineur a été trouvé ou encore du lieu où il a été placé à titre provisoire ou définitif. En tout état de cause, il importe de noter qu'avant le jugement au fond (2), il existe des cas où le mineur doit obligatoirement passer par l'information judiciaire (1).

1) La nécessaire intervention du juge d'instruction

Il résulte de l'article 700 al.1 du CPP que l'information judiciaire est obligatoire en matière de crime et de délit commis par les mineurs pénalement responsables, c'est-à-dire ceux âgés de plus de dix (10) ans jusqu'à moins de dix-huit (18 ans). C'est dire qu'en matière de contravention, ils doivent faire l'objet de citation directe devant le tribunal. Or d'après les textes internationaux relatifs l'administration de la justice pour mineurs, tous les actes et toutes les décisions les concernant doivent toujours tenir compte de leur "intérêt supérieur"[82]. L'on peut donc légitimement se demander en quoi l'instruction préparatoire ici est intéressante pour les enfants en conflit avec la loi.

En fait, elle permet au juge d'instruction de rassembler un certain nombre d'éléments qui pourront ensuite être exploités par le tribunal. Ceci en faveur du mineur concerné. Ainsi par exemple, il doit effectuer toutes diligences et investigations utiles à la connaissance de la personnalité du mineur. A cet effet, il peut ordonner une enquête sociale sur la situation matérielle et morale de

[82] Sur la notion de "l'intérêt supérieur de l'enfant", cf art. 3 de la convention relative aux droits de l'enfant, art. 4 de la charte africaine des droits et du bien-être de l'enfant et les règles minima des Nations Unies concernant l'administration de la justice pour mineurs, encore appelées règles de Beijing, résolution n°40/33 adoptée le 29 novembre 1985 par la 96e Assemblée plénière.

la famille, le caractère et les antécédents du mineur, sa fréquentation scolaire, son comportement ainsi que sur les conditions dans lesquelles il a été élevé. Il peut aussi ordonner un examen médical ou un examen médico-psychologique[83].

Toutes ces mesures visent à déterminer les circonstances qui ont pu déterminer ce mineur à commettre l'infraction à lui reprochée. En tout cas, au terme de l'instruction et si les charges sont insuffisantes, le juge d'instruction rendra une ordonnance de non-lieu ; Dans le cas contraire, ce sera une ordonnance de renvoi devant la juridiction de jugement.

2) La juridiction de jugement :

Comme nous l'avons signalé plus haut, en premier ressort le tribunal de première instance, statuant en matière de délinquance juvénile, est compétent pour connaître des infractions commises par les mineurs. A cet effet, il est composé :

- d'un magistrat du siège, Président ;
- de deux assesseurs, membres ;
- d'un représentant du Ministère public ;
- d'un greffier.

L'innovation ici se situe dans la désignation des assesseurs comme membres du tribunal. Ce qui équivaut à l'institution d'une juridiction spéciale pour les mineurs. Ce n'était pas tout à fait le cas sous le règne du CIC et de l'ordonnance n°72/4 du 26 août 1972. Les assesseurs sont en principe les spécialistes des affaires sociales. Ils sont nommés par acte conjoint des Ministères chargés de la justice et des Affaires sociales. Ils prêtent serment devant ce même tribunal avant d'entrer en fonction. Ils ont voix

---

[83] Voir Article 701 du CPP.

délibérative, c'est-à-dire que leur point de vue est pris en compte. Ils ne sont donc pas de simples figurants[84].

En deuxième ressort[85], la Cour d'Appel, statuant en matière de délinquance juvénile est compétente, avec pratiquement une composante similaire à celle du tribunal d'instance[86]. Au regard du silence du CPP s'agissant du pourvoi en cassation, il y a lieu de penser qu'on devrait pour ce faire se référer aux règles du droit commun.

Par ailleurs, il convient de souligner que lors de son procès, le mineur doit absolument être assisté d'un avocat ou de toute autre personne qualifiée dans la protection des droits de l'enfant. Si le mineur n'a pas de conseil pour l'assister, le tribunal doit obligatoirement et d'office, aux frais du trésor public, désigner à cette fin un avocat ou toute autre personne qualifiée. En outre, à peine de nullité de la décision à intervenir, les débats doivent être menés à huis-clos. Ceci pour éviter d'exposer le mineur. Seuls sont admis dans la salle d'audience : les parents, tuteur, avocats, représentants des services ou institutions s'occupant des problèmes de l'enfance et des délégués à la liberté surveillée. Le président peut également autoriser les représentants des organisations de protection des droits de l'homme et de l'enfant à assister aux débats. Le jugement doit cependant être rendu en audience publique[87], le plus grand souhait étant, dans la mesure du possible, de sauvegarder la liberté du mineur.

---

[84] Cf Article 709, 710 et 713 du CPP
[85] C'est-à-dire en cas d'appel
[86] Cf Article 740 du CPP
[87] Cf Article 719, 720 et 721 du CPP

B) Le régime spécial des libertés en matière de délinquance juvénile

La liberté est le principe et la détention l'exception, avons-nous souligné plus haut. Avant l'entrée en vigueur du CPP, l'enfance délinquante était régie au Cameroun par le Décret du 30 Novembre 1928 instituant les juridictions spéciales et le régime de la liberté surveillée pour les mineurs ; cette matière n'ayant pas été spécialement réglementée par le CIC. Sous ce régime, le mineur de 10 à 14 ans, d'après l'article 2 de ce décret, bien que pénalement responsable, devait être jugé par le tribunal de première instance, statuant en matière civile. Ce qui sous-entend qu'il ne pouvait pas être condamné à une peine d'emprisonnement. D'après l'article 17 du même décret, le mineur de 14 à 18 ans, non inclus, relevait du même tribunal, statuant cette fois en matière correctionnelle, ce qui induit la possibilité d'une peine d'emprisonnement qui généralement était atténuée par l'admission au bénéfice de l'excuse atténuante de minorité. Par ailleurs, le magistrat instructeur, chargé en amont de l'information judiciaire, ne devait recourir au mandat de dépôt que si la privation de liberté s'avérait nécessaire[88]. En somme, le principe de la préservation de la liberté du mineur devait être sauvegardé dans la mesure du possible.

Cette même philosophie a guidé le législateur dans l'élaboration du CPP. Celui-ci a cependant apporté quelques nouveautés. En effet, aux termes de l'article 704 de ce Code : «Le mineur de douze (12) à quatorze (14) ans ne peut faire l'objet d'un mandat de détention provisoire qu'en cas d'assassinat, de meurtre ou de coups mortels. » Cette mesure se justifie ici par la gravité de l'infraction. De plus, l'article 705 dispose que le mineur de quatorze (14) à dix-huit (18) ans ne peut faire l'objet d'un mandat

---

[88] Voir Article 4, 5, 18 et 19 du Décret du 30 novembre 1928.

de détention provisoire que si cette mesure paraît indispensable. L'appréciation de la nécessite de cette mesure doit donc tenir compte non seulement des considérations de l'ordre social, mais aussi et surtout de l'intérêt supérieur de l'enfant. A l'analyse, il apparaît qu'à partir de l'âge de 12 ans, un mineur peut légalement être privé de sa liberté, sous réserve des conditions susmentionnées[89]. Il faut préciser qu'il s'agit ici de la détention provisoire qui peut être ordonnée par le Procureur de la République, le juge d'instruction ou un tribunal. La garde à vue des mineurs au commissariat ou à la brigade n'est pas en principe interdite, même s'il est recommandé qu'elle soit envisagée avec beaucoup de circonspection, en tenant notamment compte de l'intérêt supérieur de l'enfant[90].

Au demeurant, même lorsque la privation de liberté est décidée, le mineur ne peut être détenu que dans un établissement de rééducation ou dans un quartier spécial d'une prison habilitée à accueillir les mineurs. Dans une prison ordinaire, il doit être séparé des majeurs[91]. Les chefs d'unités de police ou de gendarmerie devraient prévoir une cellule spéciale pour eux. Toutes ces précautions visent à protéger le mineur pour qu'il ne soit pas davantage corrompu au contact des majeurs. Mais en réalité, le but ultime est de lui éviter au maximum la peine d'emprisonnement.

C) Les mesures et peines applicables aux mineurs

La catégorie d'âge joue ici un rôle très déterminant. Ainsi, d'après l'article 724 du CPP : « Si le mineur âgé de

[89] Or avec le Décret du 30 novembre 1928, cette mesure n'était possible qu'à partir de 14 ans.

[90] C'est le cas par exemple lorsqu'on veut le soustraire à la vindicte populaire.

[91] Cf Article 706 du CPP.

quatorze (14) ans ou moins est déclaré coupable, le tribunal doit lui adresser une admonestation avant de prononcer l'une des peines suivantes :

a) l'attribution de sa garde à ses parents, tuteur, gardien ou à toute autre personne digne de confiance ;
b) la liberté surveillée ;
c) le placement dans un établissement de formation professionnelle ou de soins ;
d) le placement dans une institution spécialisée ;
e) l'engagement préventif. »

En outre, l'article 725 du même code énonce : « (1) Si le mineur de plus de quatorze (14) ans et de moins de dix-huit (18) ans est déclaré coupable, le Tribunal, par décision motivée :

a) prononce une peine dans les conditions prévues aux articles 80 (3) et 87 du code pénal ;
b) ordonne l'une des mesures prévues à l'article724 ».

Quelques observations s'imposent. La liberté surveillée, encore appelée surveillance judiciaire « vise à imposer à celui qui en est le sujet un certain nombre de restrictions à sa liberté par le biais d'obligations ou d'interdictions énumérées limitativement par la loi »[92]. Dans notre contexte, le mineur pourrait être remis à ses parents, tuteur au gardien et suivi par des agents spécialisés appelés délégués à la liberté surveillée[93]. En plus, par l'engagement préventif, le mineur s'engage personnellement, et le cas échéant avec des garants solvables, à payer la somme fixée s'il commet une

---

[92] YAWAGA, S, *L'information judiciaire dans le code camerounais de procédure pénale*, PUA, collection *vademecum*, Yaoundé, 2007, P. 152.

[93] La nomination de ces Délégués dans les meilleurs délais par les autorités compétentes est vivement souhaitée pour donner tout son sens à cette disposition.

infraction de même nature pendant la période déterminée[94]. Par ailleurs, pour plus d'efficacité, il y a lieu d'en appeler à la multiplication des centres d'éducation et d'encadrement des mineurs. A cet effet, l'implication des pouvoirs publics, des ONG, voire de la société civile en général sera d'un secours intéressant. En tout état de cause, l'on constate que la peine d'emprisonnement est à exclure jusqu'à l'âge de 14 ans. Ce qui n'est pas le cas après 14 ans, sans pour autant occulter les mesures spéciales ci-dessus relevées qui vise à favoriser la resocialisation du mineur. En l'état actuel, ces mesures ne ressortent pas toujours dans les décisions de justice, même si l'on peut signaler quelques cas isolés[95]. Or l'article 725 al 2 (a) du code de procédure pénale dispose expressément que : «Lorsqu'une peine d'emprisonnement ferme est prononcée, elle ne peut être assortie que de la mesure de liberté surveillée ».

Il convient par ailleurs de relever que lorsqu'une contravention est reprochée à un mineur, le Tribunal doit d'abord adresser à celui-ci, à ses parents, gardien ou tuteur une réprimande. Ce n'est qu'en cas de récidive qu'il sera assujetti aux sanctions et mesures ci-dessus étudiées[96]. Le régime des contraventions est donc différent de celui des crimes et délits reprochés aux mineurs, sauf s'il s'agit d'une contravention connexe à un crime ou à un délit.

---

[94] Cf Article 46 du Code Pénal.

[95] TPI de Banyo, jgts N° 6/DJ et N° 7/DJ du 07 août 2007. Dans le 1er cas, le Tribunal a confié la garde du mineur à son oncle au terme de sa peine ; dans le 2nd cas, le Tribunal a ordonné le placement du mineur sous le régime de la liberté surveillée au terme de sa peine, sans autre précisions.

[96] Cf Article 729 du CPP.

Conclusion

En définitive, on peut dire que les droits fondamentaux de la personne humaine constituent le leitmotiv, l'orientation majeure du code camerounais de procédure pénale. En effet, cela peut être observé non seulement à travers la procédure ordinaire, mais également dans les différentes procédures particulières réglementées. Bref, ce code brille par la valeur théorique des dispositions prévues. Il doit cependant être appuyé par des mesures d'accompagnement pour avoir tout son sens sur le plan concret. Ainsi par exemple, il faut saluer l'heureuse initiative du haut commandement de la Gendarmerie Nationale qui a fait établir et diffuser dans ses différentes unités des formulaires relatifs aux prescriptions du code de procédure pénale lors de l'enquête. Pareille initiative a également été relevée du côté du Ministère de la Justice pour faciliter et harmoniser le travail sur le terrain, car l'on doit impérativement se conformer aux dispositions des conventions et traités internationaux sus-cités[97].

Par ailleurs, il convient de mentionner qu'il y a lieu de multiplier les mécanismes de contrôle. A cet effet, par décret N° 90/1459 du 08 novembre 1990, un comité national des droits de l'homme et des libertés a été crée. Suite à la loi N° 2004/16 du 22 juillet 2004, ce comité a été remplacé par la commission nationale des droits de l'homme et des libertés. Dans le cadre leurs missions, ses membres doivent descendre sur le terrain pour enquêter et dresser des rapports sur la situation des droits de l'homme au Cameroun. Toutefois, au nom d'une efficience maximale, il importe que d'autres moyens de contrôle se déploient. C'est le cas notamment des juridictions, de la société civile à travers les associations, les partis

---

97 Il faut souligner que tous ces instruments juridiques ont été ratifiés par l'Etat du Cameroun.

politiques, la presse, les ONG de promotion et de défense des droits de l'homme etc ... Dans cette optique, Emmanuel DECAUX relève fort à propos que : « Plus les filets sont nombreux, plus les mailles sont serrées, plus les possibilités de dénoncer ou de prévenir les violations des droits de l'homme sont nombreuses et effectives »[98].

En outre, au-delà du caractère rénovateur du CPP, certaines de ses dispositions sont sources de controverses. Il en est ainsi de l'article 64 qui donne la possibilité au Procureur Général près une Cour d'Appel, sur autorisation du Ministre chargé de la Justice, de requérir l'arrêt des poursuites pénales à tout stade de la procédure avant l'intervention d'une décision au fond, lorsque ces poursuites sont de nature à compromettre l'intérêt social ou la paix publique[99]. Or toute la difficulté se trouve dans l'appréciation de l'opportunité de cette mesure. En effet, si l'on considère que l'intérêt social renvoie à ''Ce qui est pour le bien de la société tout entière'' et que la paix publique se rapporte à la tranquillité publique, à l'absence de trouble et d'agitation[100], l'imprécision que ces deux expressions comportent justifie bel et bien la controverse évoquée. Mais il faut dire qu'en cas d'arrêt des poursuites, les droits des victimes ne sont pas sacrifiés, car elles peuvent par la suite recourir aux juridictions civiles pour obtenir des dommages-intérêts ; l'action publique ainsi

---

[98] DECAUX, E, *Cours de Droits Fondamentaux*, Faculté Droit et Sciences Politiques, Université de Nantes, Année académique 2001/2002, Chap. 12, Module 129.

[99] Cette possibilité existait déjà bien avant le CPP dans la zone anglophone du pays, à cette époque régie par la *Criminal Procedure Ordonance*. Ce pouvoir était appelé : *Nolle Prosequi*.

[100] Cf. TCHAKOUA, J.M, « La considération de l'intérêt social et de la paix publique en matière de poursuite : Conjectures autour de l'Article 64 du Code de Procédure Pénale », in *Les tendances de la nouvelle procédure pénale camerounaise*, PUA, Yaoundé, 2007, vol 1, PP. 82, 99 et suivantes.

stoppée étant fondamentalement exercée au nom de la société entière par le Ministère public.

Enfin, le triomphe des espoirs placés dans le CPP passe non seulement par la maîtrise de ses dispositions par les justiciables, mais aussi par un réel changement des mentalités et des comportements, chacun à son niveau. De tous ces facteurs dépend le tableau que nous voulons peindre pour représenter le Cameroun, car comme le déclare le Pr. Jean Marie TCHAKOUA : « La procédure pénale est, à bien des égards, le miroir qui renvoie à chaque société son image, lui montrant si elle est respectueuse des libertés individuelles ou, au contraire, obsédée par le souci de se protéger »[101]. On n'oublie pas que la sécurité juridique et judiciaire est également un stimulant aux investissements économiques, gage de prospérité, de développement et de bien-être.

BIBLIOGRAPHIE

I- Ouvrages

1- CORNU, G, *Vocabulaire Juridique*, PUF, Paris, 2003, 4e Edition, 951 pages ;

2- EYIKE VIEUX, *Code d'instruction criminelle et pratique judiciaire camerounaise*, PUA, Yaoundé, 1999, 473 pages.

3- *Lexique de termes juridiques*, 8e Edition, Dalloz, Paris, 1990, 517 pages ;

4- NDJERE, E, *l'information judiciaire au Cameroun*, Presse de l'UCAC, Yaoundé, 2003, 294 pages ;

5- PRADEL, J, *Procédure pénale*, Paris, Cujas, 9e Edition, N° 2, 218 pages ;

[101] TCHOUKOUA, J.M, « Des acteurs et procédés dans la nouvelle procédure pénale », in *Les tendances de la nouvelle procédure pénale camerounaise*, PUA, Yaoundé, 2007, vol 1, P.7.

6-YAWAGA, S, *l'information judiciaire dans le Code Camerounais de procédure pénale*, PUA, Yaoundé, collection *Vademecum*, 2007, 226 pages.

II- Articles et autres

1- DECAUX, E, *Cours de Droits Fondamentaux*, Faculté de Droit et Sciences Politiques, Université de Nantes, Année académique 2001/2002, chap.12, Module 129 ;

2- DJIAZET MBOU MBOGNING, S, *La sauvegarde des droits de l'homme en droit pénal interne Camerounais et en droit pénal international*, Mémoire présenté en vue de l'obtention du Diplôme Inter-universitaire de 3e cycle en Droits Fondamentaux, Faculté de Droit et Sciences Politiques, Université de Nantes Année, académique 2001/2002, 74 pages ;

3- DJIAZET MBOU MBOGNING, S, *La sauvegarde des droits de l'homme en droit pénal camerounais*, Cahiers de la Quinzaine de Yaoundé N°12, Département de Droit Canonique, Institut Catholique de Yaoundé, Université Catholique d'Afrique centrale, juillet 2004, 54 pages.

4- DJOUTSOP, P.R., « La flagrance des crimes et des délits dans le Code Camerounais de procédure pénale », in *Les tendances de la nouvelle procédure pénale Camerounaise*, PUA, Yaoundé, 2007, Vol 1, pp.27-53 ;

5- FRISON- ROCHE, M.A, « Les droits de la défense en matière pénale », in *Libertés et Droits fondamentaux*, Dalloz, Paris, 1999, 5e Edition, p.p.413 - 447 ;

6- MEKOBE SONE, D, « L'exécution des décisions de justices en matière pénale », Exposé présenté lors de la Réunion des chefs de Cours d'Appel, Yaoundé, du 16 au 19 octobre 2007.

7- MVONDO EVEZO'O , J.P. , «La liberté sous caution», Exposé présenté lors de la Réunion des chefs de Cours d'Appel, Yaoundé , du 16 au19 octobre 2007.

8- NKENGUE, J.P.S., «L'OPJ, l'enquête de police et la torture», in *Les tendances de la nouvelle procédure pénale camerounaise*, PUA, Yaoundé, 2007, Vol1, pp.223-269 ;

9-TCHAKOUA, J.M, « Des acteurs et procédés dans la nouvelle procédure pénale », in *Les tendances de la nouvelle procédure pénale camerounaise*, PUA, Yaoundé, 2007, Vol.1, PP…

10- TCHAKOUA, J.M., « La considération de l'intérêt social et de la paix publique en matière de poursuite : Conjectures autour de l'article 64 du code de procédure pénale » in idem, pp.81-104 ;

11- THOMAS, D, «Le droit à la sûreté », in *Libertés et droits fondamentaux*, Dalloz, Paris, 1999, 5e Edition, pp. 261-282 ;

YAWAGA, S, « La garde à vue », in *Les tendances de la nouvelle procédure pénale camerounaise*, PUA, Yaoundé, 2007, Vol.1, p. 55-79 ;

12- ZIBI NSOE, T, «Les principales innovations du Code de procédure pénale », Exposé présenté lors de la Réunion annuelle de chefs de Cours d'Appel, Yaoundé, du 25 au 28 octobre 2005 ;

Textes

- Déclaration des droits de l'homme et du citoyen du 26 août 1789 ;
- Code d'instruction criminelle ;
- Décret du 30 novembre 1928 instituant les juridictions spéciales et le régime de la liberté surveillée pour les mineurs ;
- *Déclaration universelle des droits de l'homme du 10 décembre 1948 ;
- "Criminal procédure ordinance" (1955) ;
- Loi N°58-203 du 26 décembre 1958 portant simplification de la procédure pénale au Cameroun ;
- Code pénal camerounais (lois N° 65- LF-24 du 12 novembre 1965 et 67- LF-1 du 12 juin 1967) ;
- Pacte international relatif aux droits civils et politiques du 16 décembre 1966 ;
- Ordonnance n°72/4 du 26 août 1972 modifiée portant organisation judiciaire ;

- Décret n°76/521 du 9 novembre 1976 portant assistance judiciaire au Cameroun ;
- Charte Africaine des Droits de l'Homme et des Peuples du 28 juin 1981 ;
- Règles Minima des Nations Unies concernant l'administration de la justice pour mineurs, règles de Béijing, Résolution n°40/33 du 29 novembre 1985 ;
- Convention relative aux droits de l'enfant du 20 novembre 1989 ;
- Décret n°90/1459 du 8 novembre 1990 portant création du comité national des droits de l'homme et des libertés ;
- Charte Africaine des droits et du bien-être de l'enfant, juillet 1990 ;
- Décret n°92/052 du 27 mars 1992 portant régime pénitentiaire au Cameroun ;
- Constitution camerounaise du 18 janvier 1996 ;
- Loi n°2004/16 du 22 juillet 2004 portant création, organisation et fonctionnement de la commission nationale des droits de l'homme et des libertés ;
- Loi n°2005/007 du 27 juillet 2005 portant Code de procédure pénale ;
- Loi n°2006/015 du 29 décembre 2006 portant organisation judiciaire.

Quatrième partie

SORCELLERIE ET REPRESSION JUDICIAIRE AU CAMEROUN

Introduction

La politique moderne et l'affirmation des droits individuels trouvent leur origine dans la critique formulée contre l'Eglise de Rome dès le moyen-âge.

En effet, le constat fait à cette époque est que, pour des raisons théologiques et sociologiques, l'Eglise et ses clercs bénéficient prioritairement des garanties et immunités de la part du pouvoir civil et de l'Etat. Ainsi, les droits et libertés de la grande majorité de la population sont négligés, voire ignorés.

Face à cette situation, un premier mouvement de revendication issu de la pensée politique moderne, apparaît au XVIe siècle avec ce que l'on a appelé la "Seconde scolastique espagnole". Les principaux piliers de ce courant sont : Victoria, Suarez, Las Casas etc. Le second mouvement de cette politique moderne se manifeste au XVIIe siècle, dans le monde protestant, avec les représentants de l'école du droit naturel que sont : Gotius, Hobbes, Locke, Pufendorf, Tomasius etc. Ceux-ci peaufinent davantage la revendication. Ils précisent que la doctrine des droits de l'homme repose essentiellement sur l'idée de dignité individuelle qui s'attache à tout individu et se manifeste par un certain nombre de prérogatives.

En effet, d'après ces penseurs, toute personne humaine est dotée de droits naturels antérieurs et supérieurs à l'Etat dont le respect ou la mise en œuvre ne doit souffrir de quelque contestation. C'est la doctrine du *"jus naturalis"* ou théorie du droit naturel qui est aujourd'hui considérée comme fondement de l'ensemble des droits de l'homme, encore appelé « droits de la personne humaine » ou « droits et libertés fondamentaux ».

Cependant, il convient de signaler que cette perception chrétienne de la théorie des droits de l'homme ne fait pas l'unanimité, tout le monde n'étant pas croyant ou chrétien.

En effet, les tenants de la doctrine positiviste ou utilitariste, à l'instar de BENTHAM, John RAWLS et bien d'autres, pensent que ces droits existent simplement par leur systématisation à travers les textes législatifs ou supra-législatifs où ils sont garantis ; qu'ils ont surtout été conçus pour favoriser une vie harmonieuse en société, au sein de l'Etat. De ce fait, l'on ne saurait imaginer leur existence en dehors de cette entité.[1]

Au demeurant, il nous semble que les droits de l'homme peuvent valablement trouver leur raison d'être dans ces deux théories ; car en réalité, toutes visent un seul et même objectif : la promotion et la protection des droits et libertés individuels d'une part, et la préservation de l'harmonie de la vie en société d'autre part.

Le *Vocabulaire juridique* de Gérard CORNU définit les droits de l'homme comme un « *ensemble de facultés et de prérogatives appartenant naturellement à tout être humain et dont le droit public ... s'attache à imposer à l'Etat le respect et la protection en conformité avec certains textes de portée universelle.* »[2]

Concrètement, les droits fondamentaux de la personne humaine renvoient entre autres au droit à la vie, au droit à l'intégrité physique et morale, au droit à la santé, au droit à l'éducation, au droit à la liberté d'aller et venir, au droit au travail, au droit à la paix, au droit à un environnement

---

[1] Cf René SEVE, « Les libertés et droits fondamentaux et la philosophie », in *Libertés et droits fondamentaux*, Paris, Dalloz, 17 Edition, 2011, P.P.29-31.

[2] Gérard CORNU, *Vocabulaire juridique*, Paris, PUF, 2003, 4e Edition, P.324.

sain, au droit à une bonne administration de la justice etc. Bien que ces droits soient, pour l'essentiel, énoncés dans des instruments juridiques nationaux et internationaux, leur mise en œuvre n'est pas toujours évidente.

Comme instruments de référence, on peut citer entre autres la Déclaration universelle des droits de l'homme du 10 décembre 1948, le pacte international relatif aux droits civils et politiques du 16 décembre 1966, la charte africaine des droits de l'homme et des peuples adoptée en juin 1981 à Nairobi au Kenya, pour ne mentionner que ces textes.

Seulement, il se trouve parfois que certains facteurs sociaux, comme la sorcellerie, soient une menace réelle pour les droits fondamentaux de la personne humaine.[3] La justice elle aussi, en tant que garant de la protection de ces droits semble également limitée, voire désarmée pour appréhender ce phénomène et le sanctionner.[4] En effet, on rencontre des procédures judiciaires dans lesquelles les plaignants disent qu'un de leurs proches a été tué en sorcellerie ou qu'on l'a rendu malade. Dans d'autres cas, on vous dira qu'un champ a été infesté pour que la production soit mauvaise ou qu'un accident a été provoqué contre X ou Y. Ce qui pourrait être une atteinte sérieuse aux droits de l'homme.

Le dictionnaire LAROUSSE définit la sorcellerie comme la magie qui recourt essentiellement à des procédés secrets, illicites ou effrayants (sorts, sortilèges, envoûtements, messes noires, pactes avec Satan etc). Or le moins que l'on puisse dire c'est que ce phénomène également ne fait pas l'unanimité : tandis que certains

---

[3] EYIKE VIEUX, *Sorcellerie et justice populaire*, Cahiers de la Quinzaine de Yaoundé, n°6, Département de droit canonique, UCAC, 1999, P. 4 et 5.

[4] EYIKE VIEUX, idem, p. 3.

veulent tout ramener à la sorcellerie, d'autres par contre, animés par un esprit purement cartésien, déclarent et soutiennent *mordicus* que la sorcellerie n'existe pas. En fait, ces deux positions extrêmes nous semblent dangereuses et devraient être évitées, comme nous le conseille le Révérend Père Meinrad HEBGA.[5]

L'on pourrait donc légitimement se demander pourquoi ce phénomène fait tant l'objet de débats dans la société camerounaise et pourquoi le législateur a cru devoir édicter des sanctions à cet effet. Autrement dit, la répression judiciaire dans ce domaine précis est-elle justifiée et/ou efficace ?

La sagesse africaine nous enseigne qu'il n'y a pas de fumée sans feu. Aussi, nous a-t-il paru d'abord nécessaire, dans la limite du possible, d'explorer les origines et les manifestations du mal (Section I). Ensuite, il semble utile de présenter les critiques formulées contre les institutions judiciaires face au phénomène de la sorcellerie (Section II). Enfin, il importe d'analyser la complexité et les limites de l'action judiciaire dans ce domaine (Section III).

Section I : Les forces du mal au cœur du débat

Bien que cela ne soit pas si évident, nous parlerons d'abord de ce qui nous semble être les principaux agents du mal avant de voir le lien qui peut exister entre eux et les êtres humains.

I) Polémique autour d'une catégorie d'agents au service d'une cause problématique

L'évocation des agents du mal donne forcément lieu à des controverses inévitables. Néanmoins, on peut dire qu'au moins trois catégories d'agents peuvent être

---

[5] CF. Son journal, *Le Paraclet*, n° 41, avril 2001, P.3.

retenues : les démons, les génies, les mânes ou esprits des défunts.[6]

A) A propos des démons

Ceux qui à un moment ou à un autre les ont expérimentés dans leur vie vous diront que bien qu'étant des esprits, *a priori* invisibles, ils peuvent apparaître sous forme humaine ; qu'ils parlent, se font sentir et ont le pouvoir d'agir sur les hommes, les objets, les événements etc. En plus, ils connaissent nos passions, nos désirs, nos points faibles qu'ils excitent. Ils peuvent même s'ingérer dans nos conflits ou nos maladies pour les amplifier.

En réalité, tout croyant devrait se référer aux Saintes Ecritures pour essayer de comprendre l'origine de ces êtres spéciaux. D'après la tradition chrétienne notamment, Satan et les démons sont les anges déchus après le combat mystérieux dont parle l'Apocalypse. Cette bataille y est présentée en ces termes : « Il y eut un combat dans le ciel ; Michel et ses anges combattirent contre le Dragon, et le Dragon lui aussi combattait avec ses anges, mais ils n'eurent pas le dessus ; il ne se trouva plus de place pour eux dans le ciel… »[7]

Il s'agirait donc des anges qui à la création étaient bons comme tous les autres ; mais qui se seraient par la suite rebellés contre le Créateur ; motif de leur déchéance. Ainsi, s'ils ont été chassés du ciel, où se sont-ils refugiés et que font-ils au quotidien ?

A cet effet, le Père HEBGA écrit : « Le plus souvent, les démons n'agissent sur nous qu'indirectement, en nous suggérant pensées et sentiments conformes à notre nature de créatures charnelles… ils s'insinuent…dans les situations de haine familiale, tribale ou raciale ; dans les

[6] Voir le journal *Le Paraclet*, op. cit., P. 4 et suivantes.
[7] Apocalypse Chap. 12, versets 7 et suivants.

guerres d'extermination dont notre époque offre tant d'exemples en Afrique, en Europe et dans le monde entier ; dans les querelles religieuses qui dégénèrent en haine et guerres de religions (par exemple entre chrétiens et juifs, entre catholiques, protestants et orthodoxes, entre musulmans et chrétiens). »[8]

Il précise également que « les démons ou esprits, ou encore les anges ou principautés et dominateurs sont subordonnés à Satan ou diable, comme ses forces innombrables et même comme une émanation de sa puissance. »[9] En plus, ils, n'agissent jamais seul, mais presque toujours en groupe, car un seul démon serait sans pouvoir réel et sans efficacité. C'est ce que vous dirait la plupart de ceux qui exercent dans le domaine de l'exorcisme. Cette thèse est largement partagée par les auteurs comme Heinrich SCHILLER, Louis BOUYER et bien d'autres.

Manifestement, ces anges déchus, sachant bien le châtiment qui les attend[10], voudraient emporter dans leur perte le maximum de personnes. Cela semble être aussi la mission des mânes.

B) Les mânes ou esprits des défunts

Les mânes sont donc les esprits des morts. Il semble qu'il s'agit des humains dont l'esprit, après la mort continue à rôder autour des personnes vivantes soit pour les protéger ou les aider, soit pour leur nuire. La première catégorie est constituée des esprits appelés "mânes bienveillants", tandis que la seconde catégorie est composée d'esprits dénommés "mânes méchants". Qu'il s'agisse de l'une ou de l'autre catégorie, il y a lieu d'être

---

[8] Meinrad HEBGA, *Le Paraclet*, op. cit., P.4.

[9] Meinrad HEBGA, Idem, P.5.

[10] Selon les Saintes Ecritures, il s'agit de la damnation éternelle.

méfiant, car l'on n'est jamais sûr de connaître dans le détail tous les desseins des mânes dits bienveillants. En effet, le Malin peut se présenter sous plusieurs apparences.[11]

Il faut dire qu'il y a bien longtemps que ces esprits ont été pressentis. Par exemple, Saint Augustin, Evêque d'Hippone, en Afrique du Nord, qui vécut entre le IVe et Ve siècle de notre ère écrit : « Beaucoup assurent avoir expérimenté, ou avoir entendu dire par ceux qui l'avaient expérimenté que les sylvains et les faunes se sont souvent présentés à des femmes et ont consommé l'union avec elles, aussi bien, vouloir le nier paraît de l'imprudence. » En plus, en 1484, dans sa bulle *"Summis Desiderantes"* le Pape Innocent III évoque aussi ce phénomène.[12]

Ce qu'il faut noter c'est que l'action de ces esprits est généralement nocive pour les humains. A cet effet, le père HEBGA écrit : « L'on attribue…. à des mânes méchants plusieurs autres méfaits : la disparition plus ou moins prolongée de vivants, des cécités ou des surdités subites, l'impuissance sexuelle, la frigidité féminine, des douleurs caractéristiques du bas-ventre (pelviagies) avec l'impression de vers ou d'objets de déplaçant à travers le corps, la présence habituelle ou intermittente dans un sorcier, la réincarnation dans un nouveau-né. »[13]

En bref, cette catégorie d'esprits n'occulte pas l'existence d'une autre composée des génies.

C) Les génies : une autre espèce difficile à cerner

De manière laconique, le génie est défini comme esprit ou démon. Cela montre bien l'ampleur de la confusion qui règne dans le domaine des espèces

[11] Cf. Meinrad HEBGA, op. cit., p.6 et 7.
[12] Cf. Mreinrad HEBGA, Idem, P. 6.
[13] Meinrad HEBGA, Ibidem P. 7.

"invisibles" et permet de voir combien il est difficile de démêler les chevaux. Car en réalité, génies ou démons, ils sont tous dotés de pouvoirs extraordinaires ; pouvoirs qu'ils mettent très souvent volontiers au service des humains. Mais à quel prix ?

Ces génies seraient donc une catégorie spéciale d'êtres vivants existant aussi dans la nature ; que les hommes ont pris l'habitude de contacter notamment dans les pays de la côte ouest africaine comme le Bénin, le Togo, la Côte d'Ivoire, sans oublier les autres peuples ayant la culture de l'eau comme à Douala ou à Kribi au Cameroun. C'est ainsi que s'est développée la culture du "Vodun" et du "Mammiwata". Il faut relever que ces génies ne se retrouvent pas seulement dans l'eau.

Notons avec le père HEBGA qu'on peut aussi les retrouver dans la montagne ou en forêt et que la croyance à ces déités n'est pas seulement l'apanage des Africains. On la retrouve aussi dans la littérature grecque, latine, germanique, française, anglo-saxonne etc. [14] D'ailleurs Roy A. ANDERSON en fait tout un développement dans son outrage intitulé : Secrets du Monde Spirite où il présente les manifestations des esprits dans la vie des hommes en occident.

Mais au fond, qu'est-ce qui pourrait justifier ce lien, fût-il "invisible" dans la plupart des cas, entre les humains et le monde des esprits ?

II) Tentatives d'explication des liens entre l'homme et les agents du mal

Plusieurs raisons pourraient expliquer pourquoi les hommes entrent en contact avec les esprits : on peut mentionner entre autres l'entretien des génies de famille,

---

[14] Meinrad HEBGA, Ibidem P. 9.

l'action des sectes pernicieuses, la jalousie, la méchanceté, la recherche effrénée de l'argent et du pouvoir…

A) La question des génies de famille :

Certaines familles en Afrique disent entretenir des liens séculaires avec des esprits, qu'il s'agisse des esprits de la forêt, des esprits de la montagne ou de l'eau. Cela implique que par le passé, un ancêtre soit préalablement entré en contact avec l'esprit concerné, soit pour la protection de la famille de génération en génération, soit pour aider les membres de la famille à affronter avec succès les difficultés de la vie ou encore pour acquérir certains dons, comme celui de guérison par exemple. En contrepartie, la famille doit périodiquement faire des offrandes en guise de sacrifice en l'honneur de cet esprit dit bénéfique. Parfois, des manquements à ce devoir peuvent, dit-on, donner lieu à des conséquences graves pour la famille.

En quoi consistent réellement ces sacrifices ?

C'est à ce niveau que la polémique survient. Officiellement, ceux qui sont ancrés dans ces pratiques déclarent que le sacrifice peut consister par exemple dans l'offrande des parfums, des boissons comme le whisky et autres denrées alimentaires. Mais certains pensent qu'il s'agit tout simplement d'esprits maléfiques, se nourrissant essentiellement du sang humain. Dès lors, d'après cette thèse, les offrandes alléguées consisteraient dans le sacrifice des vies humaines.

En guise d'illustration, le tribunal de première instance de Yokadouma a connu en 2012 une affaire dans laquelle le sieur M. Théodore a été accusé de pratiques de sorcellerie parce qu'il détient trois petites pierres dites mystiques qui l'aident dans ses activités de pêche à capturer beaucoup de poissons. Ses adversaires ont allégué que ces pierres boivent environ dix litres de sang chaque nuit.

En réplique, le mis en cause, M. Théodore a déclaré avoir hérité ces pierres de son feu père, lequel les a reçus de son grand-père. Il a soutenu *mordicus* qu'elles l'aident seulement à pêcher, sans faire du mal ; qu'il les nourrit avec des œufs et non du sang humain. Faute de preuves de pratiques de sorcellerie, le tribunal l'a purement et simplement déclaré non coupable et l'a relaxé pour faits non établis.[15]

La vérité judiciaire n'étant pas la vérité absolue, personne ne peut affirmer de manière catégorique qu'il connaît avec précision ce qui se cache derrière ces pierres. Et si c'était un esprit au service du Malin ? Une autre pratique courante consiste dans l'adoption des totems par des individus. Parfois, dit-on, il s'agit d'un animal représentant un être humain ; le lien entre eux étant tel que si l'on touche à l'animal, la personne concernée en subit les effets, pouvant aller jusqu'à son décès. Tout ceci donne à réfléchir. Pareillement, les sectes font l'objet d'une préoccupation particulière.

B) L'action des sectes pernicieuses

De manière générale, une secte est un groupe de personnes suivant une seule et même doctrine. Dans sa conception courante, l'idée de secte suppose que ce groupe se soit détaché d'une entité originelle ou soit inspiré par celle-ci, à cause d'une divergence de points de vue. Ainsi, « la secte apparaît comme un groupe, habituellement minoritaire, détaché de la communauté mère, et affirmant son autonomie et sa personnalité en

---

[15] Cf. TPI de Yokadouma, Affaire MP c/M. Théodore, jugement n° 337/cor du 20 novembre 2012, inédit.

dehors d'elle », écrit fort opportunément le Père HEBGA.[16]

A l'observation, l'on constate que les sectes ont tendance à exploiter la pauvreté et la misère des populations. A ce titre, le continent africain en général, et le Cameroun en particulier semblent être un terreau fertile. En effet, le rapport principal de l'ECAM 3 (Enquête Camerounaise Auprès des Ménages), sur les conditions de vie des populations et profil de pauvreté au Cameroun, enquête menée en 2007 révèle que 39% de la population camerounaise vit en dessous du seuil de pauvreté, soit environ 7,1 millions de personnes en 2007 ; que le taux de chômage en milieu urbain est de 12,6%, un peu moins en zone rurale et que le sous – emploi touche environ 7 sur 10, soit 69,6% de la population camerounaise. Il faut préciser que le sous-emploi vise à quantifier les actifs qui sont soit en chômage, soit en situation de sous-utilisation sur le marché du travail.

Certains gourous ne cachent pas leur volonté d'amasser des biens matériels dans ce contexte. Par exemple, on attribue à LaFayette Rond Hubbard (1911-1986), fondateur de l'Eglise de Scientologie, les propos suivants : « Si un homme veut gagner un million de dollars, le plus sûr est qu'il crée une religion ». Pourtant ce chef d'église se disait athée, professant à tout vent que Dieu est une invention.[17]

Dans cette optique, les fondateurs de sectes sont prêts à nouer toute forme de pacte, fût-il avec des esprits sataniques ou diaboliques, l'essentiel étant de pouvoir gagner de l'argent. La contrepartie consiste parfois dans des sacrifices divers, pouvant aller jusqu'à la liquidation

[16] Meinrad HEBGA, *Mouvements religieux et sectes à l'assaut de la planète : le cas de l'Afrique*, Yaoundé, AMA-CENC, 2001, P 10.
[17] Cf. Meinrad HEBGA, Idem, P.76.

des vies humaines. Il existe carrément des sectes dites sataniques ou lucifériennes. Ainsi, par exemple, Anton Szandor La Vey est présenté comme le fondateur de la *First Church of Satan* à San Francisco aux Etats unis en 1966. Il a publié trois ouvrages dont l'autorité n'est pas contestée dans ce domaine : *The Satanic Bible, Complete Bitch, The Satanic Rituals.*[18]

Plusieurs sectes dans notre société ne nous semblent pas éloignées de cette philosophie au regard des crimes rituels constamment déplorés. Ceci pourrait également résulter de beaucoup d'autres facteurs.

C) La méchanceté, la recherche effrénée du pouvoir ou de l'argent

Toute concurrence malsaine a très souvent pour corollaire la jalousie, voire la méchanceté. Le drame se joue parfois au niveau des familles, parce qu'on se dit que les enfants de l'autre réussissent mieux à l'école ou dans la vie que les nôtres ; parfois encore au niveau professionnel, parce qu'on estime qu'un collègue a plus de promotions que nous ; parfois aussi au niveau du quartier, du village ou de la ville, parce qu'on ne comprend pas pourquoi X semble plus heureux que nous dans la vie. C'est alors que naît un sentiment de convoitise ou de jalousie qui conduit auprès des spécialistes des ''tradipratiques'' pour freiner des soi-disant « adversaires », les éliminer ou ruiner leurs affaires.

On se demande bien avec quelle force de tels résultats pourraient être atteints ; ou alors s'agit-il d'un simple leurre ? En tout cas, ce qui ne nous semble pas être un leurre c'est ce témoignage d'un jeune, originaire du

---

[18] Cf. Meinrad HEBGA, Ibidem, P. 67.

village Yimbéré[19] qui dans une procédure judiciaire au tribunal de première instance de Banyo en 2008 a avoué avoir été commissionné par son oncle pour enterrer une poudre dans le champ d'un autre oncle pour qu'il n'ait pas une bonne production agricole cette année-là. Dans la même foulée, le mis en cause a déclaré être juste dépositaire des "sacs" traditionnels à lui confiés par son père, notable à la chefferie de Yimbéré. Allez-y comprendre quelque chose.

Par ailleurs, la recherche effrénée de l'argent et du pouvoir poussent nos concitoyens à se lancer dans des activités inimaginables. C'est ainsi que certains se livrent au trafic des organes et ossements humains. Il se dit qu'ils sont achetés à prix d'or. Des auteurs, à l'instar de Charles ATEBA EYENE, pensent que ce trafic nourrit des réseaux bien précis et parfois bien connus.[20] Les victimes se comptent par dizaines, voire par centaines. On en veut pour preuve le scandale des crimes rituels au quartier Mimboman à Yaoundé, où au cours du seul mois de janvier 2013, l'on a enregistré plus de quinze morts : tantôt des jeunes filles violées, puis assassinées et dépouillées de leur organes génitaux ; tantôt un enfant sodomisé, tué et les deux yeux arrachés et emportés. Tout laisse croire que les auteurs ont quelqu'un à satisfaire. Puisque ce n'est pas Dieu, c'est probablement l'Audacieux.

En tout cas, il serait très malaisé de vouloir nier les causes profondes de tous ces phénomènes qui semblent

---

[19] Dans l'Arrondissement de Bankim, Département de Mayo-Banyo, Région de l'Adamaoua, au Cameroun.
[20] Cf. Charles ATEBA EYENE, *Le Cameroun sous la dictature des loges, des sectes, du magico-anal et des réseaux mafieux. De véritables freins contre l'émergence en 2035 (La logique au cœur de la performance),* Yaoundé, Editions Saint Paul, septembre 2012, PP. 215 est s.

difficiles à regrouper sous le modeste vocable de pratiques de sorcellerie au sein du code pénal camerounais ; encore que dans sa conception au sens strict, l'activité judiciaire y afférente a presque toujours fait l'objet de nombreuses critiques. En effet, les autorités judiciaires, celle de police et de gendarmerie ont pour mission d'assurer la paix, l'ordre et la sécurité en société. On ne saurait donc laisser libre cours à tous ceux qui au nom de quelque pacte mystique ou diabolique croient pouvoir sacrifier impunément leurs congénères.

Section II : Critiques formulées contre la justice étatique face au phénomène de la sorcellerie

Nous allons d'abord nous appesantir sur les causes de cette critique avant d'en exposer les manifestations et les conséquences.

I) Les causes de la critique : une réelle dégradation de la côte de confiance

Plusieurs causes peuvent être répertoriées. Mais nous nous pencherons particulièrement sur le sentiment qui semble animer les justiciables relativement au phénomène de la sorcellerie et aussi concernant cette autre gangrène qu'est la corruption.

A) Un sentiment d'échec du système judiciaire face au phénomène de la sorcellerie

Le système judiciaire camerounais, en l'état actuel, présente des limites s'agissant de la sanction des cas de pratiques de sorcellerie. A cet effet, Monsieur EYIKE VIEUX, sans détour, déclare : « Le système répressif mis en place a échoué. »[21] En fait, les attentes des justiciables quant à la répression de la sorcellerie ne semblent pas comblées, à cause d'abord de la complexité même de cette

[21] EYIKE VIEUX, op. cit., P. 3.

matière qui n'est pas à la portée du premier venu. Ensuite, on peut déplorer une certaine imprécision dans la rédaction de certaines infractions et même l'ignorance par le public des mécanismes de fonctionnement de l'appareil judiciaire.[22] Généralement, les justiciables pensent qu'il suffit d'accuser une personne que tout le monde croit être une sorcière dans le village pour qu'elle soit effectivement reconnue telle et déclarée coupable au tribunal. Certes, certains cas sont jugés avec brio, notamment ceux où les mis en cause ont reconnu les faits et les expliquent eux-mêmes pour collaborer à la manifestation de la vérité ; ou encore ceux dans lesquels plusieurs témoins ont aidé le tribunal à fragiliser les dénégations du mis en cause. Mais dans bien des cas, lorsque le prévenu nie les faits et qu'on n'a pas de témoins utiles, le doute s'installe. Or il y a un principe du droit pénal qui dit que : "le doute profite à l'accusé".

Dans ces conditions naît donc un sentiment d'échec de la justice face au problème de la sorcellerie. Ce sentiment est d'ailleurs exacerbé par d'autres motifs, plus ou moins subjectifs.

B) La corruption : une présomption non maîtrisée

Lors d'une enquête que nous avons menée en 2012 dans la ville de Banyo, nous avons posé plusieurs questions aux justiciables ou aux potentiels justiciables. Sur la question suivante : "Que faut-il faire pour améliorer le fonctionnement de la justice au Cameroun ?", plus de 80% des personnes interrogées ont répondu qu'il faut combattre la corruption. C'est-à-dire que la justice n'a pas bonne presse au sein de l'opinion. EYIKE VIEUX semble en faire écho lorsqu'il écrit : « L'institution judiciaire inspire de moins en moins confiance. Ceux qui sont

[22] EYIKE VIEUX, Idem, P. 5 et 6.

appelés à administrer la justice sont, à tort ou à raison, considérés comme des gens de moralité douteuse. On dit des magistrats qu'ils sont corrompus, des avocats qu'ils ont un esprit mercantile, et des officiers de police judiciaire qu'ils sont des "mange-mille". »[23]

Au regard de cette perception, les justiciables ont généralement tendance à croire que le juge n'a pas condamné un présumé sorcier parce qu'on l'a soudoyé. Certes, le mal existe comme nous l'avons signalé ci-dessus. Mais ce serait très malaisé de vouloir réduire toutes les décisions de justice à l'influence de la corruption.

Prenons l'exemple de cette affaire jugée par le tribunal de première instance de Banyo au courant de l'année 2011. Un certain HAMADICKO s'est plaint contre la nommée AMINATOU en lui imputant des faits de pratiques de sorcellerie exercés sur SALAMATOU, BILKISSOU et ZENABOU. Il a précisé que chaque fois que ces dernières rencontrent AMINATOU, elles la voient après en rêve et développent ensuite des crises où on les persécute, parfois on arrache leur cœur. A l'audience ni l'accusateur, ni aucun témoin n'a comparu. Faute de preuve, le tribunal a dû déclarer la prévenue non coupable.[24] Les cas de cette nature sont légion.

En tout état de cause, il convient de relever que la situation ci-dessus décrite a des implications dont l'ampleur commande qu'on s'y penche.

II) les manifestations et les conséquences de la critique : l'exploration de nouvelles pistes

Face à ce que l'on considère comme l'échec de la justice moderne dans la répression des pratiques de sorcellerie au

---

[23] EYIKE VIEUX, Ibidem, P. 3.

[24] Voir TPI de Banyo, jgt n°68/cor du 2 février 2011, inédit.

Cameroun, certains pensent qu'il faut soi-même se rendre justice ou encore se retourner vers la justice traditionnelle.

A) La justice traditionnelle et la justice moderne sur la balance

Dans l'étude que nous avons évoquée plus haut, nous avons également posé la question suivante : « Finalement, quelle justice préférez-vous (entre la justice moderne et la justice traditionnelle) ? »

Parmi les personnes interrogées, 64,30% ont exprimé leur préférence pour la justice moderne, tandis que 35,70% ont marqué leur penchant pour la justice traditionnelle. Ce qui montre bien qu'une franche importante de la population de l'étude opte pour l'application du droit coutumier, malgré le fait que la majorité préfère le droit écrit. En effet, beaucoup de personnes pensent que la justice moderne n'a pas suffisamment d'arguments pour bien réprimer le fléau de la sorcellerie au Cameroun. Pour ce faire, il serait judicieux de faire recours au droit coutumier. L'idée est noble, mais le tribunal de premier degré et le tribunal coutumier où on applique la coutume dans notre système judiciaire n'est pas compétent pour connaître des affaires de sorcellerie ; car celles-ci incombent plutôt au tribunal de première instance, statuant en matière pénale. Or le personnel qui y travaille a parfois du mal à maîtriser ou à comprendre ce phénomène. En plus, les décisions rendues par les chefs traditionnels ou leurs notables dans ce domaine n'ont pas autorité de chose jugée.[25]

---

[25] C'est-à-dire qu'elles ne sont pas reconnues par l'Etat et n'ont donc pas une force contraignante à l'égard du "condamné" qui peut refuser de se soumettre à la sentence ; encore que cette décision ne peut pas l'envoyer en prison.

En tout cas, les auteurs comme François BINGONO BINGONO, anthropologue et expert en communication traditionnelle, pensent également que la justice moderne présente des limites face au phénomène de la sorcellerie. Il estime qu'au regard des critiques aujourd'hui formulées, les tribunaux de droit moderne devraient être assistés des spécialistes de la tradition dans les causes délicates, pour aider à détecter les sorciers pernicieux.[26]

Mais en attendant, il y a lieu de craindre que la vengeance privée prenne le dessus. Ce qui est très grave dans un état de droit.

B) L'expression de la justice populaire :

La justice populaire consiste dans le fait pour les justiciables de se rendre justice eux-mêmes. Elle résulte généralement du défaut de satisfaction par rapport aux institutions légalement établies. Ainsi, s'agissant de la sorcellerie, lorsque les populations ont l'impression que la justice ne fait pas bien son travail, elle se croit en droit de réagir, car elle a « le sentiment de n'être plus du tout protégée. » [27] Malheureusement, des déviances et des dérapages peuvent être déplorés ; encore que l'hypothèse des règlements de compte n'est pas à exclure. Par exemple, dans la plupart des villages, l'inclinaison est de croire que tous les vieux d'un certain âge sont des sorciers. Une telle généralisation nous paraît plutôt très dangereuse ; car même des innocents peuvent être finalement des victimes de ce type de justice où les sanctions sont variées et sans contrôle.

Dans cette optique, EYIKE VIEUX écrit : « Elle se caractérise par des violences physiques, des sévices

---

[26] Cf. Entretien avec François BINGONO BINGONO, le 1er janvier 2012 à Yaoundé.

[27] EYIKE VIEUX, op cit , P. 5.

corporels exercés sur ceux-ci et pouvant aller jusqu'à la suppression de la vie. Ces sanctions sont dites publiques parce que administrées par un public généralement en colère ; mais elles conservent leur caractère privé parce qu'elles ne sont pas appliqués par des juridictions officielles. Elles relèvent donc de la stricte justice populaire. »[28]

A l'évidence, la justice populaire présente des risques certains ; car les droits de la défense y sont complètement ignorés. Et si la personne qu'on liquide ainsi était finalement innocente ? Encore que les preuves de la sorcellerie sont difficiles à rapporter. En 1998, le tribunal de première instance d'Edéa a connu un cas qui illustre fort opportunément ces propos. En effet, il s'agit de l'affaire contre BEKENGUE Emile qui a échappé de justesse à la vindicte populaire. « Ce quadragénaire a été, courant année 1997, ligoté et mis dans une pirogue chargée de grosses pierres par des jeunes gens d'un village de la Sanaga Maritime, qui voulaient le noyer dans les eaux de la Sanaga. C'est grâce à l'un d'entre eux, qui s'est désisté à la dernière minute, qu'il a eu la vie sauve. Prévenu de sorcellerie et placé sous mandat de dépôt, il a été relaxé purement et simplement, le 16 février 1998 par le tribunal de première instance d'Edéa. »[29]

Au regard de tout ce qui précède, il importe de jeter un coup d'œil sur ce qui semble réellement faire problème s'agissant de la répression en justice des pratiques de sorcellerie.

---

[28] EYIKE VIEUX, Idem, P. 2.
[29] EYIKE VIEUX, Ibidem, p. 2.

Section III : Action judiciaire et pratiques de sorcellerie au Cameroun : un cadre complexe et limité

Pour bien comprendre pourquoi l'action de la justice dans ce domaine qu'est la sorcellerie est si décriée, il est nécessaire de mettre en relief les éléments constitutifs de cette infraction avant de nous intéresser à l'application des textes de loi y relatifs sur le plan pratique.

I) Les éléments constitutifs de l'infraction de pratiques de sorcellerie au Cameroun

Pour que la sorcellerie soit considérée comme une infraction, il a fallu que le législateur[30] camerounais l'ait prévue dans une loi. C'est ce qu'on appelle en droit pénal, le principe de la légalité des délits et des peines.[31] Une infraction est un acte ou un comportement répréhensible sanctionné par loi.

Cela dit, en droit pénal spécial, pour qu'une infraction soit réalisée, il faut que trois éléments soient cumulativement réunis : l'élément matériel, l'élément moral ou intentionnel et l'élément légal. Nous allons nous efforcer de ressortir ces différents éléments des termes de l'article 251 du code pénal camerounais qui dispose : « Est puni d'un emprisonnement de deux à dix ans et d'une amende de 5000 à 100.000F celui qui se livre à des pratiques de sorcellerie, magie ou divination susceptibles de troubler l'ordre ou la tranquillité publics, ou de porter atteinte aux personnes, aux biens ou à la fortune d'autrui même sous forme de rétribution. »

---

[30] C'est celui qui crée les lois. Au Cameroun au sens strict, il s'agit du Parlement (Assemblée Nationale et Sénat).

[31] Voir article 17 du code pénal camerounais.

A) L'élément matériel de l'infraction de pratiques de sorcellerie :

Pour que cette l'infraction soit réalisée, il faut qu'il y ait des pratiques dites de sorcellerie, de magie ou de divination comme le prévoient les dispositions de l'article 251 du code pénal susvisées. En plus, il faut que ces pratiques soient susceptibles de troubler l'ordre ou la tranquillité publique, ou de porter atteinte aux personnes, aux biens ou à la fortune d'autrui, même sous forme de rétribution. A ce niveau, quelques précisons terminologiques s'imposent.

La pratique s'oppose à la théorie et renvoie à l'application des règles et principes d'un art ou d'une science. La pratique ou les pratiques supposent donc en principe quelque chose de visible. Pour la sorcellerie, on doit avoir des pratiques ou des actes visibles par tous, susceptibles de porter atteinte aux personnes ou aux biens appartenant à autrui.

Comme nous l'avons mentionné plus haut, la sorcellerie se définit comme une magie qui concourt essentiellement à des procédés secrets, illicites ou effrayants. Ce qui renvoie aux sorts, sortilèges, envoûtements, messes noires, pactes avec Satan etc.

Le professeur Maurice KAMTO quant à lui définit la sorcellerie comme : « le meurtre à distance par le déchaînement des puissances maléfiques, les voyages mystiques à des milliers de kilomètres sans déplacement physique, uniquement grâce à quelques objets rituels sommaires et, disons-le, dérisoires, au moins en apparence. »[32]

---

[32] Cité par EYIKE VIEUX, op. cit, P. 6.

La magie quant à elle peut être définie comme la possibilité de produire, par le biais des procédés mystérieux, secrets, des phénomènes inexplicables.

Par ailleurs, la divination peut être appréhendée au sens du pouvoir de deviner, c'est-à-dire de prédire ce qui doit arriver, bref de prédire l'avenir ou les événements futurs.

L'ordre et la tranquillité publics renvoient à la bonne organisation de la société, à la paix des citoyens. La circulaire explicative du code pénal précise que : « L'ordre est troublé par toutes les infractions à la loi pénale alors que la notion de tranquillité publique est beaucoup plus large. Ainsi, le sorcier qui envoûte un individu au point de le pousser au crime est susceptible de porter atteinte à l'ordre public, alors que celui qui par ces pratiques pousse des individus à abandonner leur village porte atteinte à la tranquillité publique. »[33]

La rétribution est quelque chose qui est faite ou donnée en retour, c'est-à-dire en contrepartie, en guise de salaire ou de rémunération après un travail ou une prestation.

La lumière de ces définitions permet de mieux fixer le cadre de l'élément matériel de l'infraction de pratiques de sorcellerie, même s'il faut préciser que l'élément intentionnel doit également être décelé.

B) L'élément moral ou intentionnel

L'article 74 al 2 du code pénal camerounais dispose : « Est pénalement responsable celui qui volontairement commet les faits caractérisant les éléments constitutifs

[33] Circulaire n°3 DL/1129 du 15 mars 1966 relative à l'application du nouveau code pénal promulgué par la loi n°65/LF/24 du 12 novembre 1965.

d'une infraction avec l'intention que ces faits aient pour conséquence la réalisation de l'infraction. »

Ainsi, pour qu'une infraction soit consommée, il faut que l'auteur ait commis volontairement les faits qui lui sont reprochés. Il ne doit pas avoir été forcé par quelque moyen que ce soit ; pas de contrainte ni morale ni physique. En plus, il doit avoir eu l'intention d'obtenir le résultat atteint par l'acte qui a été posé par lui. Ce résultat ne doit pas avoir été atteint de manière accidentelle ou occasionnelle. C'est-à-dire qu'il ne doit pas être lui-même surpris par le résultat ou la conséquence de son acte.

Pour revenir au cas particulier de la sorcellerie, il faut que l'auteur ou le sorcier ait volontairement fait des pratiques dans l'intention de nuire à autrui, c'est-à-dire pour porter atteinte aux personnes[34], aux biens[35], à l'ordre public ou à la tranquillité publique[36]. Nous pensons d'ailleurs qu'au sens de la loi, même si le résultat n'est pas atteint, l'infraction est bel et bien consommée dès lors qu'il est établi que l'auteur a volontairement commis les faits dans l'intention de nuire. C'est ce que nous croyons comprendre dans le terme "susceptible" utilisé par le législateur dans la rédaction de l'article 251 du code pénal susmentionné. Il suffit donc que le juge détecte l'existence

---

[34] Par exemple pour rendre quelqu'un malade, infirme ou même pour ôter la vie.

[35] C'est le cas notamment des champs qu'on dit être infestés mystiquement pour que la production soit mauvaise, d'un objet qu'on envoie la foudre pour détruire ; ou encore de l'argent que le charlatan extorque à quelqu'un à la suite de ses soi-disant pratiques (c'est la rétribution).

[36] Parfois, on prête à certains sorciers maléfiques le pouvoir de déverser dans une même localité une abondance de bêtes ou de bestioles tels que les cafards, les souris, les chics, les moustiques etc. ce qui ne serait pas propice à l'ordre public ou à la tranquillité publique.

des pratiques, sa volonté et son intention, en plus de l'élément légal.

C) L'élément légal

Dans le monde antique et dans nos sociétés traditionnelles, il a de tout temps existé une réelle volonté d'organiser la vie en société. Ce qui implique la nécessité de sanctionner les sujets déviants en leur infligeant des peines appropriées, pour éviter toutes récidives susceptibles de pourrir la vie communautaire. A cet effet, les souverains étaient investis de pouvoirs exorbitants ; surtout qu'il était presqu'unanimement admis que leur pouvoir vient de dieu.[37] Dans cette logique, Sa Majesté MOHAMAN GABDO YAHYA le lamido de Banyo, dans son ouvrage écrit : « Avant la colonisation, la lamido était le seul garant de la justice et de ce fait, il décidait en premier et dernier ressort. Il était pour ainsi dire juge de droit divin ».[38]

Seulement, avec le temps, on a dû déceler comme des abus, voire des injustices. La nature et les faiblesses humaines aidant, rien ne garantissait que pour une même faute, tous les contrevenants allaient être punis de la même sanction.[39] C'est la raison pour laquelle les penseurs comme CESARE BECCARIA ont milité pour qu'un recueil de comportements répréhensibles et de sanctions afférentes à chaque faute soit élaboré. Ceci pour rendre les sanctions un peu plus objectives et permettre une meilleure lisibilité. Ainsi, chacun pourrait en cas de faute pénale, savoir à peu près à quoi s'attendre comme

---

[37] Cf. Romains Chap. 13, versets 1 et suivants.

[38] MOHAMAN GABDO YAHYA, *Le lamidat de Banyo, épreuves d'hier et défis d'aujourd'hui*, Yaoundé, Afrédit, 2009, P. 100.

[39] Aujourd'hui, une peine est appliquée à X; demain, c'est plutôt une autre qui est appliquée à Y, souvent en fonction des considérations subjectives tels que le rang social, la fortune etc.

sanction. C'est ce qu'on a appelé « le principe de la légalité des délits et des peines ».

Il existe dans l'article 17 du code pénal camerounais en ces termes : « Les peines et les mesures sont fixées par la loi et ne sont prononcées qu'à raison des infractions légalement prévues. » Dans cette optique, tout ce qui n'est pas prévu par le code pénal ou les autres lois pénales en vigueur n'est pas constitutif d'infraction. En d'autres mots, les pratiques de sorcellerie, de magie ou de divination sont considérées comme infraction parce qu'elles ont été prévues par l'article 251 du code pénal. C'est l'élément légal. Toutes autres pratiques mystiques nocives qui ne remplissent pas les conditions prévues par cet article peuvent être reportées à d'autres articles de ce code, s'ils existent. [40] C'est notamment le cas de l'homosexualité qui est réprimée au Cameroun par l'article 347 bis du code pénal.

Cela étant, il importe à présent de lever un pan de voile sur la mise en œuvre des dispositions légales relatives à la sorcellerie au plan pratique au Cameroun. Ce qui ne semble pas être si aisé.

II) L'application de l'article 251 du code pénal : à l'origine de nombreuses controverses

Comme nous l'avons brièvement évoqué plus haut, l'application de l'article 251 du code pénal camerounais n'est pas facile, au regard de la multiplicité et de la diversité des différents cas d'espèce susceptibles d'être rencontrés en pratique. Cette difficulté semble être admise de tous. Ce qui appelle quelques réformes. Mais en attendant, les juges se débrouillent à trouver des solutions

[40] A défaut, les victimes pourraient juste exercer des poursuites sur le plan civil pour solliciter des dommages et intérêts à titre de réparation.

aux affaires à trancher ; pour ne pas être accusés de déni justice.[41]

A) La difficulté pour les praticiens du droit d'établir le lien entre le résultat de la sorcellerie et les causes

Précisons d'emblée que le vocable "sorcellerie "est entendu ici dans son sens le plus large, englobant aussi la magie et toutes les autres pratiques mystiques nocives, susceptibles de porter atteinte à l'ordre public, à la tranquillité publique, aux personnes ou aux biens, même sous forme de rétribution. Ceci pour rester dans le cadre strict de la loi, en référence au principe de la légalité des délits et des peines. N'oublions pas aussi qu'à l'entame de ce travail, nous avons évoqué les agents du mal dont les humains peuvent solliciter le concours pour réaliser leur sorcellerie ou leur magie.

Les praticiens du droit, que sont les magistrats, les greffiers, les avocats, les huissiers de justice, les notaires..., n'étant pas des spécialistes de l'occultisme, c'est là où tout le problème commence. Généralement, les justiciables ont recours à la justice lorsque le résultat de la sorcellerie ou de la magie est en voie d'être atteint ou est même déjà réalisé. La difficulté majeure consiste alors à établir que le décès ou la maladie alléguée résulte des pratiques de telle ou telle personne soupçonnée. Dans bien des cas, le résultat est constaté par tous ; mais les pratiques ne peuvent être démontrées dans leur matérialité. Dans ces conditions, les juges sont très souvent enclins à déclarer le prévenu non coupable. Mais dans d'autres cas, se basant

---

[41] Le déni de justice c'est le fait pour un juge saisi d'une affaire de refuser de se prononcer (voir article 4 du code civil qui dispose : « Le juge qui refusera de juger, sous prétexte du silence, de l'obscurité ou de l'insuffisance de la loi, pourra être poursuivi comme coupable de déni de justice. »

sur quelques éléments accablant, sur leur intuition et leur intime conviction, certains juges n'hésitent pas à condamner les prévenus. [42] Ainsi, d'autres nécessités semblent s'imposer.

B) La nécessité d'une extension ou d'une extrapolation dans certains cas

Le législateur camerounais dans la rédaction des dispositions de l'article 251 du code pénal a fait de la sorcellerie une infraction qualifiée de délit ; à côté des crimes et contraventions.[43] La mise en application de ce délit, comme nous l'avons souligné ci-dessus, est source de beaucoup de problèmes. Ainsi, certains juges pensent qu'à défaut de pouvoir démontrer la matérialité des pratiques alléguées, pour expliquer la sorcellerie, on peut faire appel à son intime conviction pour statuer, au regard des témoignages et autres éléments relevés au cours de

---

[42] Voir par exemple : TPI de Banyo, jgt n°475/cor du 17 décembre 2008, TPI de Banyo, jgt n°387/cor du 9 novembre 2011 ; TPI de Banyo, jgt n°467/cor du 23 décembre 2009 ; TPI de Banyo, jgt n°66/cor du 27 février 2008 ; TPI de Banyo, jgt n°257/cor du 20 octobre 2010 ; TPI de Banyo, jgt n°31/cor du 24 février 2010 ; C.S., Arrêt n°186/AP du 1er avril 1982 ; tous inédits.

[43] En droit pénal camerounais, les infractions sont classées en trois catégories : les crimes, les délits et les contraventions, en fonction des peines prévues par la loi. En effet, l'article 21 al 1 du code pénal dispose : « Les infractions sont classées en crimes, délits et contraventions selon les peines principales qui les sanctionnent :

a) Sont qualifiées crimes, les infractions punies de la peine de mort ou d'une peine privative de liberté dont le maximum est supérieur à dix ans ;

b) Sont qualifiées délits les infractions punies d'une peine privative de liberté ou d'une amende lorsque la peine privative de liberté encourue est supérieure à dix jours et n'excède pas dix ans ou que le maximum l'amende est supérieur à 25.000 francs ;

c) Sont qualifiées contraventions les infractions punies d'un emprisonnement qui ne peut excéder dix jours ou d'une amende qui ne peut excéder 25.0000 francs. »

l'instruction de l'affaire. D'autres par contre estiment que l'on peut faire recours aux autres dispositions du code pénal lorsque les conditions de l'article 251 au sens strict ne sont pas réunies. D'après ce second courant, on pourrait par exemple requalifier les faits de pratiques de sorcellerie en ceux de meurtre ou d'assassinat.

En effet, l'article 275 du code pénal sur le meurtre dispose : « Est puni d'un emprisonnement à vie celui qui cause la mort d'autrui », tandis que l'article 276 du même code, s'agissant de l'assassinat édicte : « Est puni de mort le meurtre commis :

a) avec préméditation,
b) par empoisonnement,
c) pour préparer, faciliter ou exécuter un crime ou un délit…

Avec ces deux articles, on tombe dans la catégorie des crimes si l'on se réfère à l'article 21 ci-dessus visé. En tout cas, pour que cela tienne, il faut au moins qu'il y ait eu mort d'homme par sorcellerie. Si c'est avec préméditation ou par empoisonnement mystique, on pourrait parler d'assassinat. Dans le cas contraire, il s'agirait d'un meurtre.

Seulement, il convient de préciser que cette vision ne semble pas être partagée par tous. Ces débats montrent qu'à l'évidence, la répression judiciaire des pratiques de sorcellerie a besoin d'une réforme en profondeur.

Pour illustrer davantage la difficulté qu'il y a à combattre ce fléau, nous aimerions faire part de cette procédure que nous avons connue en 2012 au tribunal de Banyo en qualité de Juge d'instruction. Dame Y. Mercy est accusée de pratiques de sorcellerie ; elle est dénoncée par 5 (cinq) enfants dont l'âge varie entre 9 et 11 ans. Ceux-ci déclarent qu'elle opère dans le village avec son fils prénommé Honoré ; que chaque nuit, pendant que tout le monde dort, son fils vient les appeler mystiquement. Ils vont rejoindre sa mère et ensemble, ils entrent dans une rivière appelée "Magoun". Là-dedans, ils se retrouvent dans une très belle maison à étages où réside permanemment un vieillard. Parfois, elle les amène dans les champs des gens ; elle se transforme en poisson et mange avec eux des épis de maïs frais. Elle les envoie aussi souvent à la chasse d'où ils ramènent des gibiers que tout le monde mange crus. En plus, elle les envoie gâter les champs et les motocyclettes des gens du village, sans oublier les nombreux décès qu'ils ont causés et la chair humaine qu'ils ont mangée. Les enfants précisent que l'un d'eux, fatigué par tout cela, a voulu s'enfuir de ce monde de l'eau. Dame Y. Mercy, très courroucée, les a lancés à ses trousses pour le rattraper afin qu'il soit puni. Dans sa course, le malheureux est tombé sur un tronc d'arbuste coupé, lequel a transpercé son ventre et est ressorti au dos ; raison pour laquelle il est tombé malade dans la vie réelle.[44]

Malgré les témoignages concordants de ces enfants qui accablent dame Mercy tel que nous le voyons, celle-ci nie obstinément les faits et estime être victime d'une machination des gens du village. Dilemme. Quelle décision pour un tel cas, du moment où les "pratiques" alléguées ne sont pas démontrées dans leur matérialité par les plaignants qui soutiennent avoir perdu leurs biens, des

---

[44] En effet, au cours de l'information judiciaire, nous avons interrogé cet enfant visiblement très malade, le ventre ballonné du fait, dit-il, de sa chute sur un tronc d'arbuste lors de sa course. Son père a déclaré avoir fait plusieurs examens médicaux qui n'ont rien révélé. Il précise s'être finalement rabattu à l'indigène où plusieurs traitants ont essayé sans succès. Vu l'état de santé de cet enfant à cette époque, nous nous demandons s'il est encore vivant à ce jour.

membres de leur famille ou avoir un enfant malade du fait de cette dame ?

Conclusion

Ce travail, nous a permis de faire une incursion dans l'espace ténébreux des forces du mal ; car il nous semble que la sorcellerie ou la magie ne peut être envisagée sans cet aspect, bien que cela ne relève pas de l'évidence. En effet, lorsqu'on lit les témoignages de Emmanuel ENI dans l'ouvrage intitulé : *Délivré des puissances des ténèbres* ou de LISUNGI MBULA dans l'ouvrage de KAPENA CIBWABWA intitulé : *Va à Bethel, Témoignage du Frère Lisungi Mbula, un adepte africain de la haute magie indienne passe des ténèbres de Satan à la lumière de Jésus-Christ*, on s'aperçoit que le monde est dominé par les forces maléfiques qui prennent des formes variées pour perdre l'humanité et entraîner la maximum de personnes dans leur déchéance. Dans cette optique, les termes tels que "le Malin", "L'Audacieux" ne semblent pas être anodins. Il s'agit de se déguiser pour mieux tromper. Les deux "victimes" ci-dessus citées nous montrent comment à cause de leur pauvreté,[45] elles sont été entraînées par d'autres personnes ayant pactisé avec ces forces ; elles se sont elles aussi mises à servir le Mal: elles ont sacrifié des vies, bu du sang humain, mangé de la chair humaine, chargé des talismans dans les cimetières etc. En contrepartie, elles ont eu beaucoup d'argent, beaucoup de biens, des pouvoirs extraordinaires leur permettant de manipuler la volonté des humains, de déplacer des objets à distance, de causer des accidents de circulation etc. Mais un beau jour, toute cette supercherie s'est effondrée. Il serait naïf de penser que toutes ces choses sont étrangères à la société camerounaise, où la

[45] Généralement, dans ce domaine, on exploite la pauvreté et la misère des populations ; car cette situation les rend faibles et vulnérables.

pauvreté aidant, on assiste comme à une course effrénée au pouvoir sous toutes ses formes, à l'argent, bref au bonheur, même à n'importe quel prix.

Ce phénomène n'est d'ailleurs pas nouveau. Déjà en 1965, l'autorité administrative avait commencé à attirer l'attention du Ministère de la justice sur les ravages de la sorcellerie.[46] Dans le même sens, la Jeunesse de l'Union Nationale Camerounaise s'est exprimée dans une lettre adressée au Premier Ministre le 10 juin 1978.[47] La justice a donc essayé de réagir dans le cadre des dispositions législatives en vigueur pour essayer de sécuriser la société camerounaise. Mais nous avons vu que son action demeure à ce jour très critiquée. D'où la nécessité d'une véritable réforme législative devant permettre une meilleure formulation des textes et la prise un compte des phénomènes mystiques nouveaux impliquant une multiplication sans scrupule des crimes rituels dont nos concitoyens sont de plus en plus victimes. D'ailleurs, dans le cadre strict des pratiques de sorcellerie, les choses ne sont pas faciles comme l'illustre cet autre cas. Le 9 juillet 2012, les nommés M.M. Freddy (11 ans), A.N. Libertine (61 ans), M.D. Claire (37 ans), et B. Yvette (45 ans) sont déférés au Parquet d'instance de Yokadouma.[48] Ils sont ensuite présentés au Juge d'instruction que nous sommes à cette date. Sur dénonciation de Freddy, ils ont tous été accusés par leur frère qui a saisi les autorités. Dans sa déclaration, Freddy dit en substance qu'il a eu pitié de son oncle le nommé B. Paul, la victime, qui est très malade.[49]

---

[46] Cf. Lettre du 6 mai 1965 de l'inspecteur fédéral d'administration du Centre-Sud au Ministère de la justice.

[47] Cf. EYIKE VIEUX, op. cit., P. 4.

[48] Dans le Département de la Boumba et Ngoko, Région de l'Est, au Cameroun

[49] Qui ce jour-là était très malade ; affaibli et fatigué ; il n'arrivait pas à s'asseoir et a préféré se coucher à même le sol lorsque nous l'avons

C'est pourquoi il a préféré tout dénoncer, il déclare que sa grand-mère Libertine l'a envoyé une nuit porter mystiquement Paul. Lorsqu'il l'a amené, elle l'a découpé en plusieurs morceaux et ils se sont partagé les parties de son corps. La grand-mère, elle-même, a pris le cœur et la poitrine. Les autres ont commencé à manger leurs parties. Mais la grand-mère lui a dit de lui donner ses morceaux pour qu'elle garde, afin qu'on ne puisse pas les voir à la maison. Il a obtempéré. Freddy conclut en disant que les parties du corps de Paul doivent lui être restituées pour qu'il guérisse. Sinon c'est la mort assurée. Interrogées, les trois autres inculpées nient catégoriquement les faits, estimant que Freddy ment. Toutes les trois sont placées sous mandat de détention provisoire, tandis que Freddy est laissé en liberté au regard de son jeune âge.

Le 8 août 2012, soit un mois après, nous recevons leur frère, plaignant ou dénonciateur, un certain Jacques, lequel nous déclare qu'ils ont rencontré soignant traditionnel qui a dit que pour son traitement, il doit rencontrer les auteurs. Ils sont allés à leur rencontre en prison où les trois lui ont indiqué une herbe qu'il a cueillie et la leur a apportée. Elles ont aspergé quelques goûtes de crachat dessus. C'est grâce à ces herbes que la victime a été guérie. En effet, Paul confirme bien se sentir et peut désormais s'assoir. Le traitant, le nommé A. Jean Paul nous déclare que les crachats aspergés symbolisent la remise par les inculpées du sang qu'elles ont consommé. En effet, Freddy nous dit ce même jour, qu'ils sont au nombre de sept dans le groupe et avaient l'habitude de se transformer en moustiques pour aller sucer le sang des victimes. On se pose donc la question de savoir si après avoir sucé le sang de Paul, ils avaient pris la résolution de consommer sa

---

reçu dans notre bureau. Il affirme avoir fait plusieurs hôpitaux sans solution.

chair. Cette chair lui a-t-elle été remise ? Comment a-t-il alors recouvré la guérison ? Mystère des mystères.

En tout cas, nous pensons que l'Afrique en général et le Cameroun en particulier n'a pas besoin de voir ses enfants être autant décimés, car c'est une atteinte grave aux droits de l'homme. Il est plus que jamais urgent de réfléchir sur des choses sérieuses pouvant favoriser notre développement. En effet, le monde est dans une dynamique où tout va très vite. Nous ne devons donc pas rester toujours à la traîne. On doit bannir de nos cultures et de nos comportements tout ce qu'il y a de négatif et en tirer ce qui est positif pour le bien-être de tous.

ANNEXE N° I :

COUR D'APPEL DE L'ADAMAOUA

TRIBUNAL DE PREMIERE

INSTANCE DE BANYO

Jugement N° 467/ COR

DU 23 DECEMBRE 2009

AFFAIRE MINISTERE PUBLIC

Contre :

P1/ ABDOULAHI BELLO

P2/ NANA HAMADICKO

Nature du délit : Pratiques de sorcellerie

LE TRIBUNAL :

Vu les pièces du dossier de la procédure ;

Vu la loi n°2005/007 du 27 juillet 2005 portant code de procédure pénale ;

Vu la loi n°2006/015 du 29 décembre 2006 portant organisation judiciaire ;

Attendu que suivant procès-verbaux d'interrogatoire au Parquet en cas de fragrant délit du 30 juin 2009 ; Abdoullahi Bello est traduit devant le Tribunal de première Instance de céans, statuant en matière correctionnelle, pour y répondre de la prévention de s'être à Banyo, ressort judiciaire de Banyo, le 26 juin 2009, en tout cas dans le temps légal des poursuites, livré à des pratiques de sorcellerie, magie ou divination susceptibles de troubler l'ordre public ou porter atteinte aux personnes, notamment en faisant rétrécir le sexe du sieur NANA Hamadicko ;

Que ces faits sont prévus et réprimés par les articles 74 et 251 du code pénal ;

Attendu que les parties ne comparaissent pas bien que régulièrement et personnellement avisées de la date d'audience ;

Qu'il y a lieu de statuer contradictoirement à leur égard ;

Attendu que requérant, le Ministère public, après avoir rappelé les faits, a estimé que la victime n'a jamais daigné comparaître pour exposer en quoi ont consisté les pratiques de sorcellerie avant de conclure à la relaxe du prévenu ;

Attendu que s'il est constant que dans la journée du 26 juin 2009, une rumeur persistante faisant état de ce que le prévenu avait fait rétrécir le sexe de la partie civile a circulé dans la ville de Banyo, il demeure établi que ladite victime n'a jamais cru devoir comparaître pour confirmer la véracité des faits et dire en quoi ont consisté les agissements du prévenu dans la survenance des faits déplorés ;

Que cette non comparution doit s'analyser en une absence d'arguments valables pour soutenir son action ;

Que dans ces conditions il y a lieu de déclarer Abdoullahi Bello non coupable des faits non établis ;

Attendu qu'il y a lieu de mettre les dépens à la charge du Trésor public ;

PAR CES MOTIFS :

Statuant publiquement, contradictoirement, en matière correctionnelle et en premier ressort ;

Déclare Abdoullahi Bello non coupable de pratiques de sorcellerie ; le relaxe de ce chef au bénéfice du doute ;

Met les dépens liquidés à 32.500F à la charge du trésor public ;

Avise les parties de ce qu'elles disposent de 10 jours pour relever appel ;

En foi de quoi le présent jugement a été signé par Monsieur le Président et le Greffier approuvant……… lignes et…………. Mots rayés nuls………..renvois en marges bons. /-

Le Président : **Le Greffier :**

<u>ANNEXE N° II</u> :

COUR D'APPEL DE L'ADAMAOUA

TRIBUNAL DE PREMIERE INSTANCE DE BANYO

Jugement N°475/cor du 17 décembre 2008

AFFAIRE Ministère public et MBATOURT Jeannot :

<u>Contre</u> :

1. MVEINKIMI ISSAH

2. DJIMBREUR ABOUBAKAR

Nature du délit : coaction de pratiques de sorcellerie

LE TRIBUNAL :

Vu les pièces du dossier de procédure ;

Vu la loi N°2005/007 du 27 juillet 2005 portant code de procédure pénale ;

Vu la loi N°2006/015 du 29 décembre 2006 portant organisation judiciaire ;

Et après en avoir délibéré conformément à la loi ;

Attendu que suivant ordonnance du 28 septembre 2008 du juge d'instruction de céans, MVEINKIMI ISSAH et DJIMBREUR ABOUBAKAR sont renvoyés devant le tribunal de première instance de Banyo, siégeant en matière correctionnelle, pour être jugés sur les faits de s'être à Yimbéré, ressort judiciaire dudit Tribunal, courant année 2008, en tout cas dans le temps légal des poursuites, ensemble et de commun accord, livrés à des pratiques de sorcellerie, magie ou divination susceptibles de troubler l'ordre ou la tranquillité publics, ou de porter atteinte aux personnes, aux biens ou à la fortune d'autrui même sous formes de rétribution, notamment en détruisant mystiquement les cultures des nommés MBONWA, NGANG Etienne, MBODONG Michel et SITO Josué, puis planifier le décès du chef dudit village et MBONWA Jérémie par des moyens occultes ;

Délit prévu et réprimé par les articles 74, 96 et 251 du code pénal dont lecture a été donnée à l'audience par le président ;

Attendu que toutes les parties comparaissent ;

Qu'il échet de statuer de statuer contradictoirement à leur égard ;

Attendu qu'identifiés et notifiés des faits de la cause, les prévenus optent de plaider non coupables ;

Que les débats sont ouverts par l'audition des témoins du ministère public ;

Attendu que lors de son *« examination in chief »*, MBATOURT Jeannot expose qu'en date du 23 juillet 2008, son sujet NGNIBI Ambroise lui a présenté quatre (4) produits différents en révélant que c'est DJINBREUR ABOUBAKAR qui les a fournis en lui enseignant comment les utiliser pour tuer des personnes ou détruire leurs plantations ;

Qu'il précise que son interlocuteur lui a indiqué avec exemple à l'appui le mode d'utilisation de ces fétiches et les cultures bannies par le susnommé qui par ailleurs a fixé la date du décès de son frère MBONWA Jérémie à l'an 2011, puis planifié la prise de la chefferie par l'élimination mystique du chef actuel ;

Que pour terminer, ce témoin ajoute qu'interpellé et conduit à la brigade de gendarmerie, ABOUBAKAR a avoué les faits en indiquant la provenance des produits maléfiques dont un sac détenu par MVEINKIMI ISSAH, son premier notable qui convoitait déjà son trône ;

Attendu que déposant, NGNIBI Ambroise fait sienne les susdites déclarations en précisant que ABOUBAKAR ne lui a pas donné vue d'une personne qu'il a tuée, néanmoins icelui lui a enseigné que pour causer la mort ou une maladie à l'adversaire, l'on mâche le produit sous forme d'une gousse d'ail et appelle le nom de l'intéressé qui, une fois qu'il répond, attrape le paludisme jusqu'à ce que mort s'en suive ;

Que quant à la poudre, il suffit de l'enterrer dans le champ d'autrui comme ça a été le cas pour MBONWA Jérémie, NGANG Etienne et d'autres ;

Attendu que témoignant, les victimes susnommées ont repris la description des faits tels que dessus spécifiés en exprimant leur étonnement sur la dégradation de leurs cultures au cours de cette année 2008 ;

Attendu que requérant à ce stade du procès, le Ministère public soutient que le témoignage concordant ci-dessus recueilli renseigne densément sur les éléments constitutifs du délit de pratiques de sorcellerie en coaction des articles 74, 96 et 251 du code pénal, objet de la poursuite ;

Que dans ces conditions, les prévenus doivent présenter leur défense conformément à l'article 366 du code de procédure pénale ;

Attendu que présentant leur défense, les prévenus ont clamé leur innocence en s'appuyant sur des argumentations différentes ;

Attendu que MVEINKIMI ISSAH explique être le gardien de la tradition Kwandja, raison pour laquelle il a été trouvé chez lui des fétiches traditionnels servant au jugement et à la turbanisation du chef ;

Qu'en plus, certains sont destinés au blindage contre les missiles mystiques et les mauvais esprits et non à faire le mal ;

Attendu que DJIMBREUR ABOUBAKAR allègue n'avoir rien donné comme produits maléfiques à NGNIBI Ambroise ;

Que les effets saisis en sa possession sont des remèdes reçus de son père pour lutter contre les mauvais esprits et pour empêcher le vent de détruire ses champs ;

Attendu que requérant, le Ministère public soutient que les faits de la cause relèvent d'une tragédie familiale et sociale, de sorte que les auteurs de ces pratiques occultes doivent être extirpés de la société par leur condamnation ;

Attendu qu'il est acquis des débats et des pièces du dossier que les prévenues ont fait usage de fétiches pour endommager les cultures des habitants de leur localité et occasionner des maladies aux citoyens ;

Que ces pratiques rejoignent les prévisions de l'article 251 du code pénal ;

Qu'il est également acquis que la connivence de ces prévenus au sens de l'article 96 du même code est évidente, du moment où c'est le père qui approvisionne le fils ;

Que dès lors il y a lieu de les retenir dans les liens de la prévention et ordonner la destruction des objets sous scellé ;

Attendu que les victimes ont déclaré ne pas se constituer parties civiles ;

Qu'il y a lieu de leur en donner acte ;

Attendu que la partie qui succombe est condamnée aux dépens ;

PAR CES MOTIFS :

Statuant publiquement ; contradictoirement ; en matière correctionnelle et en premier ressort ; après en avoir délibéré conformément à la loi ;

Déclare MVEINKIMI ISSAH et DJIMBREUR ABOUBAKAR coupables de pratiques de sorcellerie en coaction, délit prévu et réprimé par les articles 74, 96 et 251 du code pénal ;

Les condamne à 3 ans d'emprisonnement et à 10.000F d'amende chacun ;

Les condamne en outre *in solidum* au remboursement des dépens liquidés à la somme de 51.500F CFA ;

Fixe la durée de la contrainte par corps à 6 mois et décerne contre eux mandats d'incarcération à l'audience ;

Informe les parties des délais des voies de recours ;

Donne acte aux victimes de ce qu'elles ne se constituent pas parties civiles ;

Ordonne la destruction du scellé constitué de fétiches ;

En foi de quoi le présent jugement a été par le président et le Greffier approuvant lignes et…………….. Mots rayés nuls……………

Le Président : **Le Greffier :**

Textes indicatifs

- Déclaration des droits de l'homme et du citoyen du 26 août 1789 ;
- Déclaration universelle des droits de l'homme du 10 décembre 1948 ;
- Convention européenne de sauvegarde des droits de l'homme et des libertés fondamentales du 4 novembre 1950 ;
- Code d'instruction criminelle ;
- Code pénal camerounais (lois N°65-LF-24 du 12 novembre 1965 et 67 –LF-1 du 12 juin 1967) ;
- Pacte international relatif aux droits civils et politiques du 16 décembre 1966 ;
- Décret N°69/DF/544 du 19 décembre 1969 fixant l'organisation judiciaire et la procédure devant les juridictions traditionnelles du Cameroun oriental ;
- Charte africaine des droits de l'homme et des peuples du 28 juin 1981 ;
- Loi n° 2007/007 du 27 juillet 2005 portant code de procédure pénale ;
- Loi N°2006/015 du 29 décembre 2006 portant organisation judiciaire, modifiée et complétée par la loi n° 2011/027 du 14 décembre 2011.

Bibliographie

1) ATEBA EYENE, Charles, *Le Cameroun sous la dictature des loges, du magico-anal et des réseaux mafieux. De véritables freins contre l'émergence en 2035 (La logique au cœur de la performance)*, Yaoundé, Editions saint Paul, septembre 2012, 381 pages.

2) CASTERMAN, Jean-Benoît, *Libéré de la Sorcellerie et des Marabouts*, Douala, MACACOS, 2002, 98 pages.

3) CASTERMAN, Jean-Benoît, *Bonne nouvelle sur l'argent*, Douala, MACACOS, 2005, 66 pages.

2) CORNU, Gérard, *Vocabulaire juridique*, Paris, PUF, 2003, 4e édition, 951 pages.

3) ENI, Emmanuel, *Délivré des puissances des ténèbres*, Ibadan, scripture-union (Nigéria) press and book Lld 1987, traduction française, Imprimerie Evangélique, Ngaoundéré, 1991, 54 pages.

4) EYIKE VIEUX, *Sorcellerie et justice populaire*, Cahiers de la Quinzaine de Yaoundé n°6, Département de droit canonique, UCAC, 1999, 12 pages.

5) HEBGA, Meinrad, *Le Paraclet*, n°41, avril 2001, 23 pages.

6) HEBGA, Meinrad, *Mouvements religieux et sectes à l'assaut de la planète : le cas de l'Afrique*, Yaoundé, AMA-CENC, 2001, 109 pages.

7) KAPENA CIBWABWA, *Va à Bethel, Témoignage du Frère Lisungi Mbula, un adepte Africain de la haute magie indienne passe des ténèbres de Satan à la lumière de Jésus-Christ*, Codognan, Editions Paroles de Vie, 160 pages.

8) *La BIBLE DE JERUSALEM*, Les Editions du Cerf, 2001, 1889 pages.

9) MOHAMAN GABDO YAHYA, *Le lamidat de Banyo, épreuves d'hier et défis d'aujourd'hui*, Yaoundé, Afrédit, 2009, 251pages.

10) ROY ALLAN ANDERSON, *Secrets du Monde Spirite*, Traduction, Yaoundé, presses offset, 93 pages.

11) SEVE, René, « Les libertés et droits fondamentaux et la philosophie », in *Libertés et droits fondamentaux*, Paris, Dalloz, 17e Edition, 2011, PP.27-33.

Cinquième partie

LE DROIT A LA JUSTICE : UN DEVOIR COLLECTIF ET UNE RESPONSABILITE COMMUNE

Introduction

L'idée de justice constitue à elle seule une véritable fascination en même temps qu'elle peut donner lieu à de nombreuses controverses. Encore qu'au cours des siècles, elle a pu revêtir des conceptions multiples, aussi variées les unes que les autres, visant par dessus tout le rétablissement de l'équilibre rompu dans les relations entre les êtres humains.

Déjà du temps de Moïse, les Saintes Ecritures, notamment dans l'Ancien Testament, présentent une justice guidée par la loi du talion : « œil pour œil, dent pour dent, pied pour pied, brûlure pour brûlure, meurtrissure pour meurtrissure, plaie pour plaie »[1]. Dans cette acception, le mot latin *« talio »* (talion en français) a été élaboré à partir du démonstratif *« talis »* signifiant « tel » et impliquant que si l'on fait subir un tort ou un dommage à autrui, on contracte une dette, c'est-à-dire que l'on doit subir un tort équivalent au tort causé. Or la difficulté qui n'est pas des moindres consisterait justement à faire subir à une personne exactement dans les mêmes proportions le dommage qu'elle aurait causé à autrui, ni plus ni moins. Dans ce cas, le risque est bien grand de tomber plutôt dans l'injustice. Surtout que l'éthique et la morale s'accommodent mal d'une justice inspirée de la vengeance. Heureusement, ces dangers ont été très vite perçus par les rabbins, lesquels utilisant la méthode du *« Talmud »* ont préconisé que les dommages causés soient réparés en argent par une peine d'amende. Celle-ci devant être déterminée par des personnes (autorités) habilitées.

Tout cela dénote, à n'en point douter, la complexité de la notion même de justice. Sur un plan purement théorique, cette dernière est la vertu morale qui réside dans

[1] Voir exode 21, 24-25

la reconnaissance et le respect des droits d'autrui. En bref, c'est le pouvoir de dire le droit, consistant dans le respect de l'équité, des droits de chacun. Sur le plan structurel, le terme « justice » désigne l'institution chargé d'exercer ce pouvoir : les tribunaux et les Cours notamment[2].

Selon le catéchisme de l'Eglise catholique : « la justice est la vertu morale qui consiste dans la constante et ferme volonté de donner à Dieu et au prochain ce qui leur est dû… Envers les hommes, elle dispose à respecter les droits de chacun et à établir dans les relations humaines l'harmonie qui promeut l'équité à l'égard des personnes et du bien commun. »[3]. Car en réalité, la fin ultime de la justice est de rétablir l'harmonie, la concorde et la paix entre les différents membres de la société. En effet, le « contrat social » d'après Jean-Jacques ROUSSEAU suppose que chacun renonce à sa volonté pour se soumettre à la volonté générale, laquelle s'exprime à travers les lois votées par le peuple et appliquées par des autorités compétentes, les magistrats en occurrence.

Pour le cas particulier du Cameroun, la constitution du 18 janvier 1996 dispose en son article 37 alinéa 2 que : « Le pouvoir judiciaire est exercé par la Cour Suprême, les Cours d'Appel et les Tribunaux. » En clair, il s'agit-là des instances constitutionnellement chargées de rendre justice au Cameroun, donc d'appliquer les lois et règlements de la République en vue de faire respecter les droits de chacun et de tous, condition *sine qua non* au maintien de l'équilibre social.

---

[2] Cf. *Dictionnaire Hachette encyclopédique de poche*, Ed. 1993 et *Lexique de termes juridiques*, 8e édition, Paris Dalloz 1990.

[3] *Catéchisme de l'Eglise catholique*, Centrurion / cerf / Fleurus – Mame / librairie éditrice vaticane, Paris 1998, n° 1807, P. 450 et 451.

Seulement, il importe de relever à ce niveau que la vérité judiciaire[4] ne saurait être assimilée à la vérité absolue. Certes dans certains cas, il peut arriver que ces deux vérités se confondent ; ce qui ne permet pas pour autant d'occulter les risques d'erreurs judiciaires, car le juge n'étant qu'un être humain peut se tromper ou être induit en erreur en fonction des intérêts en jeu dans un procès. Ainsi, doit-il être tenu pour unique responsable de la décision de justice intervenue ? Eu égard aux limites naturelles et aux manquements ci-dessus mentionnés, quelle serait la part de responsabilité de chacun de nous dans la mise en œuvre de la justice ? Autrement dit, le juge, sans l'apport des autres protagonistes sociaux, peut-il rendre une saine justice ? En d'autres termes, en quoi le concours des différents membres de la société peut-il favoriser l'idéal de justice ?

Il y a lieu de rappeler ici que le droit à la justice est un droit fondamental de la personne humaine élaboré par la jurisprudence, notamment celle de la Cour européenne des droits de l'homme de Strasbourg à partir du droit de recours aux tribunaux, prévu par l'article 6 de la convention européenne de sauvegarde des droits de l'homme et des libertés fondamentales. Ce droit de recours est également prévu par l'article 10 de la Déclaration universelle des droits de l'homme et l'article 7 de la Charte africaine des droits de l'homme et des peuples.

De prime abord et en principe, le juge assume seul la responsabilité de la décision qu'il rend. Mais fondamentalement, cette responsabilité repose également et très souvent sur les autres intervenants. Encore que par une attitude passive, l'on peut pareillement assumer une

[4] C'est-à-dire celle établie par le juge au terme de ses investigations (ou instruction).

parcelle de cette même responsabilité. D'où l'idée de coresponsabilité.

En somme, il conviendrait de dire que l'action des autorités judiciaires et des auxiliaires de la justice restent le plus souvent limitée dans la recherche de la vérité (Section I).C'est pourquoi une intervention des autres acteurs sociaux est nécessaire pour une administration efficiente de la justice (Section II). Aussi, pour cerner autant que faire se peut cette réalité, la présente étude puisera-t-elle ses éléments aussi bien dans le fonctionnement de la justice pénale que dans celui de la justice non répressive au Cameroun[5].

Section I : Les limites du rôle des autorités judiciaires et des auxiliaires de la justice dans la recherche de la vérité

Comme nous l'avons relevé ci-dessus, la mission de rendre justice au Cameroun incombe en premier lieu au pouvoir judiciaire incarné par la Cour Suprême, les Cours d'Appel et les Tribunaux. Mais il convient de signaler que dans cette optique, une franche collaboration avec les officiers de police judiciaire est nécessaire (I) autant qu'une réelle contribution des auxiliaires de justice (II).

I) Une franche collaboration est nécessaire entre les officiers de police judiciaire et les autorités judiciaires

L'utilité de la police judiciaire (A) pour l'action du magistrat dans l'administration de la justice (B) n'est plus à démontrer. Toutefois, il importe d'en dire quelques

[5] La justice rendue en matière pénale ou répressive implique en cas de culpabilité du mis en cause une peine d'emprisonnement et/ou d'amende ; alors qu'en matière non répressive (c'est-à-dire civile, sociale, commerciale ou de droit coutumier), elle tend à faire respecter les droits de chacun sans nécessairement recourir à une peine (amende ou emprisonnement).

mots ; non sans relever la place des Greffiers dans l'accomplissement de l'œuvre de justice(C).

A) L'utilité de la police judiciaire

L'article 8 du code d'instruction criminelle, en vigueur au Cameroun jusqu'au 31 décembre 2006, disposait que la police judiciaire recherche les crimes, les délits et les contraventions, en rassemble les preuves et en livre les auteurs aux tribunaux chargés de les punir[6]. Ce code a été remplacé par le code de procédure pénale dont l'article 82 est ainsi libellé :

«La police judiciaire est chargée :

a) de constater les infractions, d'en rassembler les preuves, d'en rechercher les auteurs et complices et, le cas échéant de les déférer au Parquet ;
b) d'exécuter les commissions rogatoires des autorités judiciaires ;
c) de notifier les actes de justice ;
d) d'exécuter les mandats et décisions de justice. »

Il convient de préciser ici que la commission rogatoire consiste dans le fait pour un Juge d'instruction, un tribunal ou une cour de demander à un OPJ d'accomplir un acte précis en ses lieu et place. Il peut s'agir par exemple de l'audition d'un témoin ou d'une partie, d'un interrogatoire ou de rechercher et fournir certains renseignements.

---

[6] Ces dispositions ont été reprises par l'article 83 du décret n° 60/280 du 31 décembre 1960 sur le service de la gendarmerie, modifié par les décrets n° 63/DF/3 du 08 janvier 1963 et n° 67/DF/75 du 21 février 1967.

NB : Par officier de police judiciaire (O.P.J), il faut entendre ici les autorités de la police et de la gendarmerie, mais aussi les fonctionnaires et agents de certaines administrations ayant la qualité d'O.P.J.

Quant à la notification des actes, il peut s'agir de servir les convocations aux parties ou aux témoins, ou de les informer de l'existence de certains actes judiciaires.

S'agissant des mandats de justice, des articles 11 et suivants du code de procédure pénale, il ressort qu'il existe plusieurs types de mandat : le mandat de comparution, le mandat d'amener, le mandat d'arrêt, le mandat de détention provisoire, le mandat de perquisition et le mandat d'extraction[7].

La définition de la notion d'officier de police judiciaire au sens large inclut les magistrats du Parquet[8] et les Juges d'instruction. Or dans sa conception stricte et la plus courante, elle se réduit à une catégorie bien précise. Ainsi, l'article 79 du CPP dispose :

---

[7] **Article 13 du CPP** : Le mandat de comparution met la personne concernée en demeure de se présenter devant son signataire, aux date et heure indiquées.
Article 14 du CPP : Le mandat d'amener est l'ordre donné aux OPJ de conduire immédiatement devant son auteur, la personne y désignée.
Article 15 du CPP : Le mandat de détention provisoire est l'ordre donné par le Procureur de la République en cas de crime ou délit flagrant, le Juge d'instruction ou la juridiction de jugement, au régisseur d'une prison, de recevoir et de détenir l'inculpé ou l'accusé.
Article 16 du CPP : Le mandat de perquisition est l'ordre donné à l'OPJ par le PR , le J I ou la juridiction de jugement de pénétrer dans tout lieu public ou privé, de le fouiller aux fins de rechercher et de saisir tous objets ou documents qui ont servi à la commission d'une infraction ou qui apparaissent comme le produit d'une infraction.
Article 17 du CPP : Le mandat d'extraction est l'ordre donné au régisseur d'une prison par une autorité judiciaire de faire conduire soit devant elle, soit à l'audience, un inculpé, un prévenu, un accusé ou un condamné.
Article 18 du CPP : Le mandat d'arrêt est l'ordre donné à un OPJ de rechercher un inculpé, un prévenu, un accusé ou un condamné et de le conduire devant une autorité judiciaire.

[8] Il s'agit du Procureur de la république et ses Substituts ; du Procureur Général, les Avocats généraux et les Substituts généraux.

«Ont la qualité d'officier de police judiciaire :

a) les officiers et sous-officiers de la gendarmerie ;
b) les gendarmes chargés même par intérim, d'une brigade ou d'un poste de gendarmerie ;
c) les commissaires de police ;
d) les officiers de police ;
e) les gendarmes et inspecteurs de police ayant satisfait à un examen d'officier de police judiciaire et ayant prêté serment ;
f) les fonctionnaires exerçant même par intérim les fonctions de chef d'un service extérieur de la Sûreté Nationale. »

Ce texte est complété par l'article 80 du même code qui prévoit : « Les fonctionnaires et agents des administrations et services publics auxquels des textes spéciaux attribuent certaines compétences de police judiciaire, les exercent dans les conditions et limites fixées par ces textes.» Il s'agit notamment des fonctionnaires des eaux et forêts, de ceux du ministère du commerce etc.

Concrètement, les OPJ mènent les enquêtes qui s'achèvent par l'établissement d'un procès-verbal où toutes les auditions et investigations sont consignées. Par la suite, les suspects pourraient être traduits devant un tribunal par le Procureur de la république ou par le Juge d'instruction. En fait, le procès-verbal de l' OPJ est d'abord transmis au Procureur de la république qui peut décider, selon les cas, d'envoyer le suspect directement devant le tribunal, s'il s'agit d'une affaire correctionnelle ou de simple police, ou devant le Juge d'instruction s'il s'agit d'une affaire concernant un mineur ou d'une affaire criminelle. Dans ce dernier cas, le Juge d'instruction ouvrira une information judiciaire pour procéder en quelque sorte à une deuxième enquête[9].

Hormis les cas d'ouverture d'une information judiciaire, cette décision est généralement prise sur la base du procès-verbal d'enquête établi par les OPJ et indiquant les indices relevés. C'est le cas notamment des poursuites par voie de flagrant délit ou de citation directe à l'initiative du parquet. Par ailleurs, ce même procès-verbal constitue une pièce essentielle du dossier d'information judiciaire et même du dossier de procédure devant le tribunal. C'est dire en définitive que les OPJ devraient à leur niveau bien remplir leur mission, car un procès verbal dénaturant sciemment ou non les faits relevés pourrait égarer le magistrat ou le conduire sur une mauvaise piste, l'éloignant ainsi de la vérité. Ainsi, un délinquant pourrait être relaxé et inversement, un innocent pourrait être condamné ; même s'il est vrai que le magistrat conserve toujours une certaine marge de manœuvre dans son action, quant à l'appréciation des faits soumis à son attention.

B) L'action du magistrat dans l'administration de la justice :

Dans l'accomplissement de leurs missions, les magistrats relèvent soit du Parquet, soit du Siège comme le soulignent les articles 14, 17 et 20 de la loi n° 2006/015 du 29 décembre 2006 susvisée.

Les magistrats du Parquet sont :

- Au niveau Tribunal de première instance ou du Tribunal de grande instance : le Procureur de la république et les Substituts ;
- Au niveau du Parquet Général près la Cour d'Appel ou près la Cour Suprême : le Procureur Général, les

[9] Cf. EYIKE VIEUX, *Code d'instruction criminelle et pratique judiciaire camerounaise*, P.U.A., 1999, P.28 et suivantes.

Avocats généraux (magistrats de 4e grade), les Substituts généraux (magistrats de 3e grade) et les Attachés au Parquet Général (magistrat de 2è grade).

Les Attachés se trouvent exclusivement au Parquet Général près la Cour d'Appel. Il y a un lien de subordination hiérarchique entre les magistrats du Parquet d'instance et ceux du Parquet Général près la Cour d'Appel du même ressort ; le Parquet Général près la Cour Suprême étant uniquement subordonné au Ministre de la Justice Garde des Sceaux. Tous ces magistrats du Parquet forment avec le ministère de la justice ce qu'on appelle le ministère public.

Par ailleurs, les magistrats du Siège sont :

- Au niveau du Tribunal de première instance et du Tribunal de grande instance : le Président du Tribunal, les Juges et les Juges d'instruction ;
- Au niveau de la Cour d'Appel : le Président de la Cour, les vice-présidents (magistrats de 4è grade) et les conseillers (magistrats de « 3è grade) ;
- Au niveau de la Cour Suprême : le Premier Président de la Cour, les vice-présidents et les conseillers.

Qu'ils soient au Parquet ou au siège, les magistrats doivent en principe rechercher la vérité. C'est notamment le cas en matière pénale ou en matière non répressive.

En matière pénale par exemple, l'article 25 alinéa 1er de la loi n° 2006/015 du 29 décembre 2006 portant organisation judiciaire de l'Etat, modifiée et complétée par la loi n° 2011/027 du 14 décembre 2011 prévoit que l'information judiciaire est obligatoire pour les crimes et facultative pour les délits et les contraventions[10]. Cette

[10] Voir Article 21 du code pénal : « Les infractions sont classées en crimes, délits et contraventions selon les peines principales qui les sanctionnent :

faculté devient une nécessité lorsque les délits et contraventions connexes présentent une certaine complexité ou concerne des mineurs, c'est-à-dire des personnes âgées de mois de 18 ans. En fait, au cours de l'instruction judiciaire, le Juge d'instruction interroge l'inculpé ou les inculpés, il entend la victime et les témoins éventuels etc. Bref, il mène ses propres investigations, opérant comme une sorte de « tamis »[11] pour rassembler les charges lui permettant de croire que, selon toute vraisemblance, la personne inculpée serait l'auteur des faits imputés. C'est sur ce qu'il décidera de son renvoi ou non devant le tribunal.

Pareillement, le juge [12] doit à son tour instruire les affaires dont il est saisi. En matière non répressive -civile, commerciale et sociale- il statuera le plus souvent sur la base des conclusions écrites versées au dossier par les différentes parties au procès en audience publique. En matière pénale, l'instruction est également menée publiquement par des débats contradictoires à l'audience, sans oublier le recours qui peut être fait à certaines personnes qualifiées tels que les experts pouvant éclairer la justice. Il importe de préciser que le Greffier pour sa

---

a) Sont qualifiés crimes les infractions punies de la peine de mort ou d'une peine privative de liberté dont le maximum est supérieur à dix ans ;

b) Sont qualifiés délits les infractions punies d'une peine privative de liberté ou d'une amende lorsque la peine privative de liberté encourue est supérieure à dix jours et n'excède pas dix ans ou que le maximum de l'amende est supérieur à 25. 000 francs ;

c) Sont qualifiées contraventions les infractions punies d'un emprisonnement qui ne peut excéder dix jours ou d'une amende qui ne peut excéder 25. 000 francs.

[11] Cf. NDJERE, Emmanuel, *L'information judiciaire au Cameroun*, Presses de l'U.C.A.C., 2003, P.26.

[12] Compris au sens large : désignant les magistrats di siège en première instance, à la Cour d'Appel et au niveau de la Cour Suprême.

part doit correctement prendre les notes sur tout ce qui est dit ou fait à l'audience ou en dehors. Car c'est en se fondant sur tous ces éléments que les magistrats rendent leurs décisions au regard de la « loi et de leur conscience »[13].

Le Greffier a également un rôle important à jouer.

C) Le Greffier au sein de l'appareil judiciaire

L'expression « Greffier » est un terme générique englobant plusieurs sous-groupes. En effet, l'article 2 du Décret n° 2011/020 du 4 février 2011 portant statut spécial des fonctionnaires des Greffes au Cameroun dispose : « Est fonctionnaire des Greffes au sens du présent décret, toute personne :

- titulaire du diplôme de l'Ecole Nationale d'Administration et de Magistrature (Division judiciaire, Section Greffe) ou d'un diplôme reconnu équivalent par le Cameroun d'une école étrangère spécialisée ;
- titularisée dans un grade de la hiérarchie du corps visé à l'article 1er (Corps des fonctionnaires des Greffes).»

L'article 3 dudit Décret est ainsi formulé : « Les fonctionnaires des Greffes sont répartis dans les cadres ci-après :

- Administrateurs des Greffes (catégorie A) ;
- Greffiers (catégorie B) ;
- Greffiers-adjoints (catégorie C). »

Il convient de mentionner que dans la hiérarchie sus-indiquée concernant le corps des fonctionnaires des Greffes, les administrateurs des Greffes et les Greffiers ont le statut de cadre de conception ; tandis que les Greffiers-adjoints qui sont généralement leurs collaborateurs directs

---

[13] Cf. Article 8 du Décret n° 95/048 du 8 mars 1995 portant statut de la magistrature au Cameroun.

sont chargés de l'exécution. Dans l'exercice de leurs fonctions, ils peuvent être déployés dans plusieurs secteurs. A cet effet, l'article 8 du Décret susvisé dispose :

« (1) Les fonctionnaires des Greffes assurent le service public de la justice soit au Greffe ou au Parquet des juridictions, soit dans les services centraux du Ministère chargé de la justice.

(2) Dans les juridictions, les fonctionnaires des Greffes sont placés sous l'autorité des chefs de juridictions.

(3) Au ministère de la justice, ils assurent les tâches administratives confiées par la hiérarchie compte-tenu de leur grade et des fonctions occupées. »

Concrètement, au sein des juridictions[14], les Greffiers sont nommés par le Ministre chargé de la justice ou par le Président de la République, selon le grade et fonction à occuper, dans un service appelé Greffe[15]. Le Greffe est dirigé par un Greffier en chef sous la coordination générale du chef de la juridiction[16]. Le Greffier en chef a sous sa responsabilité des chefs de Section et des collaborateurs qui sont généralement des Greffiers-adjoints[17].

Au niveau du Greffe, la mission des greffiers consiste à apprêter les dossiers et les enrôler dans les différentes

---

[14] C'est-à-dire les Tribunaux, les Cours d'Appel et la Cour Suprême.

[15] Greffe du Tribunal, Greffe de la Cour d'Appel ou Greffe de la Cour Suprême.

[16] Le Président du Tribunal, le Président de la Cour d'Appel ou le Premier Président de la Cour Suprême.

N.B : La Cour Suprême a une compétence nationale, celle de la Cour d'Appel est régionale, celle du TPI couvre l'arrondissement et celle du TGI couvre le département.

[17] Il faut préciser que la catégorie des commis des Greffes a été supprimée par le Décret du 4 février 2011.

audiences ; à participer aux audiences où ils prennent des notes dans un registre appelé plumitif [18]; à frapper les décisions de justice à l'aide d'une machine ; à délivrer certaines pièces aux justiciables[19].

Au niveau du Parquet et du Ministère de la justice, ils sont chargés des travaux et autres diligences à eux confiés par leur hiérarchie[20] : suivi des citations des huissiers de justice, élaboration des statistiques et autres rapports…

Il en découle que les Greffiers ont généralement une place importante dans la chaîne judiciaire. Par exemple, si lors de la préparation de l'audience le Greffier ne classe pas les citations d'huissier dans les dossiers ou s'il les détourne, ou les détruit, la mise en état des dossiers n'est pas assurée. Pour cela, les affaires concernées doivent être renvoyées aux audiences suivantes. On court ainsi le risque de blocage ou de renvois interminables, parfois source de lenteurs judiciaires. Pareillement, si les notes sont mal prises, les débats pourraient être dénaturés ou vidés de leur substance. Après l'audience, si le Juge se fonde sur ces notes pour rendre sa décision, celle-ci peut finalement être contraire à la réalité.

C'est pourquoi avant leur entrée en fonction, les Greffiers doivent prêter serment. Ils sont également astreints à des obligations bien définies. Ainsi, l'article 83 du Décret portant statut spécial du corps des fonctionnaires des Greffes dispose:

«(1) Le fonctionnaire des Greffes a l'obligation de servir la justice en toute circonstance.

---

[18] Hormis en matière pénale où c'est le Président ou le Juge qui prend les notes lui-même.

[19] Par exemple, les copies ou expéditions des décisions de justice, les grosses des décisions etc.

[20] Le Procureur de la république, le Procureur Général, Les chefs de Service, les Directeurs ou le Ministre de la Justice.

(2) Il est tenu d'exercer ses fonctions avec probité, honneur, dévouement, respect des lois et règlements de la république.

(3) Il est soumis au strict respect du devoir de réserve et astreint secret professionnel. Le secret professionnel concerne tous les faits, actes et informations parvenus à sa connaissance dans l'exercice ou à l'occasion de l'exercice de ses fonctions. Il ne peut être délié que sur autorisation spéciale du Ministre chargé de la justice.

(4) Le fonctionnaire des Greffes, qu'il soit en service ou non, doit s'abstenir de tout acte, geste, parole, manifestation, comportement tendant à discréditer la justice. »

L'article 85 poursuit : « Il est formellement interdit au fonctionnaire des Greffes de détourner, soustraire ou détruire des documents de service, des dossiers de procédure, des scellés et valeurs mobilières en dépôt. Il lui est également interdit de les reproduire ou de les communiquer sauf pour nécessité de service. »

Toute violation de ces obligations pourrait donner lieu à des sanctions administratives, disciplinaires ou judiciaires. Ainsi par exemple, l'article 310 du code pénal prévoit des sanctions pour les cas de violation du secret professionnel.

II) L'indispensable contribution des auxiliaires de justice

Les huissiers de justice (A), les notaires (B) et les avocats défenseurs (C) doivent en principe dans leur sphère respective de compétence contribuer au bon fonctionnement de la justice.

A) Le cas des huissiers de justice :

L'huissier de justice est un officier public ministériel chargé d'établir un certain nombre d'actes ayant un caractère authentique sur lesquels les tribunaux s'appuient pour rendre leurs décisions. Cela vaut tant en matière pénale qu'en matière civile, commerciale, sociale ou de droit traditionnel. Il peut s'agir d'actes introductifs d'instance – assignations ou citations directes par exemple- des procès verbaux de constat ou de signification etc.

Mais malheureusement, il se trouve que certains huissiers, notamment ceux qui ne brillent pas par le sens de l'honnêteté, dressent des actes qui souvent ne correspondent pas à la réalité. Précisons que quelquefois de tels actes sont l'œuvre de leurs collaborateurs qui agissent ainsi sous le couvert de l'étude. Quelques cas d'espèce portent à croire que certains procès-verbaux de constat de destruction par exemple sont établis sans qu'une descente ait été effectuée sur les lieux. En s'appuyant sur un tel procès-verbal, le tribunal condamnera le prévenu pour destruction alors qu'en réalité les faits ne sont peut-être pas caractérisés. Et ce_faisant, il aura rendu une mauvaise décision. Il en va de même des significations d'actes. Parfois, on mentionnera que les actes ont été notifiés à la personne même des intéressés alors qu'il n'en est rien. Toutes choses qui portent grandement atteinte aux droits de la défense et faussent le cours de la justice ; car n'étant pas informées, les personnes concernées n'auront pas l'occasion de se défendre. Il convient donc d'y réfléchir ; sans toutefois occulter le cas des notaires et clercs de notaire.

B) Le cas des notaires

Les errements ci-dessus déplorés s'observent également chez les notaires qui – comme les huissiers de justice – sont investis du pouvoir d'établir des actes ayant un caractère authentique, c'est-à-dire faisant foi jusqu'à inscription de faux. Ce qui leur attribue une réelle force probante en justice. La procédure d'inscription de faux consiste à saisir le Tribunal pour montrer qu'un acte est faux et qu'il doit être annulé. Si cela est avéré, l'acte en question sera effectivement annulé.

Seulement, il est arrivé que dans certaines procédures, l'on retrouve des « actes notariés » qui, au lieu d'aider le tribunal, tendent plutôt à l'embrouiller ou à distraire sa religion, l'éloignant davantage de la vérité. Prenons l'exemple d'une affaire de succession dans laquelle une partie, pour y réclamer des droits, brandissait devant le tribunal un faux testament qu'il prétendait avoir été déposé par le défunt chez un notaire. Bénéficiant certainement de complicités inavouées. Mais la faille résidait en ceci que le dépôt prétendu n'avait pas fait l'objet d'un enregistrement dans l'étude du notaire invoqué. Ce qui a vainement été expliqué par le fait que ce notaire était tombé malade immédiatement après la réception dudit testament ; raison pour laquelle il ne l'a pas enregistré. Par la suite, l'instruction menée par le juge a permis de découvrir qu'en réalité le testament et l'acte de dépôt ainsi brandis n'étaient qu'apparents et fictifs. N'eût été cette découverte, le tribunal aurait tout bonnement accordé certains biens de la succession à cette partie, au préjudice des héritiers légaux. D'où la nécessité d'un appel à la vigilance et à l'honnête des notaires eu égard à l'importance de leur rôle dans la recherche et la manifestation de la vérité dans nos cours et tribunaux. Qu'en est-il des gardiens des droits de la défense ?

C) Le cas des avocats défenseurs :

Dans l'accomplissement de ses missions de défense, l'avocat doit en principe contribuer à une bonne administration de la justice. Il doit même y veiller. Certes, il a la latitude de choisir librement les moyens de défense et la forme sous laquelle il entend les présenter, comme le dispose l'article 19 alinéa 1er de la loi n° 90/059 du 19 Décembre 1990 portant organisation de cette profession. Mais il doit aussi se sentir responsable de l'équilibre et de la paix sociale qui découlent normalement d'une justice bien rendue. Car l'on sait très bien quelles sont les conséquences de l'injustice sur le plan social : frustrations, désir de vengeance privée etc.

Or dans la pratique, nos avocats – se sachant bien fondé ou non – mettent généralement tous les moyens en œuvre pour obtenir gain de cause à la faveur de leurs clients. Ce qui consisterait en matière pénale par exemple à vouloir à tout prix innocenter un délinquant qui à quelque phase de la procédure aurait partiellement ou totalement reconnu les faits à lui reprochés. Cela peut finalement susciter un doute dans l'esprit du juge et aboutir subséquemment à une relaxe ou à un acquittement ; au grand dam bien sûr de la victime qui n'y comprendra rien.

Au total, tout cela amène à penser que les auxiliaires de justice ne semblent pas être pleinement conscients de leur responsabilité et de leur rôle social dans l'administration de la justice[21]. Car eux aussi influencent dans une mesure non négligeable les décisions judiciaires. Encore que leurs seuls efforts unis à ceux des OPJ et des autorités judiciaires resteraient quelque peu limités sans le concours des autres acteurs sociaux.

---

[21] Cf. DJAZET MBOU MBOGNING, Séverin, *Mémoire de fin de stage pratique et professionnel effectué dans le ressort de la Cour d'Appel du Centre à Yaoundé*, Ecole Nationale d'Administration et de Magistrature (E.N.A.M.),Division judiciaire, Section magistrature, Année académique 2001-2002, P. 55 et suiv.

Section II : La nécessite d'une intervention judicieuse des autres acteurs sociaux pour une administration efficiente de la justice

La complexité de certaines affaires requiert une intervention de personnes techniquement qualifiées ; de même, à cause des problèmes de communication, la justice est souvent obligée de recouvrir à l'interprétariat (I). En outre, le rôle des témoins et des justiciables eux-mêmes dans l'activité judiciaire n'est pas à minimiser (II).

I) Le recours de la justice à certaines compétences techniques[22] ou linguistiques

Tant en matière pénale qu'en matière non répressive, il existe des cas où le magistrat a absolument besoin d'un éclairage particulier. A cet effet, tout manquement l'empêcherait d'accomplir normalement sa tâche, au risque même de se retrouver dans des situations de déni de justice [23]. Conscient de cet enjeu, le législateur Camerounais a prévu une peine d'amende à l'encontre de tout requis défaillant. Ainsi, l'article 174 du code pénal dispose : « Est puni d'une amende de 20.000 à 500.000 francs celui qui étant régulièrement requis comme expert, médecin (A) ou interprète (B) refuse sans motif légitime de prêter son concours à l'autorité judiciaire ».

A) L'expertise

« Le droit... a ceci de particulier qu'il emprunte beaucoup de ses mécanismes de fonctionnement à d'autres

---

[22] Sur l'expertise médicale, voir : KITIO, Edouard, « Valeur actuelle des actes médicaux à caractère judiciaire devant le juge répressif camerounais », *Juridis Périodique*, n° 27, Juillet-Août 1996, P. 91 et suiv.

[23] Le déni de justice consiste pour un juge à s'abstenir de rendre une décision, alors qu'il a été légalement saisi à cet effet. Cette attitude est punie par l'article 147 du code pénal camerounais.

domaines techniques. L'appel aux experts s'avère dans ce cas nécessaire à la prise de certaines de ses décisions par le juge »[24].

Un expert est une personne ayant des connaissances techniques particulières dans un domaine précis de la science ou du savoir. Ne pouvant maîtriser tous les domaines du savoir humain, c'est à ce titre que le magistrat dans l'exercice de ses missions peut avoir recours à un expert. Celui-ci « collabore donc à la découverte de la vérité en donnant une opinion scientifiquement raisonnée sur des faits qui lui sont soumis »[25].

Indépendamment de la matière et du niveau de la procédure, l'on peut commettre des experts légistes, des experts comptables, des experts en automobile, des experts en gynécologie, des experts en écriture etc... L'expertise en écriture par exemple pourra permettre au juge de déterminer l'auteur d'un écrit argué de faux ou de dire si un chèque a matériellement été falsifié ou non.

François BINGONO BINGONO, anthropologue et expert en communication traditionnelle, propose qu'il soit également désigné des experts en sorcellerie pour aider les juges à démasquer les sorciers dans les tribunaux[26].

Pour ce qui est de l'expertise médicale, le médecin est généralement sollicité pour établir un certificat médical, médico-légal ou un rapport d'expertise[27]. Dans les litiges relatifs aux coups et blessures notamment, c'est lui qui

---

[24] KITIO, Edouard, op. cit., P.88.

[25] NDJERE, Emmanuel, op. cit. P. 88.

[26] Au cours d'une enquête, notamment un entretien qu'il nous a accordé à Yaoundé le 1er janvier 2012.

[27] Le médecin peut être saisi soit par la victime, soit par une autorité judiciaire : dans le premier cas, il établit un certificat médical ou médico-légal ; dans le second cas, un rapport d'expertise médicale.

détermine la durée de l'incapacité temporaire de travail (I.T.T), le taux d'incapacité permanente partielle ou totale (I.P.P. ou I.P.T.), décrivant techniquement les lésions, leur nature et leurs conséquences prévisibles. Le concours du médecin est également fondamental dans les cas de viol, d'outrage à la pudeur ou de maladie mentale[28] de l'auteur d'une infraction. En fait, il s'agit-là d'éléments qui conditionnent largement la détermination de l'infraction et/ou de la sanction éventuellement applicable. Par ailleurs, l'on a relevé des cas où le tribunal a purement et simplement relaxé le prévenu à cause du caractère douteux du certificat médico-légal produit au dossier[29]. D'où la nécessité d'un minimum de sincérité de la part des experts dans l'accomplissement de leurs missions. Surtout que le code pénal prévoit des peines à ce sujet[30].

En bref, c'est dire que les experts ont eux aussi une grande responsabilité dans les décisions de justice rendues dans nos prétoires. C'est pourquoi la loi tout comme la jurisprudence[31] exige, à peine de nullité de la procédure qu'ils prêtent serment avant d'exercer leurs fonctions « d'apporter leur concours à la justice en leur honneur et conscience ». Il en est de même de l'interprète.

---

[28] L'état de démence efface toute responsabilité pénale au cas où il est prouvé au juge que l'auteur de l'infraction ne jouissait pas de toutes ses facultés mentales au moment de la commission des faits.

[29] Tribunal de première instance de Kribi, Jugement n° 357/cor. Du 16 janvier 1996, Aff. M.P. et NGOLE Marcelle Laurence c/ MAKA MBELLA Martin.

[30] Ces peines sanctionnent le refus d'un service dû (art.148 du CP), l'établissement d'un faux certificat médical (art. 259 du CP), la suppression et la fabrication des preuves (art. 168 du CP) et la fausse expertise (art. 165 du code pénal).

[31] Cour Suprême, arrêt du 23 mars 1978, RCD, n° 15-16, P. 122, Rapport du conseiller M. PONDY ; arrêt n° 185 du 5 mai 1970, Bull. n° 26, P. 3423.

B) L'interprète judiciaire

Le bilinguisme au Cameroun se traduit concrètement par les deux langues officielles que sont le français et l'anglais. Encore qu'il s'agit d'un bilinguisme *sui generis* ne signifiant pas nécessairement que tous les Camerounais maîtrisent ces deux langues. Il suffit en général de connaître l'une d'elles, l'idéal étant bien évidemment de pouvoir s'exprimer dans les deux langues. Ayant dans un même litige des justiciables ne parlant pas la même langue, les autorités judiciaires sont confrontées à une difficulté qui n'est pas des moindres, même si en général, elles comprennent bien le français et l'anglais. Surtout qu'il peut aussi s'agir de résidents étrangers s'exprimant dans une autre langue.

Par ailleurs, l'on sait que l'une des principales caractéristiques du Cameroun est sa pluralité ethnique reposant sur une diversité culturelle et linguistique solidement établie. Aussi, la justice a-t-elle souvent affaire à des litigants ne parlant ni le français, ni l'anglais et ayant pour seul moyen de communication leur propre dialecte. Or l'on ne saurait demander au juge par exemple de maîtriser tous les dialectes du pays.

C'est pourquoi on est obligé dans ces différents cas de recourir à l'office d'un interprète pour traduire les débats entre les justiciables ne parlant pas la même langue. Or le vieux diction est bien connu de tous : « *traductore traditore* », tout traducteur est un traître ; pour dire que les traducteurs, parfois même involontairement, ne restituent pas toujours avec exactitude les paroles prononcées. Pour un intérêt particulier, ils peuvent aussi orienter les débats dans un sens voulu, déterminant ainsi le cours même de la justice. Ce qui implique également à ce niveau une très grande responsabilité.

C'est pour cette raison que le législateur exige que le juge demande aux traducteurs de prêter devant lui le « serment de traduire fidèlement les discours à transmettre entre ceux qui parlent des langages différents ». Ceci à peine de nullité de la décision à intervenir ou d'être récusé et remplacé[32]. Or en pratique, une difficulté transparaît dans la mise en œuvre de ce principe. La Cour Suprême du Cameroun, dans sa jurisprudence soutient tantôt que le serment de l'interprète doit être renouvelé dans le cadre de chaque affaire, fût-il au cours d'une même audience[33] ; tantôt qu'il suffit que le juge mentionnent dans chaque jugement concerné qu'il a été assisté par tel, interprète assermenté près le tribunal[34]. Mais à notre avis, hormis le cas des interprètes *ad hoc*, une telle reprise à l'infini du serment ne nous semble pas opportune, car nous savons qu'en général, les interprètes prêtent officiellement serment avant d'entrer en fonction dans le ressort d'un tribunal ou d'une Cour d'Appel. Sinon une telle exigence pourrait aussi bien être requise de la part des avocats par exemple[35].

En tout état de cause, la constance ici demeure dans la coresponsabilité des interprètes dans l'administration de la justice ; celle-ci pouvant être étendue aux justiciables eux-mêmes et aux témoins.

II) Le concours des justiciables et des témoins

Dans la perspective de la recherche de la vérité, le témoignage en justice (B) est d'une importance capitale ;

---

[32] Voir les dispositions de l'article 332 du code d'instruction criminelle ; puis des articles 355 et suiv. du code de procédure pénale.

[33] C.S. arrêt n° 244/P du 11 septembre 1986 ; arrêt n° 287/P du 28 juin 1990 ; arrêt n° 254/P du 26 septembre 1991 ; arrêt n° 63/P du 10 novembre 1990, inédits.

[34] C.S. arrêt n° 162 du 13 février 1975, Bull.,P. 4633 ; arrêt n°2/P du 8 octobre 1987 ; arrêt n° 272/P du 25 juin 1992, inédits.

[35] Cf. également EYIKE-VIEUX, op. cit., PP. 241-216.

d'autant plus que le rôle joué par les justiciables eux-mêmes (A) révèle quelquefois des ambiguïtés.

A) Le blocage causé par la non-collaboration des justiciables :

Si l'on excepte le cas des matières non répressives où les parties s'activent généralement à produire devant le tribunal tous les éléments pouvant militer en leur faveur – sous peine de perdre le procès – en matière pénale, l'on observe parfois comme une certaine nonchalance de celles-ci. Il en est ainsi non seulement des personnes mises en cause (1) mais également de certaines victimes (2).

1) Le cas des personnes mises en cause devant la justice

En matière répressive, précisément devant l'officier de police judiciaire, le Procureur de la République, le juge d'instruction ou le juge, le suspect, l'inculpé, le prévenu ou l'accusé[36] est libre de choisir le système de défense qui lui sied. Il peut recourir à l'office d'un avocat et n'est pas du tout obligé de collaborer à la manifestation de la vérité. Il peut même décider de ne rien dire du tout, de garder le silence. Cela participe des droits de la défense. Et quand bien même il opterait de parler – ce qui est très souvent le cas – il s'arrangera à ficeler une histoire qui le dédouanerait des poursuites[37].

Ainsi, l'histoire inventée aura ou non de l'ampleur ou de la valeur en fonction des talents oratoires de l'intéressé. LA FONTAINE disait si bien que « tout flatteur vit au dépend de celui qui l'écoute ». Car il existe bien des gens

---

[36] La personne mise en cause est appelée suspect devant l'OPJ, inculpé devant le Juge d'instruction, prévenu devant le TPI(en cas de délit ou contravention) et accusé devant le TGI(en cas de crime).

[37] C'est notamment le cas des personnes ayant réellement commis les faits reprochés, mais qui choisissent obstinément de les nier.

doués dans le mensonge. Mais il faut aussi reconnaître qu'il est plus facile de dire la vérité que de mentir. Avec les multiples renvois observés par exemple dans une même affaire, il n'est pas évident de redire sans faille la même chose chaque fois. Mais il est constant que la justice peut être trompée par un justiciable menteur. C'est pourquoi les déclarations des victimes sont très déterminantes pour éclairer la religion des autorités judiciaires. Sans cet apport, la justice court le risque d'être mal rendue.

2) Le cas de la victime d'une infraction ou de la partie civile

En matière pénale, la victime est une personne ayant subi les conséquences d'une infraction alors que la partie civile est une victime qui a expressément déclaré se présenter en cette qualité devant une autorité judiciaire et éventuellement solliciter des réparations (dommages – intérêts) à cet effet. C'est dire que la constitution de partie civile est expresse et peut être faite soit devant le magistrat instructeur, soit devant la juridiction de jugement.

Cela étant, il convient de relever que l'article 29 alinéa 2 de la loi n°2006/015 du 29 décembre 2006 portant organisation judiciaire de l'Etat au Cameroun, modifiée et complétée par la loi n° 2011/027 du 14 décembre 2011 dispose qu'en matière pénale et sans préjudice des droits de la victime, le ministère public ou parquet recherche et constate les infractions, procède aux enquêtes et informations judiciaires, met en mouvement et exerce l'action publique… En principe, l'action en cette matière devrait être conjointement exercée par le ministère public et la victime. Le premier pour l'application d'une peine (amende et/ou emprisonnement), la seconde pour la condamnation du mis en cause au paiement des dommages et intérêts. Mais qu'en est-il ?

Le plus souvent, lorsque les intérêts civils en jeu sont négligeables, et même parfois lorsqu'ils colossaux, on observe comme un recul, voire une démission des victimes dès lors que le ministre public s'est saisi d'une affaire. Les victimes qui ont personnellement vécu les faits ne comparaissant pas toujours pour aider le Parquet à soutenir l'accusation, alors qu'ils sont les premiers témoins du Ministère Public. Ainsi, l'accusation est fragilisée. Car nous savons que « le doute profite à l'accusé. » D'où parfois des ordonnances de non-lieu à l'issue de l'information judiciaire pour charges insuffisantes ou des jugements de relaxe ou d'acquittement de certains délinquants ; lesquels retourneront continuer paisiblement leurs basses besognes dans la société. Avec tous les risques et troubles que cela implique pour les citoyens.

Aussi, à notre sens, la responsabilité des victimes d'infraction ou des parties civiles dans la mise en œuvre de la justice est bien avérée. Seulement, en cas d'imprécision ou de carence totale, les défaillances de celles-ci peuvent valablement être complétées ou comblées par les dépositions des témoins.

B) L'importance du témoignage en justice :

Les déclarations faites par les parties dans un litige sont nécessairement influencées par leur intérêt dans la cause. Il faut la présence d'un ou de plusieurs témoins pour les départager. D'après GARRAUD : « Etre témoin, c'est attester la vérité d'un fait dont on a la connaissance personnelle, soit pour l'avoir vu, soit pour l'avoir entendu »[38]. Ainsi, l'apport des témoins est une aide très précieuse pour le service public de la justice, car ils sont censés avoir été présents au moment de la commission des faits. Malheureusement, les personnes appelées devant la

---

[38] GARRAUD, *Traité d'instruction criminelle II*, n° 372, cité par Emmanuel NDJERE, op. cit., P. 63.

barre ne sont pas toujours disposées à venir apporter ce concours décisif ; parfois, pensent-elles, pour préserver leur image, leurs liens d'amitié, leurs relations sociales ou encore par simple peur ; l'institution judiciaire étant très mystifiée dans notre pays[39]. Seulement lorsqu'elles sont localisées, elles peuvent y être obligées par des voies de droit prévues par les articles 14, 557 et suivants du code de procédure pénale : notamment la contrainte par corps et le mandat d'amener.

Lorsqu'ils comparaissent, les témoins doivent prêter devant le magistrat le « serment de dire la vérité, toute la vérité et rien que la vérité », conformément aux dispositions des articles 322 et suivants du code susvisé. Il convient cependant de signaler que la déposition d'un seul témoin ne fournit pas toujours toutes les garanties nécessaires à la manifestation de la vérité. En effet, GARRAUD estime que le témoignage peut être affecté par trois éléments : les mauvaises qualités d'observateurs du témoin, son erreur ou son mensonge. Aussi, même s'il y a des cas où un seul témoignage suffit, il est en général recommandé d'entendre au moins deux témoins. A ce propos, MONTESQUIEU écrit : « les lois qui font périr un homme sur la déposition d'un seul des témoins sont fatales à la liberté. La raison en exige deux, parce qu'une victime qui affirme, un accusé qui nie, font un partage et il faut un tiers pour le vider ».[40]Toutefois, cette position doit être relativisée, le juge devant demeurer vigilant, car deux

---

[39] Voir Tribunal de première instance de Banyo, jugement n° 55/cor. Du 29 octobre 2003, Aff. MP et BONSICHAT Rose c/ HALILOU KANSOH (Inédit) dans laquelle le prévenu a finalement été relaxé dans une procédure où il était poursuivi pour pratiques de sorcellerie, après plusieurs renvois sollicités par le Ministère Public et la partie civile espérant faire comparaître un témoin très déterminant. Or la décision aurait pu être autrement si ce témoin avait comparu pour aider à soutenir l'accusation.

[40] MONTESQUIEU, *L'Esprit des lois*, L.XII, Chapitre III.

témoignages qui concordent ne sont pas forcément un gage de vérité. C'est pour cela que NAPOLEON, s'opposant à cette vision des choses, disait : « Ainsi donc un honnête homme, par son témoignage, ne pourra faire condamner un coquin, tandis que deux coquins pourront faire condamner un honnête homme ».[41]

Au demeurant, les témoins doivent donc mesurer le poids de la responsabilité qui leur incombe dans la distribution de la justice. D'où l 'impératif de sincérité et de franchise requises dans les dépositions faites. Les témoins peuvent en effet être sanctionnés selon le cas soit pour déclarations mensongères, soit pour faux témoignages conformément aux articles 162 et 164 du code pénal camerounais.

Conclusion

Au total, il apparaît donc que les autorités judiciaires, les auxiliaires de justice, les experts, les interprètes, les témoins et les justiciables eux-mêmes sont tous, chacun à son niveau responsables de la bonne marche ou non du service public de la justice au Cameroun. Certes, ils n'y interviennent pas toujours tous au même moment, mais l'apport des uns et des autres peut être requis en cas de nécessité.

C'est ce que reconnaît M. Alexis DIPANDA MOUELLE, ancien Président de la Cour Suprême du Cameroun en ces termes : « Nous sommes tous concernés par une bonne administration de la justice de notre pays : la justice est l'affaire de tous, et chacun, dans un pays de droit, doit pouvoir demander raison. Cessons d'être les témoins passifs de la détérioration et de la dégradation constantes du fonctionnement des services judiciaires, et

---

[41] Cité par Emmanuel NDJERE, op. cit., P. 72.

l'image de marque du juge… »[42]. En effet, le droit à la justice est un droit fondamental de la personne humaine prévu notamment par les articles 8 et 10 de la déclaration universelle des droits de l'homme du 10 décembre 1948, l'article 14 du pacte international relatif aux droits civils et politiques du 16 décembre 1966, l'article 7 de la charte africaine des droits de l'homme et des peuples adoptés en juin 1981 à Nairobi au Kenya, pour ne citer que ces textes. Il faut donc pouvoir utilement mettre ce droit en œuvre en rendant des bonnes décisions et en les faisant exécuter effectivement. Une exécution sans laquelle l'idéal de justice ne serait pas réalisé.

Dans cette veine, le législateur camerounais réprime le refus d'aider la justice, en occurrence dans l'article R. 370 alinéa 7 du code pénal qui dispose ainsi qu'il suit : « Sont punis d'une amende de 4.000 à 25.000 F inclusivement et d'un emprisonnement de 5 à 10 jours ou de l'une de ces deux peines seulement… ceux qui sans motif légitime, refusent ou négligent d'effectuer un service ou de prêter une assistance requise par l'autorité compétente soit en cas de crime ou délit flagrants, soit en vue d'assurer l'exécution d'une décision judiciaire… »[43]. Il convient alors que chacun y apportent du sien et que les autorités judiciaires se dépouillent de leurs tares ; car par ailleurs, la justice se trouve être un facteur très déterminant pour le développement d'un pays.

---

[42] Extrait du discours en date du 31 août 1995 de M. Alexis DIPANDA MOUELLE, ancien Président de la Cour Suprême du Cameroun, lors de la prestation de serment des jeunes magistrats (Promotion 1995) ; Cf. également Emmanuel NDJERE, op. cit., P. 163.

[43] En plus des dispositions de l'article 174 du même code, précédemment visé.

Bibliographie

1-*Catéchisme de l'Eglise catholique*, Centurion / cerf / Fleurus – Mame / librairie éditrice vaticane, Paris 1998, n° 1807, 975 pages.

2- DJAZET MBOU MBOGNING, Séverin, *Mémoire de fin de stage pratique et professionnel effectué dans le ressort de la Cour d'Appel du Centre à Yaoundé*, Ecole Nationale d'Administration et de Magistrature (E.N.A.M.), Division judiciaire, Section magistrature, Année académique 2001-2002, 75 pages.

3- EYIKE VIEUX, *Code d'instruction criminelle et pratique judiciaire camerounaise*, P.U.A., 1999, 473 pages.

4-GARRAUD, *Traité d'instruction criminelle II*, n° 372.

5-GUINCHARD Serge et MONTAGNIER Gabriel, *Lexique de termes juridiques*, 8e édition, Dalloz, Paris, 1990, 517 pages.

6-KITIO, Edouard, « Valeur actuelle des actes médicaux à caractère judiciaire devant le juge répressif camerounais », *Juridis Périodique*, n° 27, Juillet-Août 1996, 108 pages.

7-*LA BIBLE DE JERUSALEM*, Les Editions du Cerf, 2001, 1889 pages.

8- MONTESQUIEU, *L'Esprit des lois*, L.XII, Chapitre III.

9-NDJERE, Emmanuel, *L'information judiciaire au Cameroun*, Presses de l'U.C.A.C., 2003, 294 pages.

Textes indicatifs

- Déclaration des droits de l'homme et du citoyen du 26 août 1789 ;
- Déclaration universelle des droits de l'homme du 10 décembre 1948 ;

- Convention européenne de sauvegarde des droits de l'homme et des libertés fondamentales du 4 novembre 1950 ;
- Code d'instruction criminelle ;
- Code pénal camerounais (lois N° 65-LF-24 du 12 novembre 1965 et 67 –LF-1 du 12 juin 1967) ;
- Pacte international relatif aux droits civils et politiques du 16 décembre 1966 ;
- Décret N° 69/DF/544 du 19 décembre 1969 fixant l'organisation judiciaire et la procédure devant les juridictions traditionnelles du Cameroun oriental ;
- Charte africaine des droits de l'homme et des peuples du 28 juin 1981 ;
- Loi n° 2007/007 du 27 juillet 2005 portant code de procédure pénale ;
- Loi N°2006/015 du 29 décembre 2006 portant organisation judiciaire, modifiée et complétée par la loi n° 2011/027 du 14 décembre 2011.

Sixième partie

PAUVRETE, DROITS DE L'HOMME ET DROIT AU DEVELOPPEMENT EN AFRIQUE : ENJEUX ET PERSPECTIVES

Introduction

Droits de l'homme, droits humains, droits fondamentaux, droits fondamentaux de la personne humaine ou droits de la personne humaine…Les expressions sont nombreuses et désignent quasiment la même chose. Mais la réalité est que, de manière récurrente, le contenu et la validité des droits de l'homme sont l'objet de vifs débats dans le domaine des sciences sociales, qu'il s'agisse du droit, de la philosophie, de la science politique, etc.

Mais, au juste, que faut-il entendre par droits de l'homme ? Le mot "droit" revêt deux significations au moins : un sens objectif et un sens subjectif.

Le *Lexique des termes juridiques*, définit le droit au sens objectif comme un « ensemble de règles régissant la vie en société et sanctionnées par la puissance publique » [1] ; puis au sens subjectif comme une « prérogative attribuée à un individu dans son intérêt lui permettant de jouir d'une chose, d'une valeur ou d'exiger d'autrui une prestation »[2].

Il apparaît donc que la notion de droits fondamentaux ou de droits de l'homme renvoie à la seconde acception, d'autant plus qu'il s'agit de droits rattachés à tout individu ou tout simplement à la personne humaine.

Ainsi, d'après le *Vocabulaire juridique* de Gérard Cornu *(dir)*., les droits de l'homme peuvent être définis comme un « ensemble de facultés et de prérogatives appartenant naturellement à tout être humain et dont le droit public … s'attache à imposer à l'Etat le respect et la protection en conformité avec certains textes de portée

---

[1] Serge Guinchard et Gabriel Montagnier (*dir)*, *ibid.*, p. 194.
[2] *Id.*

universelle »[3]. Dans certains pays, à l'instar du Canada, on préfère utiliser plus couramment l'expression « droits de la personne humaine » ou « droits fondamentaux de la personne humaine », pour englober les sexes féminin et masculin[4].

Concrètement, les droits fondamentaux de la personne humaine renvoient entre autres au droit à la vie, au droit à l'intégrité physique et morale, au droit à la santé, au droit à l'éducation, au droit à la liberté d'aller et venir, au droit au travail, au droit à la paix, au droit à un environnement sain, au droit à une bonne administration de la justice etc. Bien que ces droits soient, pour l'essentiel, énoncés dans des instruments juridiques nationaux et internationaux, leur mise en œuvre n'est pas toujours évidente.

Tenant compte de la période de leur émergence sur le plan international, l'on a cru devoir classer ces droits en trois, voire quatre générations. La première génération des droits de l'homme est celle qui concerne les « droits civils et politiques ». En effet, les premières revendications se sont essentiellement fondées sur le libéralisme et concernent notamment la liberté, la sûreté, la propriété et la résistance à l'oppression comme le décline la déclaration française droits de l'homme et du citoyen du 26 août 1789. Il s'agit surtout des droits d'émancipation vis-à-vis de l'Etat, très souvent oppresseur.

La deuxième génération proclame et défend les « droits économiques et sociaux ». Cette catégorie est axée sur la défense de la dignité et du bien-être de l'homme dans la société, avec des droits tels que la santé,

---

[3] Gérard Cornu (*dir), ibid.*, p.324.

[4] Cf. Séverin Djiazet Mbou Mbogning, "Le code camerounais de procédure pénale à l'épreuve des droits de l'homme", *Cahiers de la Quinzaine de Yaoundé* n° 15, Institut catholique de Yaoundé, Département de droit canonique, 2008, Note à la page 7.

l'éducation etc. Ces droits sont d'ailleurs largement inspirés du socialisme.

Après ces deux premières générations de droits, certains juristes et penseurs ont, au regard de l'évolution du monde, envisagé une troisième et même une hypothétique quatrième génération de droits. Ceux-ci concernent notamment les droits environnementaux, les considérations bioéthiques, le droit au développement, le droit à la paix, le droit à l'autodétermination, le droit au partage du patrimoine commun de l'humanité, le droit à la différence, le droit des minorités, le droit à la démocratie, etc.

A ce niveau, l'on s'aperçoit que le droit au développement fait bel et bien partie des droits fondamentaux de la personne humaine.

Le développement se traduit par la capacité pour chaque société d'offrir les conditions permettant de satisfaire les besoins primordiaux des populations. Il s'agit entre autres de l'alimentation, des vêtements, du logement, de la santé etc…Or les rapports de la banque mondiale et du FMI[5] révèlent qu'à l'heure actuelle, environ 1 400 000 000 (un milliard quatre cent millions) de personnes vivent en dessous du seuil de pauvreté.[6] Il convient de préciser ici que 48,5% de ces pauvres se trouvent en Afrique subsaharienne, 5,5% en Amérique latine et aux Caraïbes, 12,5% en Asie de l'Est et au Pacifique, 31% en Asie du Sud, 0,7% en Europe et en Asie centrale, 2,4% au Moyen-Orient et en Afrique du Nord.

---

[5] Voir les rapports de l'année 2010.

[6] Depuis, l'année 2008, le seuil de pauvreté dans le monde est apprécié en fonction du nombre de personnes qui vivent avec moins de 1,25 dollar américain par jour. Avant cette date, ce seuil était de moins d'un dollar par jour.

Ces mêmes rapports soulignent qu'en 30 ans, le nombre de pauvres en Afrique a été multiplié par deux.[7]

En fait, la pauvreté renvoie à la situation d'une personne qui ne dispose pas de ressources suffisantes pour vivre dignement dans une société et son contexte.[8] Il s'agit de l'insuffisance des ressources affectant la nourriture, l'éducation, l'accès à l'eau potable, le logement, les conditions de vie de manière générale. La pauvreté à l'extrême peut alors être qualifiée de misère.

Les développements qui précèdent démontrent à suffisance que la situation de l'Afrique, et notamment de l'Afrique subsaharienne, est particulièrement préoccupante et mérite que l'on s'y attarde spécialement. En effet, cela se ressent dans le quotidien des populations.

Aussi, dans la plupart des pays concernés, l'analphabétisme et le niveau d'instruction semblent aussi être des facteurs non négligeables. Par exemple, pour ne citer que le cas camerounais, le rapport principal de l'ECAM 3 (Enquête Camerounaise Auprès des Ménages), sur les conditions de vie des populations et profil de pauvreté au Cameroun, enquête menée en 2007, révèle que 7 camerounais sur 10 savent lire et écrire le français ou l'anglais. Ce qui correspond à un taux d'analphabétisme de 30%.[9]

---

[7] En 2010, l'on dénombre 414 millions de personnes extrêmement pauvres vivant en Afrique subsaharienne, alors qu'en 1980, on en dénombrait 205 millions.

[8] A ne pas confondre avec la pauvreté spirituelle à laquelle renvoient les textes sacrés. Cf. -*Catéchisme de l'Eglise catholique*, Centurion / cerf / Fleurus – Mame / librairie éditrice vaticane, Paris 1998, n° 1807, pp.607 et 608.

[9] Cf. INSTITUT NATIONAL DE LA STATISTIQUE, *Conditions de vie des populations et profil de pauvreté au Cameroun*, Rapport Principal de l'ECAM 3, août, 2008, p.33.

En plus, le rapport ECAM susmentionné révèle également que 39,9% de la population camerounaise vit en dessous du seuil de pauvreté, soit environ 7,1 millions de personnes en 2007 ; que le taux de chômage en milieu urbain est de 12,6%, un peu moins en zone rurale et que le sous – emploi touche environ 7 sur 10, soit 69,6% de la population camerounaise.[10] Il faut préciser que le sous-emploi vise à quantifier les actifs qui sont soit en chômage, soit en situation de sous-utilisation sur le marché du travail.

Or Benard Etta pense que « l'ignorance est le plus grand handicap à la participation du peuple au développement. »[11] Et cet auteur conçoit l'ignorance au sens large. D'où l'importance singulière de cette problématique consistant dans la résolution de l'équation permettant de faire sortir l'Afrique du sous-développement. Autrement dit, qu'est-ce qui pourrait expliquer le maintien de ce continent dans la pauvreté des décennies durant, et qu'est-ce qui pourrait l'aider à espérer une possibilité de développement ?

Des auteurs, à l'instar de René Dumont, Mongo Beti, Jean Marc Ela, Axel Kabou, Jean Ping, Daniel Etounga Manguelle, Emilio Grasso, pour ne citer que ceux-là, se sont penchés sur cette question du développement de l'Afrique. A l'heure actuelle, la question est davantage plus intéressante en ce sens que la mondialisation convoque pour l'Afrique des défis supplémentaires. A ce propos, Emilio Grasso souligne fort opportunément que : « la mondialisation est un mécanisme très efficace pour

---

NB : L'ECAM 2003 estime la population camerounaise à 17,9 millions de personnes en 2007.

[10] Cf. *Id.*, pp.33 et suivantes.

[11] Benard Etta, *Etudes et recherches stratégiques sur le développement communautaire: l'approche africaine*, Bamenda, Publication de Bâtisseurs De Nation International, 2007, p.46.

produire de la richesse, mais elle est incapable de la redistribuer. »[12] Par la suite, il s'étend sur les nombreuses difficultés que l'Afrique a pour s'intégrer dans ce contexte de la mondialisation.[13]

Aussi, la pertinence de cette question de la lutte contre le sous-développement en Afrique nous commande-t-elle, dans l'optique d'une efficience plus marquée, d'élucider d'abord le concept même de pauvreté (Chapitre I) ; puis de mettre en relief les enjeux et les facteurs faisant obstacle au progrès tant souhaité (Chapitre II) ; enfin, d'envisager quelques perspectives d'une mise en œuvre d'une véritable politique pouvant à terme favoriser l'amélioration des conditions de vie des populations (Chapitre III). Ce n'est qu'à ce prix que le droit au développement trouverait donc finalement sa vraie signification pour les Africains.

Chapitre I : La perception de la pauvreté en Afrique

De prime abord, il importe de définir le concept de pauvreté (I) avant de s'appesantir sur la situation réelle de celle-ci en Afrique (II).

I) Définition de la pauvreté

Le Petit Larousse Illustré 2014 définit la pauvreté comme l'« état d'une personne pauvre, indigente ».[14] Or un pauvre est une personne qui a peu de biens, peu d'argent ; bref un indigent. Dans l'optique d'une plus grande clarté, il importe de présenter les critères de détermination de l'état de pauvreté (A), lesquels

---

[12] Emilio Grasso, in *Mondialisation, Marginalisation, Nouvelle Evangélisation : Un défi pour l'Eglise en Afrique,* Mbalmayo, Centre d'Etudes *Redemptor hominis,* 2003, p.50.
[13] *Id.*, pp. 53 et suivantes.
[14] Isabelle Jeuge-Maynart (*dir*), *Le Petit Larousse Illustré 2014*, Paris, Editions Larousse, 2013, p.844.

permettront ensuite de mieux cerner la différence entre celle-ci et la misère (B).

A) Les critères de détermination de l'état de pauvreté

Au début du XXe siècle, Benjamin Seebohm Rowntree effectue de nombreuses enquêtes sur la pauvreté dans la Ville d'York et distingue ce qu'il appelle la **pauvreté primaire** (absence de ressources suffisantes) de la **pauvreté secondaire** (niveau de ressources qui pourrait être suffisant mais qui est compromis par une gestion déraisonnable ou des dépenses inconsidérées).[15]

Serge Paugam quant à lui distingue trois formes de pauvreté[16] :

- **la pauvreté intégrée** décrit la situation de pays ou de régions économiquement en retard. Comme la pauvreté est depuis longtemps largement répandue, les pauvres ne sont pas stigmatisés et bénéficient de la solidarité familiale ou de la socialisation par une pratique religieuse qui reste intense. L'économie informelle est particulièrement développée. C'est une pauvreté sans exclusion (ou, plus exactement, l'exclusion suit sa dynamique propre indépendamment de la pauvreté) ;
- **la pauvreté marginale** correspond à la pauvreté d'une petite partie de la population au sein d'une société prospère. Ces pauvres, considérés comme des « cas sociaux » inadaptés au monde moderne sont fortement stigmatisés ;
- **la pauvreté disqualifiante** concerne les sociétés post-industrielles touchées par des difficultés économiques. Les pauvres sont considérés à travers l'image de la

---

[15] Cf. Site internet: www.ccfd.terresolidaire.org

[16] Serge Paugam, *Les formes élémentaires de la pauvreté*, Paris, PUF, 2005, p.57.

chute ou de la déchéance. L'angoisse du chômage et de l'exclusion touche une grande partie de la société.

Seulement, on doit retenir à ce niveau que depuis, l'année 2008, le seuil de pauvreté dans le monde est apprécié en fonction du nombre de personnes qui vivent avec moins de 1,25 dollar américain par jour. Avant cette date, ce seuil était de moins d'un dollar par jour.

Malgré la définition de ce critère par la Banque Mondiale et le FMI, la frontière entre la pauvreté et la misère ne saurait être une évidence.

B) La différence entre pauvreté et misère

Comme nous l'avons relevé plus ci-dessus, la pauvreté est l'« état d'une personne pauvre, indigente ».[17]

Dans cette foulée, il convient de mentionner qu'un indigent est un individu qui ne dispose pas de ressources suffisantes pour la satisfaction de ses besoins essentiels ou primordiaux.

Il s'agit entre autres de l'alimentation, des vêtements, du logement, de la santé, de l'éducation etc... Cette situation non-désirable et génératrice de souffrances touche des personnes isolées ou des groupes.

Ainsi, la pauvreté est généralement considérée comme un phénomène pluridimensionnel. A cet effet, l'on peut utilement se référer aux conclusions d'une étude menée pour le compte de la «Fondation de France ». Cela dit, l'origine pécuniaire est généralement la plus évoquée.

Par ailleurs, la misère peut être définie comme un dénuement extrême ou encore comme la situation d'une personne vivant dans une pauvreté extrême. [18] Cela

---

[17] Isabelle Jeuge-Maynart (*dir*), *ibid.*, p.844.
[18] Cf. Isabelle Jeuge-Maynart (*di)r*, *ibid.*, p.735.

implique que la probabilité de satisfaire les besoins vitaux susmentionnée est quasiment nulle. C'est le cas notamment des sans abris, des sans domicile fixe, des vagabonds etc. Pourtant, dans certains pays d'Afrique, la frontière entre la pauvreté et la misère est parfois très difficilement identifiable.

Cela étant, il serait fort intéressant de se pencher sur le cas spécifique de l'Afrique qui, au-delà des interrogations qu'il suscite, est certainement d'une grande curiosité.

II) L'état de pauvreté en Afrique

Un regard scrutateur posé sur ce continent amène à constater que : autant les chiffres sont alarmants (A), autant la réalité concrète est déplorable (B).

A) Les statistiques relatives à l'état de pauvreté en Afrique

En 2010, la Banque mondiale a publié une étude sur la pauvreté dans le monde. Dans ce rapport, cette institution mettait l'Afrique en garde quant aux dangers encourus. Ainsi par exemple, quasiment un Africain subsaharien sur deux vivrait en dessous du seuil de pauvreté.

L'Asie de l'Est affichait le taux de pauvreté le plus élevé du monde avec 80% en 1981. Ce taux est tombé à 18% et 600 millions de personnes y sont sorties de la très grande misère. Le taux de pauvreté recule aussi en Asie du Sud, en Amérique latine, aux Caraïbes, au Moyen-Orient et en Afrique du Nord. Cependant, en Afrique subsaharienne, le nombre des très pauvres ne baisse pas.

Le taux de pauvreté de l'Afrique subsaharienne n'a pas diminué depuis vingt-cinq ans (50%), pourtant, la population ne cesse de croître. Le nombre des très pauvres[19] a pratiquement doublé, passant de 200 à 380 millions de personnes. En 2015, un tiers du milliard de pauvres du monde habitera l'Afrique subsaharienne.

Il apparaît donc qu'en dépit de la baisse des taux de pauvreté dans les autres parties du monde, l'Afrique subsaharienne est la seule région dont le nombre de pauvres a augmenté de façon régulière et prononcée entre 1981 et 2010. Aujourd'hui en effet, la réalité semble plus alarmante. Le nombre de ses habitants en situation d'extrême pauvreté représenterait plus du double de ce qu'il était il y a trois décennies : 414 millions de personnes, contre 205 millions. Il en résulte que cette région compte à présent plus du tiers de la population du monde en situation d'extrême pauvreté (au lieu de 11% en 1981). Elle est suivie de l'Inde, qui en compte elle-même un tiers (contre 22 % en 1981), et de la Chine, avec 13% (contre 43% en 1981).

Tout cela se traduit concrètement par des conditions de vie extrêmement difficiles pour les populations.

B) Les implications pratiques de la pauvreté en Afrique

La misère ou la pauvreté découle le plus souvent des situations désavantageuses dans lesquelles se retrouve une frange de la population, comme par exemple le fait d'une santé fragile... Il s'agit quelquefois aussi de situations prédisposant à un mauvais accès à la formation. Cela résulte également parfois de cas fortuits tels la destruction accidentelle des biens d'une famille, un accident de travail ou de la circulation, une perte d'emploi etc.

Ces facteurs engendrent souvent une sorte de cercle vicieux dont il semble difficile de se libérer. [20]

---

[19] Personnes vivant avec en moyenne moins de 0,70 dollar de revenu par jour.

Concrètement, ils obligent les personnes concernées, ainsi que leurs familles, à avoir une alimentation approximative, à se loger dans la promiscuité à bas prix, dans des quartiers généralement malfamés. La mauvaise réputation de ces quartiers implique nécessairement une offre éducative très limitée, des centres de santé inexistants ou inappropriés et des possibilités d'emploi très faibles.

D'où un penchant très poussé pour la délinquance, la criminalité [21], les jeux de hasard ; sans oublier la dégradation des mœurs à travers des pratiques telles que la prostitution, l'homosexualité, la pédophilie etc. Tel est le lot quotidien des *townships* et des bidonvilles en Afrique du Sud et dans bien d'autres pays de l'Afrique subsaharienne de manière générale.

Cette peinture non reluisante commande évidemment de s'interroger, un temps soit peu, sur les tenants et les aboutissants de cette situation.

<u>Chapitre II</u> : Enjeux et entraves du droit au développement en Afrique

A notre sens, plusieurs raisons peuvent expliquer le retard de l'Afrique par rapport aux autres parties du globe. Celles-ci se rapportent tantôt à son passé (I), tantôt aux facteurs politiques, économiques ou socioculturels (II).

I) Le poids non négligeable des facteurs historiques sur le développement de l'Afrique

L'esclavage (A), la colonisation (B) et le néo-colonialisme (C) semblent avoir eu une influence plus ou moins négative sur les efforts de développement en Afrique.

---

[20] Cela ne signifie pas qu'il faille se décourager pour y sombrer.

[21] Cette situation favorise très souvent des vocations terroristes chez les jeunes et même chez les moins jeunes qui sont prêts à s'engager comme des kamikazes pour des causes plus ou moins injustes.

A) L'esclavage : un commerce déshonorant la dignité humaine

Le dictionnaire *Le Petit Larousse Illustré 2014* définit le terme esclavage comme : l'«état de ceux qui sont sous une domination tyrannique. » [22] C'est aussi la « dépendance de quelqu'un à l'égard de quelque chose ou de quelqu'un. »[23] En réalité, il s'agit d'un asservissement. L'esclavage moderne quant à lui est défini comme la « condition d'une personne qui accompli un travail forcé et non rétribué au service d'un employeur. »[24]

Au cours des XVIe, XVIIe et XVIIIe siècles, les territoires d'Afrique ont subi une soumission agressive et une déportation massive des gros bras, c'est-à-dire des personnes valides constituant une main d'œuvre importante. Ceux-ci ont été emmenés de force pour travailler dans les plantations et les industries en Europe et en Amérique. Ce qui naturellement a apporté une contribution décisive au développement de ces continents ; et inversement a agi négativement sur l'Afrique qui perdait concomitamment ses hommes les plus valeureux. Certaines sources parlent des pertes en hommes oscillant entre 50 et 100 millions de personnes. Dans cette veine, René Dumont écrit : « L'hémorragie humaine ainsi infligée en Afrique est estimée, suivant les auteurs, entre 40 et 100 millions d'hommes. Ainsi, le continent africain, qui aurait représenté, nous dit Halbwachs, le cinquième de l'humanité au XVIIe siècle, autant que l'Europe à la même

---

[22] Isabelle Jeuge-Maynart (*dir)*, *Le Petit Larousse Illustré 2014*, Paris, Editions Larousse, 2013, p.456.

[23] *Id.*

[24] *Ibidem.*

époque, n'en compte plus aujourd'hui [25] que le quinzième. »[26]

Il convient de relever que les conséquences de l'esclavage ne se limitent pas seulement à cette déportation. Il a également causé une sorte de désagrégation de la vie politique, sociale et économique dans les chefferies, les royaumes et les empires africains. En effet, René Dumont corrobore cette assertion lorsqu'il dit : « Là ne s'arrêtent pas les dégâts de la traite. Les guerres intestines ainsi multipliées, car rendues plus profitables, ont arrêté le processus de progrès politique et économique, freiné l'évolution vers de grands empires, favorisé le démantèlement de ceux qui existaient. »[27]

Encore faut-il préciser que la traite des noirs n'a pas été le fait des occidentaux uniquement. A ce propos, Romaric Tiogo fait observer que, « en scrutant notre histoire, l'on réalise que bien avant le fameux commerce triangulaire (esclavage transatlantique) initié par les Européens, le commerce des Noirs ou des Cafres (mot qu'utilisaient les Arabes pour qualifier les Noirs qui, à leurs yeux, étaient des incroyants) avait déjà été pratiqué par les Africains arabes du Nord dès le VIIe siècle. »[28] La survivance moderne de cet esclavage a pu être repérée ces derniers temps en Mauritanie, pratiqué par les arabo-berbères contre les noirs.[29]

C'est dire que les germes du sous-développement de l'Afrique ont été posés depuis des siècles. Loin de les

---

[25] Précisons que son ouvrage est écrit dans les années 1960.

[26] René Dumont, *L'Afrique noire est mal partie*, Paris, Edition du Seuil, 1962, pp.23 et 24.

[27] *Id.*, p.24.

[28] Romaric Tiogo, *NELSON ROLIHLAHLA MANDELA. Vie, combat et héritage à l'humanité*, Collection RODEL, sl., 2014, p.105.

[29] Cf. Reportage diffusé le 3 janvier 2015 dans le ''Journal Afrique'' de la chaîne de télévision TV5-Monde à 21 heures 30 minutes.

dédouaner entièrement, la responsabilité dans ce domaine ne serait donc pas celle des seuls Africains. René Dumont, encore lui, pense que « trop d'Européens ont tendance à rendre l'homme noir, vite baptisé par eux de ''primitif'' (sinon paresseux, voleur, menteur…) entièrement responsable de son retard, de tous ses maux. Nous oublions aisément que depuis des siècles l'homme blanc a exploité sans vergogne ce continent noir, surtout par l'esclavage et le commerce de traite, suivi de la colonisation. »[30]

Autrement dit, après les blessures profondes de l'esclavage, l'Afrique a subi les affres de la colonisation.

B) La colonisation : mission civilisatrice ou mission d'exploitation ?

D'après le dictionnaire *Le Petit Larousse Illustré 2014*, la colonisation c'est l'action de coloniser ou encore la situation qui en résulte.[31] Or coloniser c'est transformer un pays ou un territoire en colonie[32] ; la colonie quant à elle étant un « territoire occupé et administré par une nation étrangère, et dont il dépend sur les plans politique, économique, culturel, etc. »[33] En effet, la pratique du colonialisme ou de l'impérialisme prend racine à partir de l'idée de supériorité de la race blanche sur les autres races, y compris la race noire. Ce qui rompt fondamentalement la notion ou le principe de l'égalité de tous les hommes.

Dans cette optique, il était donc question que la race dite supérieure vole au secours de la race ou des races dites inférieures. Mais il ne semble pas que cette mission initialement dite de civilisation des peuples primitifs ou

---

[30] René Dumont, *ibid.*, p.19.
[31] Cf. Isabelle Jeuge-Maynart *(dir)*, *ibid.*, p. 270.
[32] Cf. *Id.*
[33] *Id.*

barbares ait été salutaire pour l'Afrique, notamment l'Afrique subsaharienne. C'est pourquoi René Dumont déclare fort à propos que : « Hélas…nous n'avons pas fini d'expier les crimes de nos ancêtres blancs, qui se crurent tout permis, imbus qu'ils étaient de leur ''supériorité'' ».[34]

En effet, l'impérialisme occidental sévit durement au XIXe siècle. Certaines chefferies traditionnelles en Afrique ont accueilli plus ou moins favorablement, voire pacifiquement les colons. D'autres par contre, flairant le danger, se sont révoltés : on peut citer entre autres l'Algérie, le royaume de Ouadaï au Tchad, l'Ethiopie, les Boers en Afrique du Sud, etc.

Pour les soumettre, les colons ont utilisé la force, la violence, la guerre avec son corollaire de dégâts : les morts et autres destructions. Par ailleurs, au cours de la période coloniale proprement dite, les territoires africains ont subi un grand nombre de conséquences néfastes. A cet effet, on peut notamment mentionner une exploitation abusive des ressources naturelles par les colons. Citons entre autres les minerais comme l'or, le diamant, le fer, le pétrole…Sans oublier les matières premières pour le ravitaillement des industries occidentales. A tort ou à raison, certains auteurs ont par le passé mentionné dans leurs écrits la recommandation, devenus célèbre, du roi Léopold II de Belgique, adressée aux impérialistes belges concernant une exploitation à outrance des ressources des peuples colonisés.[35]

Par ailleurs, les luttes d'indépendance, intervenues dans les années 1950 et 1960, ont également favorisé le retard ou le recul de l'Afrique. En effet, elles ont, de manière générale, débouché sur des guerres dites

[34] René Dumont, *ibid.*, p.22.
[35] Il convient néanmoins de préciser ici que l'authenticité de cet écrit à lui attribué reste à vérifier ; car elle n'a pas encore été confirmée.

d'indépendance, donnant parfois lieu à des radicalisations populaires. D'où des pratiques de guérillas brutalement réprimées par les colons, les morts étant comptés par milliers. Par exemple, au Cameroun en région bamiléké et bassa. Pour la seule région de l'ouest-Cameroun, l'on a pu dénombrer entre 300 et 400 milles morts à cette occasion.[36]

Parlant d'assujettissement, finalement, l'indépendance apparemment tronquée semble avoir cédé le pas au néo-colonialisme.

C) Le néocolonialisme : une liberté surveillée

Principalement autour des années 1960, sous la pression de la communauté internationale, avec en première ligne l'ONU et les organisations de défense des droits de l'homme, les Etats africains comme ceux de l'Asie et de l'Amérique latine accèdent progressivement à l'indépendance. Mais d'après une certaine opinion, les puissances occidentales, n'étant pas prêtes à libérer complètement leurs anciennes colonies, auraient installé au pouvoir des personnes acquises à leur cause.

C'est d'ailleurs pourquoi René Dumont affirme sans ambages que : « L'indépendance n'est pas toujours la ''décolonisation''. »[37] Pour davantage s'en convaincre, l'on peut se référer à ces autres déclarations. Ainsi, Jules Ferry affirmait au parlement français, le 28 juillet 1885 que : « La déclaration des droits de l'homme n'avait pas

---

[36] Dans son ouvrage, François-Xavier Verschave cite Max Bardet, un pilote d'hélicoptère qui témoigne en ces termes : « Ils ont massacré 300 000 à 400 000 personnes. Un vrai génocide. Ils ont pratiquement anéanti la race. Sagaies contre armes automatiques. Les bamilékés n'avaient aucune chance…Les villages avaient été rasés… » ; Voir : François-Xavier Verschave, *La fançafrique. Le plus long scandale de la République*, Editions Stock, Paris, 2009, p.91.

[37] René Dumont, *ibid.*, p.68.

été écrite pour les Noirs de l'Afrique Equatoriale. »[38] Le général Meynier écrivait plus honnêtement : « Dès le premier jour de leur rencontre, les Européens ont posé en principe leur supériorité sur la race noire. »[39] Signalons également cet extrait de la déclaration faite lors de la conférence de Brazzaville au Congo : « Les fins de l'œuvre de civilisation accomplie par la France dans les colonies écartent toute idée d'autonomie, toute possibilité d'évolution hors du bloc français de l'empire. La constitution éventuelle, même lointaine, de *self-governments* dans les colonies est à écarter. »[40] Telle est donc la philosophie qui sous-tend le néocolonialisme.

Le néocolonialisme est défini comme une « politique visant à rétablir, sous des formes nouvelles, une domination sur les anciens pays colonisés devenus indépendants. »[41] En termes plus laconiques, on peut dire que le néocolonialisme est une survivance de la colonisation, une colonisation déguisée.

Pour que cette nouvelle politique soit efficace, il fallait placer les « bonnes personnes » aux positions stratégiques, pour assurer le relais entre les anciennes colonies et les anciennes puissances colonisatrices. C'est ainsi qu'au Cameroun, Ahmadou Ahidjo aurait pris le dessus sur Paul Soppo Priso, André Marie Mbida, Um Nyobe, Ernest Ouandié, Félix Moumié et bien d'autres. Au Togo, le sergent Etienne Gnassingbé Eyadéma aurait été instrumentalisé pour assassiner Sylvanius Olympio et prendre la tête du pays. [42] Au Zaïre, on assiste

---

[38] Cité par René Dumont, *ibid.*, p.25.
[39] *Id.*
[40] *Ibid.*, p.33.
[41] Isabelle Jeuge-Maynart (*dir*), *ibid.*, p.773.
[42] Cf. François-Xavier Verschave, *La fançafrique. Le plus long scandale de la République*, Editions Stock, Paris, 2009, pp. 109 et suiv.

pratiquement au même scénario de renversement entre Mobutu Sese Seko et Patrick Aymérie Lumumba. En Côte d'Ivoire, le sénateur Victor Biakaboda de l'aile radicale aurait été sacrifié au profit de Félix Houphouet-Boigny.[43] Au Gabon, Léon Mba est d'abord porté au pouvoir. Puis, s'étant rendu insupportable, officiellement, il est dit que l'armée nationale le renverse sans coup de feu et installe Jean Hilaire Aubame au pouvoir le 18 février 1964.[44] Quelques temps après, il reprend le pouvoir de manière curieuse. Au Tchad, François Tombalbaye sera préféré à Outel Bono.[45] Un peu plus tard, au Burkina-Faso, ancienne Haute-Volta, dans les années 1980, précisément le 15 octobre 1987, l'on peut mentionner le scénario de l'assassinat de Thomas Sankara qui porte Blaise Compaoré au pouvoir.[46] En somme, l'on ne veut pas des chefs d'Etat qui ''dérangent'', qui n'obéissent pas.

Tous ces positionnements stratégiques ont conduit à ce que René Dumont a appelé « paternalisme politique ».[47] Cela va par la suite se ressentir dans la gestion quotidienne des pays africains, avec un impact considérable sur le développement souhaité.

II) L'impact des facteurs politiques, économiques et socioculturels sur l'effort de développement en Afrique

L'analyse des facteurs politiques (A) précède celle des facteurs économiques (B) et socioculturels (C).

A) L'influence des facteurs purement politiques

Du grec ''*polis*'' qui veut dire ''cité'', la politique est l'art de gérer, d'administrer une cité, une société. La

---

[43] *Id.*, pp. 127 et suiv.
[44] *Ibid.*
[45] *Ibid.*, pp. 155 et suiv.
[46] *Ibid.*, pp. 173 et suiv.
[47] René Dumont, *ibid.*, p.5.

société étant un « ensemble d'individus vivant en groupe organisé. »[48] En fait, la question qu'il y a lieu de se poser ici est celle de savoir si les politiques de gestion mises sur pied aux lendemains des indépendances auraient pu véritablement favoriser le développement des Etats africains.

La réponse ne semble pas affirmative si l'on considère l'état de paupérisation de ces Etats plus de cinquante ans après, tel que nous l'avons mentionné plus haut. Cette situation semble donner pleine raison à René Dumont qui dès les années 1960 a eu le courage, contre vents et marrées, de déclarer que : « L'Afrique noire est mal partie » ; du titre de son célèbre ouvrage.

Il ne manquera pas par la suite d'y faire observer que : « Il fallait une certaine audace, dans l'euphorie générale du début de l'Indépendance, aussi répandue en France qu'en Afrique, pour dire que ce continent prenait un mauvais départ. Parce que celui-ci s'esquissait à peine ; et que nous en étions, nous les colonisateurs, les plus grands responsables. »[49]

De manière générale, ces politiques ne semblent pas avoir contribué de manière significative à l'amélioration des conditions de vies des populations. Apparemment, c'est l'élite gouvernante qui semble en l'état en tirer le meilleur parti dans la plupart des Etats africains. Et cela daterait des premières heures de l'indépendance. C'est pourquoi René Dumont a pu écrire : « En octobre 1961, le maire de Nkongsamba, au Cameroun, déclarait au Premier ministre Assalé : ''La masse a l'impression que la souveraineté nationale a crée une classe de privilégiés qui

[48] Isabelle Jeuge-Maynart *(dir.), ibid.*, p.1072.
[49] René Dumont, *ibid.*, p. 5.

se coupe d'elle...nous tendons vers un pire colonialisme de classe''. »[50]

Au départ, il s'est agi pour l'essentiel des pays africains de l'institution du partie unique, qui pour beaucoup de penseurs s'apparentait plus au parti-Etat. Par la suite, dans les années 1990, après le sommet de la Baule, en France, on a assisté au retour de la démocratie et du multipartisme dans ces pays, non sans être passé par des revendications suffisamment chaudes selon les espaces géographiques considérés. Seulement, comme nous le verrons plus loin, cette démocratie appelle encore bien des améliorations pour être à mesure de mieux servir les intérêts des masses populaires.

Signalons au passage que le politique ne saurait occulter l'économique, bien que les deux soient intimement liés.

B) L'impact des facteurs économiques

Les détournements des fonds publics (1) et la corruption (2) sont des fléaux qui plombent gravement la plupart des économies africaines.

1) Les détournements des deniers publics

Les économies des pays sous-développés ou des pays en voie de développement[51] souffrent sévèrement des détournements des deniers publics. Prosaïquement, cela signifie que les ressources financières qui auraient dû entrer dans les caisses de l'Etat pour servir au bien commun sont parfois détournées par quelques individus pour leur intérêt personnel.

---

[50] *Ibid.*

[51] C'est le cas des pays d'Afrique subsaharienne.

Ainsi, au lieu que tout cet argent aide à construire les hôpitaux, les écoles, les routes et autres [52], il sert finalement à bâtir des châteaux, des villas ou même à effectuer des voyages de plaisir dans des lieux huppés : Côte d'Azur, les îles Caïmans, les côtes brésiliennes etc.

Dans la plupart de ces pays, on a l'impression d'avoir à faire à une caste de privilégiés constituée de ministres, fonctionnaires, députés, sénateurs, hommes et femmes d'affaires dont la fortune n'offre pas véritablement une réelle traçabilité. [53] Dans cette optique, René Dumont écrit : « La situation générale n'est pas brillante, mais c'est nous qui avons poussé les Africains dans l'impasse où ils se trouvent. Quand notre autorité s'est affaiblie, nous avons cherché à la relayer par des élites africaines, auxquelles nous avons accordé des avantages excessifs. » [54] C'est, nous semble-t-il, cette culture originelle malencontreuse d'enrichissement facile et illicite qui a fait croire aux Africains subsahariens qu'il fallait surtout s'orienter vers des formations d'enseignement général pour plus tard devenir ''fonctionnaire''[55], au détriment des formations techniques ou agro-pastorales qui auraient pu être une panacée pour ces pays d'Afrique, comme nous le verrons plus loin.

En tout état de cause, qu'il s'agisse des détournements des fonds publics ou de la corruption, ces deux fléaux convergent en ce sens qu'ils s'appuient essentiellement sur les paradis fiscaux ou judiciaires.

---

[52] Ces mêmes fonds peuvent permettre de créer des entreprises ou des industries qui pourraient contribuer à lutter efficacement contre le chômage par des recrutements massifs.

[53] Cf. René Dumont, *ibid.*, p. 68.

[54] René Dumont, *ibid.*, p.86 et 87.

[55] Synonyme de réussite sociale.

2) La gangrène de la corruption

La corruption c'est le fait de soudoyer quelqu'un pour le déterminer à accomplir ou à ne pas accomplir son devoir. Bien que ce phénomène ne soit pas l'apanage des seuls pays africains, il reste qu'il cause de nombreux ravages dans les systèmes socio-économiques de ces pays.

Par exemple, si l'on se réfère au cas du Cameroun, il ressort du rapport ECAM 3 que 87,4% des ménages interrogés estiment que la corruption constitue un problème majeur pour notre pays[56]. Cette situation semble être confirmée par d'autres sources[57].

D'un pays à l'autre, les termes le plus souvent utilisés pour désigner ce fléau sont : « carburant », « motivation », « thé », « bière », « pot-de-vin », « dessous-de-table », « gombo », « la pièce-maîtresse du dossier », « gari », « boire l'eau », « faire le geste », « makalapati », « tchoko », « pourcentage », « mettre quelqu'un en haut », « la bière », « l'enveloppe », et la liste n'est pas exhaustive.[58]

Pour François Bingono Bingono, anthropologue et expert en communication traditionnelle : « L'humain est corruptible. Il ne résistera ni à l'argent, ni à l'amitié, ni à la beauté féminine, ni au pouvoir mystique. »[59]

---

[56] Cf. INSTITUT NATIONAL DE LA STATISTIQUE, *ibid*., p.101.

[57] Voir également les différents rapports de l'ONG allemande *Transparency International* de 1998, 1999, 2006 ; Benard Etta, *Etudes et recherches stratégiques sur le développement communautaire: l'approche africaine*, Publication de Bâtisseurs De Nation International, 2007, p.37 ; l'article de Alexandre T. Djimeli dans le journal ''Le Messager'' du 4 octobre 2007.

[58] Voir DIOCESE D'EBOLOWA. COMMISSION DIOCESAINE JUSTICE ET PAIX, *Les camerounismes de la corruption*, Presses de l'Imprimerie Classique, 2014, pp. 1 et suivantes.

[59] Entretien du 1er janvier 2012.

Pour Yves Saoût : « Le mot même de “corruption” est seulement du français élégant pour dire “pourriture”. »[60] Il poursuit en faisant observer que : « la corruption dans les tribunaux est la plus terrible, parce qu'elle peut aboutir à la condamnation d'un innocent »[61].

A ce niveau, il importe de mentionner que les fonds issus de la corruption ou des détournements semblent profiter non seulement à la bourgeoisie politico-administrative, mais aussi aux grandes firmes occidentales. Très souvent, ces fonds transitent par des paradis fiscaux et judiciaires : Hong-Kong, l'île Maurice, Singapour, Delaware, les îles caïmans, la Suisse, etc.[62]

Les paradis fiscaux et judiciaires posent des problèmes sérieux aux pays pauvres[63] :

- ils siphonnent les ressources de ces pays par la fuite illicite des capitaux qui est estimée à 800 milliards d'euros par an ; ainsi, le manque à gagner en recettes fiscales se chiffre chaque année à 250 milliards d'euros au moins[64] ;

- plus de la moitié des flux financiers et commerciaux transitent par les paradis fiscaux ;

- les cinquante premières entreprises européennes y logent en moyenne 117 filiales chacune ;

- sur les 800 milliards annuels en moyenne de flux financiers illicites qui quittent les pays sous-développés ou

---

[60] Yves Saoût, *Le ministre et la colère de Dieu : roman biblique sur la corruption,* Yaoundé, Presses de l'UCAC, 2012, p.51.

[61] *Id.*, p.88.

[62] Les paradis fiscaux sont des territoires qui offrent un régime fiscal faible ou inexistant ; tandis que les paradis judiciaires sont des territoires où la justice n'applique pas des règles aussi strictes que celles qu'on retrouve ailleurs.

[63] Cf. Site internet www.ccfd.terresolidaire.org

[64] Précisons qu'un euro est égal à 655 francs CFA environ : faites-en le calcul.

en développement, 3 à 5 % du montant correspondent à la corruption, 30 35 % aux activités criminelles et 60 à 65 % à l'évasion fiscale.

Ainsi, d'après les ONG Eurodad et Action Aid, citées par Terre Solidaire, Glencore aurait fait perdre à la Zambie dont il exploite le cuivre, près de 132 millions de recettes fiscales en 2012. L'Associated British Food, propriétaire d'une sucrerie locale, aurait aussi privé ce pays de 20 millions d'euros depuis l'année 2007. SAB Miller, l'une des principales brasseries de bière au monde, quant à elle aurait économisé environ 21,5 millions d'euros d'impôts sur l'ensemble du continent africain.

Outre ces quelques éléments économiques, la culture pourrait également avoir un impact sur l'exercice du droit au développement en Afrique.

C) La corrélation entre le droit au développement et les données socioculturelles

En son temps, le choc des civilisations a posé et continue à poser avec acuité le problème de la hiérarchie entre les différentes cultures. A tort ou à raison, certaines cultures ont été dites supérieures, tandis que d'autres ont été considérées comme étant de moindre importance.

Suivant cette logique, le philosophe Tempels déclare sans ambages : « Pour beaucoup de phénomènes naturels, qui nous frappent, les Noirs ont trouvé une explication : non une explication scientifique, mais plutôt une représentation fantaisiste qui nourrit leur fantaisie. »[65]

Dans la même veine, Dieterlen clame que : « le nègre se contente d'idées vagues et ne se laisse pas incommoder

---

[65] Cité par Fabien Eboussi Boulaga, *L'affaire de la philosophie africaine. Au-delà des querelles*, Paris, Terroirs & Karthala, 2011, pp. 57 et 58.

par les contradictions flagrantes qui s'y trouvent. Il ne précise pas, il ne raisonne pas, il n'a pas de logique : il n'y regarde pas de si près ».[66]

A notre sens, cette conception paraît très réductionniste et fortement contestable, car tous les peuples du monde entier demeurent rattachés à une culture particulière. D'ailleurs, les spécialistes de l'anthropologie juridique, tel que Norbert Rouland, pensent que le droit tire sa source de la culture et s'y nourrit.[67] En plus, chaque culture, fût-elle ''primitive'' ou ''évoluée'', voire ''civilisée'' a ses valeurs et ses contre-valeurs.[68] Van Parys s'inscrit fort opportunément dans cette lignée lorsqu'il écrit : « Devant les cultures et leur particularité, reconnais les valeurs propres à chacune d'elle, et œuvre pour leur enrichissement mutuel, plutôt que la prépondérance de l'une d'entre elles. »[69] Davantage plus précis dans son propos, le Professeur Paul-Gérard Pougoué écrit : « Les droits de l'homme sont des créations de l'esprit de l'homme, les fruits de sa culture. Or cette culture est nécessairement diverse et diversifiée…A chaque société correspondrait une conception particulière de l'homme et de ses droits. »[70]

---

[66] *Id.* p.58.

[67] Cf. Norbert Rouland, *Aux confins du droit*, Paris, Editions Odile Jacob, 1991, pp.11 et suivantes.

[68] Cf. Notre entretien du 6 septembre 2013 avec François Bingono Bingono et le Professeur Athanase Bopda.

[69] Jean Marie Van Parys, *Dignité et droits de l'homme, Recherches en Afrique*, Kinshasa-Gombe, Editions Loyola, Publications Canisius, 1996, p.16 ; voir également Fabien Eboussi Boulaga, *ibid.*, p.16 ; voir aussi Jean Pierre Fogui, *L'universalité de la culture : La preuve par les proverbes*, Paris, L'Harmattan, 2009, pp.7 et suivantes.

[70] Paul-Gérard Pougoué, « Lecture de la charte africaine des droits de l'homme et des peuples », in *Droits de l'homme en Afrique centrale*, Yaoundé-Paris, UCAC-KARTHALA, 1995, pp.32 et 37 ; voir également Pierre Titi Nwel, « L'idée de ''droit de l'homme'' en Afrique », in *Droits de l'homme en Afrique centrale*, Yaoundé-Paris,

Au-delà de ce débat hautement nourri sur le choc des civilisations, il faut néanmoins dire que certaines données socioculturelles semblent constituer des pesanteurs négatives pour le droit au développement en Afrique. Par exemple, l'exigence abusive de la dot est parfois un frein considérable pour des jeunes couples en Afrique subsaharienne, lorsqu'ils envisagent de fonder une famille pour démarrer une vie en société. Certaines belles-familles imposent des montants faramineux au futur gendre : des effets et des sommes d'argent se chiffrant souvent à quatre ou cinq millions de francs CFA, voire plus. Certaines personnes sont parfois obligées de contracter des dettes, des crédits bancaires à rembourser sur plusieurs années. René Dumont avait déjà constaté ce problème dans les années 1960 lorsqu'il écrivait : « Dans une large fraction du continent africain, le futur gendre doit apporter à ses beaux parents une dot qui, à l'origine, consistait surtout en prestations de travail en zone forestière, et en bétail dans les savanes. Avec la monétarisation de l'économie, ces dots tendent à prendre une valeur excessive et constituent un obstacle au développement. »[71]

Il faut aussi signaler le phénomène du "mouridisme" ou des marabouts-exploiteurs que l'on retrouve dans des pays de l'Afrique de l'ouest comme le Mali, le Sénégal, la Guinée Conakry…Dans ces systèmes, les jeunes apprenants du coran sont parfois abusivement exploités

---

UCAC-KARTHALA, 1995, pp.50 et 51 ; Pierre Titi Nwel, *Droits de l'homme et conceptions culturelles de l'homme*, Cahiers de la Quinzaine de Yaoundé N° 5, Département de droit canonique, Presses de l'UCAC, Yaoundé, 1997, p. 3 ; Mesmin Kanguelieu Tchouakeu, *La rébellion armée à l'ouest-Cameroun (1955-1971), contribution à l'étude du nationalisme camerounais,* Yaoundé, Edition Saint-Siro, 2003, p.46 ; Enoh Meyomesse, *ibid.*, p.29.

[71] René Dumont, *ibid.*, p. 134.

par leurs encadreurs qui les envoient plus travailler dans leurs champs.[72]

Malgré tous les handicaps ci-dessus relevés, l'espoir est permis ; car à notre sens, les atouts demeurent nombreux pour un décollage effectif de l'Afrique.

Chapitre III : Perspectives d'une mise en œuvre efficiente du droit au développement en Afrique

Le droit au développement serait-il seulement le droit des autres peuples ? L'Afrique peut et doit partir. Ce continent peut et doit décoller. Dans les années 1960, c'est-à-dire aux lendemains des indépendances, les pays comme la Chine, le Brésil, l'Inde, le Japon, les deux Corées et bien d'autres étaient pratiquement au même niveau de sous-développement que la plupart des Etats africains, voire pire. Mais plus de cinquante ans après, tandis que ces derniers croupissent encore da la misère, les premiers sont soit déjà très développés, soit dans une situation d'émergence très admirable.

A notre sens, pour que l'espoir reste permis, il importe de mettre un accent tout particulier sur le système de gouvernance de ces Etats (I) ; puis de revoir la notion de coopération internationale (II).

I) L'amélioration du système de gouvernance politique, économique et sociale

Depuis la chute du mur de Berlin en novembre 1989, la démocratie et la bonne gouvernance sont devenues sinon une condition, du moins une exigence fondamentale dans la sphère des relations internationales. Cette bonne gouvernance sous-entend le renforcement de la notion de l'Etat de droit (A) et l'élaboration ou l'adoption des règles

[72] Cf. René Dumont, *Ibid.*, p. 136 et suiv.

libérales pouvant favoriser la redynamisation des systèmes économiques (B).

A) Le renforcement de l'Etat de droit et de la démocratie

Ce renforcement de l'Etat de droit peut être opéré à travers le triptyque suivant : la recherche et le maintien de la stabilité politique (1), la concrétisation de la notion des contre-pouvoirs (2) et l'efficacité des institutions judiciaires (3).

1) La recherche et le maintien de la stabilité politique

Sans la paix et la stabilité politique, aucun développement n'est possible. La paix ici peut être définie comme la « situation d'un pays qui n'est pas en guerre ».[73] La stabilité quant à elle est le « caractère de ce qui est stable…(ou) qui se maintient durablement sans profondes variations. »[74]

Or l'on peut observer que c'est plutôt l'instabilité qui a essentiellement caractérisé la plupart des régimes politiques dans les pays africains depuis leur accession à l'indépendance. Notons par exemple que depuis l'année 1960, l'Afrique a connu 67 (soixante-sept) coups d'Etat et deux tentatives de coups d'Etat, dont une au Cameroun le 6 avril 1984 et une autre en 2010 en Guinée Equatoriale. Depuis cette même date, 30 (trente) chefs d'Etat ou de gouvernement ont été assassinés en Afrique.

Malheureusement, une opinion assez forte sur cette question laisse penser que tous ces bouleversements politiques en Afrique seraient instrumentalisés par les occidentaux, anciens colons, qui feraient tout pour

---

[73] Isabelle Jeuge-Maynart (*dir*), *ibid.*, p.821.
[74] *Ibid.*, p.1090.

continuer à tenir les reines du pouvoir dans ces Etats. A tort ou à raison ? A cet effet, la *françafrique*[75], dont Jacques Foccart serait le concepteur, y aurait joué un rôle très déterminant, notamment s'agissant des pays d'Afrique francophone.[76] Les situations d'instabilité ou de tentative de déstabilisation peuvent être relevées à travers quelques cas. En 1967, une curieuse guerre de sécession éclate dans le Biafra au Nigéria, sous la conduite du lieutenant-colonel Odumegu Emeka Ojuku ; ceci contre la volonté de la majorité de la population *ibo* qui vit dans cette portion du territoire nigérian. Comme résultat, on aurait enregistré environ trois millions de morts en trente mois de guerre.[77]

En 1997, au Congo-Brazzaville, le président Denis Sassou Nguesso avec ses miliciens *''Nindja''*, reprend le pouvoir qu'il avait perdu quelques années auparavant suite aux élections remportées par Ange Félix Patassé. Les affrontements entre les milices rivales sont très violents, les destructions sont massives et les morts se comptent en plusieurs milliers.

En 2013, en Centrafrique, une autre rébellion fort curieuse part du Tchad, avec à sa tête un certain Michel Ndjotodia et renverse le président François Bozizé. Imbroglio entre ce chef rebelle et ses parrains ? La réponse n'est pas évidente. Mais ce qui est évident c'est que celui-ci ne fera pas long feu et sera très vite remplacé par Catherine Samba Panza.[78]

---

[75] Pour plus d'efficience, celle-ci se serait servie des services de renseignements et des compagnies pétrolières. Cf. François-Xavier Verschave, *ibid.*, pp. 283 et suiv

[76] *Ibid.* 89 et suiv.

[77] *Ibid.*, p.137 et suiv.

[78] Entre-temps, l'on assiste à des affrontements sanglants entre les miliciens de la « Séléka » d'obédience musulmane et ceux des «anti-balakas», d'obédience chrétienne. En fait, les enjeux liés à l'exploitation du diamant, de l'or et du pétrole de ce pays sont

En 2011, la Libye a vécu un scénario similaire qui a débouché sur l'assassinat de Muhamar El Khadafi. En tout cas, il faut noter que les exemples sont légion en Afrique. Une telle instabilité ne pourrait aucunement contribuer au développement des Etats africains. Il est donc urgent que les règles de la démocratie prennent véritablement le pas sur de telles pratiques.

2) La concrétisation de la notion des contre-pouvoirs

Montesquieu, dans son ouvrage intitulé *L'Esprit des lois* déclare que "tout homme qui a du pouvoir est tenté d'en abuser ; qu'il faut que par la force des choses, le pouvoir arrête le pouvoir". Se situant dans le même sillage que Montesquieu sur le principe de la séparation des pouvoirs[79], le Professeur Luc Sindjoun déclare: « Par Etat de droit, il faut entendre non seulement la limitation du pouvoir par le droit, mais aussi la protection des citoyens…D'où l'intimité entre l'Etat de droit et la démocratie. »[80]

La démocratie suppose donc que les trois pouvoirs constitutionnels que sont l'exécutif, le législatif et le judiciaire se régulent et se contrôlent mutuellement pour l'intérêt commun de toute la société. Or dans la plupart des démocraties africaines, notamment d'Afrique subsaharienne, ces trois pouvoirs sont bien définis théoriquement dans la constitution. Mais dans la réalité, de manière empirique, le président de la république a comme

---

rapidement et fallacieusement dilués dans un prétexte de guerre de religions.

[79] Il s'agit de la séparation des pouvoirs constitutionnels que sont : l'exécutif, le législatif et le judiciaire.

[80] Luc Sindjoun, « Brèves réflexions sur une question sans fin », in *Droits de l'homme en Afrique centrale*, Yaoundé-Paris, UCAC-KARTHALA, 1995, p.95.

une certaine ascendance sur les deux autres pouvoirs. Ainsi, la notion de contre-pouvoirs est donc foulée aux pieds. C'est peut-être une forme de survivance de l'époque du parti unique, où par un coup d'Etat, un individu pouvait s'emparer du pouvoir et y demeurer aussi longtemps que possible tant qu'un autre coup d'Etat ne venait pas le déloger. L'époque du multipartisme et de la démocratie ne s'accommode pas de telles pratiques, qui du reste sont hautement préjudiciables au développement des Etats et au bien-être des populations.

Dans le même esprit, René Dumont pense qu'en Afrique, on a plutôt des « caricatures de démocratie parlementaire »[81], car les parlements coûtent chers et ne jouent par leur rôle de filtre ou de contre-pouvoir.

Cela pose donc le problème de l'alternance au pouvoir en Afrique. A ce sujet, Xavier Messé écrit : « Les habitudes ayant la peau dure, le multipartisme est partout dans le continent, mais dans certains pays, la démocratie n'est que de façade ; les dictateurs sont encore partout, vivant mal dans leur peau le multipartisme qui leur fut imposé par l'occident. »[82] Heureusement, la conscience populaire en Afrique est progressivement en train d'atteindre une maturité qui ne lui permet plus d'admettre les incongruités des chefs d'Etat qui veulent à tout prix se maintenir au pouvoir, fût-il en modifiant la constitution pour lever le verrou de la limitation des mandats. Le cas du Burkina-Faso peut être cité en exemple. Après 27 (vingt-sept) années au pouvoir, le président Blaise Compaoré a fait introduire au parlement burkinabé un projet de loi visant à modifier l'article 37 de la constitution de ce pays pour lever le verrou de la limitation des mandats et se présenter pour une nième fois aux élections

---

[81] René Dumont, *ibid.*, p.202 et suiv.

[82] Cf. Journal ''*Mutations*'', N° 3785 du lundi 1er décembre 2014, p.3.

présidentielles. Malheureusement pour lui, le 30 octobre 2014, jour de l'examen dudit projet de loi, une manifestation populaire a éclaté à Ouagadougou, l'obligeant à quitter le pouvoir *manu militari* pour se réfugier en Côte d'Ivoire, puis au Maroc.

Le 29 novembre 2014, lors du XVe sommet de l'Organisation Internationale de la Francophonie tenu à Dakar au Sénégal, le président français François Hollande a cité cet exemple du Burkina-Faso pour attirer l'attention des autres chefs d'Etat qui veulent s'éterniser au pouvoir. Seulement, Xavier Messé se demande fort opportunément si ce discours est emprunt de sincérité, lorsqu'il écrit : « Qu'il s'agisse du discours de la Baule ou celui de Dakar, Paris n'a jamais tapé sur les doigts de ses amis africains dont les comportements sont hautement et constamment décriés par les peuples appauvris et frustrés. Paris n'a-t-il pas exfiltré Blaise Compaoré et l'aider à trouver refuge en Côte d'Ivoire puis au Maroc, alors que le peuple s'apprêtait à lui demander des comptes ? C'est toujours ce même Paris qui reste aphone quand certains pays africains triturent les constitutions pour s'accrocher au pouvoir. »[83]

En tout cas, l'alternance au pouvoir figure en bonne place parmi les priorités d'une Afrique qui aspire à l'émergence. A condition également que la justice puisse efficacement jouer son rôle de régulateur des rapports sociaux pour stimuler ou attirer les investisseurs.

3) La nécessité de mettre sur pied des systèmes judiciaires plus efficients

La justice a aussi un rôle très important à jouer dans le processus de développement d'un pays. Un territoire où règne l'insécurité juridique ne peut en aucun cas faciliter les investissements, qu'ils soient nationaux ou étrangers. Il

---

[83] *Id.*

faut qu'un cadre juridico-judiciaire soit défini tel qu'en cas de litige, chaque citoyen ou résident soit à peu près sûr qu'il peut se faire rendre justice devant les institutions judiciaires de l'Etat concerné. Pour ce faire, la justice doit être neutre, impartiale, rapide et indépendante.

Sur ce dernier aspect par exemple, le Professeur Eugène Désiré Eloundou s'interroge, puis déclare: « Le juge est-il indépendant ? ça dépend de chaque personne. Le juge en lui-même est d'abord un homme indépendant. Mais il y en a qui pour des préoccupations de carrière ne sont plus indépendants. On a vu le cas du juge qui a déclaré le ministre Atangana Mebara non coupable[84]. Donc le juge comme personne a d'abord sa liberté. »[85]

Dans son observation, le Professeur Jacques Philippe Tsala Tsala le relève : « Au niveau structurel, les juges sont nommés par le pouvoir exécutif. Ils ne sont pas élus par leurs pairs. Il ne me semble pas qu'on choisisse des juges qui ne sont pas soumis.

Au niveau individuel, chaque juge a son éthique ou peut avoir son éthique. Mais ce n'est pas suffisant. Vous pouvez avoir au-dessus de vous des gens qui ne pensent pas comme vous, qui vont changer vos décisions en appel par exemple. »[86]

Il poursuit son propos en ces termes : « Dans des pays où la justice est considérée comme indépendante, il y a toujours des problèmes. En France, on a parlé à un

---

[84] Il s'agit du magistrat Schlick Gilbert qui dans le cadre de l'« Opération Epervier » (nom donné au Cameroun à la vaste campagne de lutte contre la corruption et les détournements des deniers publics engagée par le chef de l'Etat) a acquitté ce ministre dans l'un des dossiers dans lesquels il était poursuivi devant le TGI du Mfoundi.

[85] Entretien du 4 novembre 2013.

[86] *Id.*

moment de la République des juges »[87], pour décrier le trop d'indépendance accordé à la justice à cette époque-là.

C'est vrai que dans aucun pays au monde l'indépendance de la justice n'est totale. Mais il faut quand même une certaine distanciation entre les différents pouvoirs constitutionnels. Il convient de faire observer que le problème de l'indépendance de la magistrature appelle un distinguo essentiel. En effet, il s'applique prioritairement aux magistrats du siège. Quant aux magistrats du parquet, ils doivent se soumettre au principe de la subordination hiérarchique[88]. Cela signifie que tandis que les premiers n'obéissent en principe qu'à la loi et leur conscience [89], les seconds doivent impérativement se soumettre aux instructions de leur hiérarchie et rendre compte de leurs actions[90].

Généralement, le problème de l'indépendance de la justice en Afrique se pose parce que les Conseils Supérieurs de la Magistrature, qui gèrent la carrière des magistrats, les nomment ou les affectent, sont très souvent présidés par le président de la République, chef de l'exécutif. Alors, on se demande comment il peut garantir cette indépendance de la justice sans empiéter, même sur le plan psychologique, sur cet autre pouvoir constitutionnel.

A titre de droit comparé, il faut donc dire que la suspicion à l'égard du conseil supérieur de la magistrature est le fait de plusieurs pays en Afrique. A cet effet, Alioune Badara FALL écrit : « Les divers Conseils

---

[87] *Ibid.*

[88] Cf. Roger Perrot, *Institutions judiciaires*, Paris, Editions Montchrestien, 1998, pp.38 et 39.

[89] Cf. article 5 du décret N° 95/048 du 8 mars 1995, modifié, portant statut de la magistrature au Cameroun.

[90] Cf. article 3 du statut de la magistrature au Cameroun.

supérieurs de la Magistrature sont généralement suspectés de connivence avec le pouvoir en place et ne disposent, le plus souvent, d'aucune crédibilité, aussi bien au sein de la magistrature elle-même qu'auprès des populations de plus en plus attentives aux décisions rendues par la justice de leurs pays. Dans la majorité des Etats, le Conseil de la magistrature dont la mission essentielle et première est d'assurer le bon fonctionnement du service public de la justice et la garantie de l'indépendance des magistrats, est présidé par le Président de la République. Dans certains pays, le Conseil est composé de membres de droit (au Sénégal par exemple, il s'agit, selon l'article 2 de la loi organique n° 92-26 du 30 mai 1992, du Président du Conseil d'Etat, du Premier Président de la Cour de Cassation et du Procureur Général près la Cour de cassation, des Premiers Présidents des Cours d'Appel et des Procureurs généraux de ces Cours) et des membres élus (au nombre de six au Sénégal : trois titulaires et trois suppléants élus par leurs pairs parmi les magistrats, aux termes de l'article 3 de la même loi organique), alors que dans d'autres pays comme la Guinée, le ministre de la justice, Vice-président du conseil, ainsi que les cinq autres membres sont nommés par le Président de la République. »[91]

Pour mettre un terme à de telles suspicions dans les pays africains, il serait peut-être souhaitable que les conseils supérieurs de la magistrature soient présidés par le président de la Cour Suprême, comme c'est le cas actuellement au Togo et au Mali. Le ministre chargé de la justice en serait alors le vice-président. Les textes de nomination ou d'affectation pourraient toujours être signés

---

[91] Alioune Badara Fall, Professeur à l'Université Montesquieu-Bordeaux IV, «Les menaces internes à l'indépendance de la justice », in site internet www.uihj.com ;

par le président de la république, après avis conforme[92] dudit conseil. Ainsi, une bonne régulation judiciaire pourrait contribuer à la redynamisation des systèmes économiques africains.

B) La redynamisation des systèmes économiques africains

Les économies africaines doivent être dépouillées des tares que sont la corruption et les détournements de biens publics (1). En outre, il est impérieux de réduire les dépenses publiques superflues (2). Au final, le secteur industriel appelle nécessairement un coup de neuf (3).

1) Un combat plus judicieux contre la corruption et les détournements des deniers publics

L'Afrique doit pouvoir maîtriser l'exploitation de ses ressources naturelles et la traçabilité de l'utilisation de ses ressources financières ; car une grande partie de ses richesses disparaît dans les circuits de corruption et des détournements des fonds publics. Pour s'en convaincre, il suffit de considérer l'observation suivante, relative aux réseaux de blanchiment d'argent par le biais des paradis fiscaux et judiciaires.

Depuis l'année 2012, l'Afrique subsaharienne aurait vu s'évaporer ses ressources vers les paradis fiscaux à hauteur de 250 milliards d'euros environ. Cet argent aurait pu permettre de financer les hôpitaux, les salaires des enseignants ou des investissements dans l'agriculture ou l'élevage. Soit plus de deux fois l'aide publique au développement déclaré par les pays riches et plus de six fois le montant des financements nécessaires par an pour

[92] Sans possibilité de modification ; le contraire étant l'avis facultatif.

lutter contre la faim dans le monde d'ici l'année 2025 selon la FAO.[93]

Pour mettre un terme à ces pratiques regrettables, chaque Etat doit sur le plan interne élaborer un dispositif législatif et répressif conséquent. A cet effet, l'on peut saluer les efforts effectués au Sénégal par le président Macky Sall, dont le gouvernement a fait traduire devant les tribunaux plusieurs hauts commis de l'Etat, soupçonnés de détournement des deniers publics, parmi lesquels Karim Wade, ancien ministre et ancien maire de Dakar, par ailleurs fils de l'ancien président Abdoulaye Wade.

Au Cameroun, depuis le début des années 2000, une vaste campagne de lutte contre la corruption et les détournements des fonds publics a également été lancée par le gouvernement de la république.[94] Celle-ci a été baptisée « Opération épervier » par la presse nationale et cette appellation est finalement restée ancrée dans les mœurs. En outre, plusieurs structures ont été crées au Cameroun pour combattre ces deux fléaux. On peut citer la CONAC[95], l'ANIF[96] et les organes spécialisés dans les différents ministères et autres services publics ou parapublics. Dans ce sens, le travail abattu est

---

[93] Cf. Rapport de la FAO, 2012, cité dans le site internet www.ccfd.terresolidaire.org

[94] Depuis lors, plusieurs hauts responsables, directeurs généraux des sociétés publiques ou parapubliques, plusieurs ministres ou premier ministre ont été mis aux arrêts. Tandis que certains purgent leur peine, d'autres sont soit à l'information judiciaire, soit en attente de jugement.

[95] La Commission Nationale Anti-Corruption.

[96] L'Agence Nationale d'Investigations Financières.

énorme…D'autres pays africains devraient suivre cet exemple.[97]

Cependant, les habitudes ayant la peau dure, on peut tout simplement regretter le fait que malgré tout ce déploiement, la corruption et les détournements semblent perdurer, encore que ces phénomènes se retrouveraient sous une forme plus astucieuse dans le train de vie de l'Etat.[98]

2) La réduction du train de vie des Etats et des administrations publiques

L'administration telle qu'elle fonctionne dans les pays africains mènerait pratiquement à la ruine. Dans la plupart de ces pays, 60 à 80 % du budget de l'Etat sont consacrés au fonctionnement tandis que le reste est consacré à l'investissement. Or tous les économistes vous diront que c'est l'investissement qui permet de faire croître une économie.

C'est ainsi que l'essentiel de ces crédits de fonctionnement sont consommés par les services centraux, parfois au grand dam des services déconcentrés ou décentralisés, qui dans l'arrière pays, ont du mal à atteindre les objectifs à eux fixés. A titre d'illustration, il est anormal qu'un directeur général ou un ministre dispose d'un crédit pour carburant d'un montant de 2 000 000 F CFA (deux millions de francs CFA) par mois ; à moins qu'il s'agisse du carburant à mettre dans les avions. On

---

[97] Encore qu'il n'est pas exclu que les différents Etats envisagent des possibilités de restitution des fonds dans un cadre plus conciliateur et amiable avec les personnes concernées, après avoir repéré les comptes ouverts partout dans le monde. Pour cela, une commission pourrait être crée pour un meilleur suivi.

[98] Alors que tout cet argent aurait pu favoriser un relèvement du niveau des salaires des travailleurs, pour plus d'équilibre et de justice sociale.

pourrait leur en allouer un peu moins, dans la limite du raisonnable. Le surplus pourrait alors être orienté vers la production d'autres biens et services utiles aux populations. En plus, certaines lignes de crédits existent également pour l'entretien des véhicules publics qui parfois ont disparu entre-temps.

C'est pour décrier ces tares congénitales que R. Gendarme a pu écrire : « On ne développe pas un pays en doublant l'effectif des services administratifs ou en distribuant des sinécures à des amis, mais en mobilisant les bras et les énergies au service d'un idéal fondé sur le bien commun. »[99]

A cette étape, il ne serait pas superflu de relever que l'industrie est ce qui manque le plus aux économies africaines.

3) Le décollage du secteur industriel et la promotion de l'investissement privé

Le sous-développement de l'Afrique, notamment de l'Afrique subsaharienne, est étroitement lié à l'absence d'industrie. [100] En effet, les premières tentatives d'industrialisation opérées dès l'accession des pays africains à l'indépendance ont été des échecs, que ce soit au Tchad, au Sénégal, au Cameroun, au Gabon, au Congo...

Les Etats ou la plupart des hommes d'affaires sont restés cantonnés dans les seules activités commerciales : l'importation et la vente des produits venant de l'étranger ou de l'arrière-pays. La transformation des matières premières est demeurée quasiment inexistante.[101] Or les

---

[99] Cité par René Dumont, *ibid.*, p.68.
[100] Cf. René Dumont, *ibid.*, p. 17.
[101] Cf. Message délivré le 10 février 2015 à la jeunesse camerounaise par le Président Paul BIYA.

produits manufacturés importés coûtent nécessairement plus chers aux populations africaines, bien que les matières premières aient été exportés par l'Afrique.

C'est pourquoi René Dumont, que certains ont surnommé l'ami de l'Afrique, pense que : « Sans usines, il n y a pas de décollage possible de l'économie, pas d'accroissement rapide de la productivité, pas de fourniture massive des moyens de production à l'agriculture. »[102] En effet, l'Etat et les investisseurs privés devraient davantage collaborer pour mieux booster le secteur industriel en Afrique. A condition que les lourdeurs et les lenteurs des procédures administratives ne continuent plus d'être des goulots d'étranglement lors des demandes d'obtention des titres d'exploitation formulées par les potentiels investisseurs.[103] Ainsi, les Etats doivent bien jouer leur partition et bien encadrés ou orienter les hommes d'affaires pour une symphonie plus harmonieuse. On devrait par exemple développer l'industrie alimentaire, l'industrie du textile, etc. Ils doivent donc promouvoir et encourager l'entreprenariat privé.[104] Sur ce plan, les pays comme le Nigéria, l'Afrique du Sud ou la Côte d'Ivoire semblent marquer de très bons points.

Au demeurant, notons que ce continent a des atouts importants pour mettre en œuvre cette politique économique ; car comme le souligne Jonathan Berman : « La main-d'œuvre africaine va augmenter de 163 millions au cours de cette décennie. D'ici à 2035, elle sera supérieure à celle de la Chine et, en 2050, les Africains

---

[102] René Dumont, *ibid.*, p. 100.

[103] Le Président Paul BIYA du Cameroun n'a pas manqué de le relever le 31 décembre 2014 dans son message de fin d'année à la nation.

[104] C'est cet entreprenariat privé qui permettra aux économies africaines, largement dominées par le secteur informel, de mieux se structurer et contribuer à la lutte contre le chômage.

représenteront le quart des travailleurs de la planète. De surcroît, ils auront bien moins de personnes dépendantes à charge que n'importe quelle autre nation dans le reste du monde. Mais de gros investissements dans l'amélioration de la productivité sont requis pour assurer une croissance globale et équilibrée de la région. »[105]

Ressortant les potentialités naturelles de ce continent, Jonathan Berman poursuit son propos en déclarant que : « Les ressources naturelles ne font pas tout, mais c'est un atout. Avec 60% des terres cultivables de la planète, l'Afrique peut devenir une puissance agricole. Elle est également riche en pétrole et en gaz. Au Mozambique, en Tanzanie et en Ouganda, de nouveaux gisements pourraient drainer 40 milliards de dollars d'investissement étranger. Les compagnies qui ne font que de l'extraction ne trouveront pas un soutien durable en Afrique. Mais celles qui bâtissent des chaînes d'approvisionnement locales, embauchent du personnel local et produisent pour le marché intérieur peuvent emporter la mise. »[106]

En bref, pour emprunter cette expression de René Dumont : « L'Afrique doit apprendre tout à la fois l'écriture et la monnaie, la charrue et l'Etat centralisé, que l'Asie connaît de longue date ; tout en s'efforçant d'aborder efficacement la Révolution industrielle. »[107] Cet apprentissage appelle également une intervention du secteur éducatif.

---

[105] Jonathan Berman, « Le temps de l'Afrique est venu », in *Harvard Business Review* (HBR), Août-Septembre 2014.
[106] *Id.*
[107] René Dumont, *ibid.*, p.6.

C) La nécessaire réforme du secteur socio-éducatif

La professionnalisation des enseignements (1) et la promotion des valeurs éthiques (2) méritent de retenir notre attention.

1) La professionnalisation des enseignements : une adaptation souhaitée

Le constat est que, pendant la colonisation et même après les indépendances, les Etats africains se sont contentés de copier de manière presque servile les systèmes éducatifs de l'occident, sans tenir compte de la nécessité d'une adaptation aux réalités locales.

A tort, l'accent a été essentiellement mis sur l'enseignement général[108] qui débouche sur des travaux d'ordre administratif, pour pouvoir accéder à un bureau avec une veste et une cravate. Or l'administration seule ne peut pas recruter tous ces élèves et étudiants au terme de leurs différentes formations. Si l'on emprunte les mots de René Dumont, on peut bien dire que : « Pour la plupart des gosses de villes ou des campagnes, l'école représente d'abord le moyen d'accéder à la caste des privilégiés de la fonction publique…Le nombre de jeunes qui étant restés plus de 3 ou 4 ans sur les bancs de l'école, consent à retourner à la terre est également minime. »[109] Ainsi, le domaine technique ou de l'ingénierie a été négligé.[110] Pourtant les pays d'Afrique disposent d'un potentiel

---

[108] Dans son message délivré le 10 février 2015 à la jeunesse camerounaise, le Président Paul BIYA qualifie cette option originelle prise par nos Etats de « mauvais choix » et surtout, parle de « l'orientation tardive de notre système éducatif vers la professionnalisation ».

[109] René Dumont, *ibid.*, p.79.

[110] Dans ce même du 10 février 2015, le Président Paul BIYA du Cameroun recommande d' « accentuer la formation des techniciens et des ingénieurs ».

énorme dans le domaine de l'agriculture et de l'élevage, pour ne citer que celui-là.

Dans cette optique, comme pour déplorer la philosophie des colons et des nouveaux dirigeants de l'Afrique, René Dumont déclare : « S'ils y avaient ajouté l'instruction et la formation professionnelle, l'art simple de dresser les bœufs au travail, au lieu d'y rechercher les esclaves et un facile bénéfice, la situation de l'Afrique d'aujourd'hui serait totalement différente. »[111]

Au-delà de l'éducation formelle dans les écoles, les universités et les instituts, un accent particulier doit être mis sur la formation du paysan, agriculteur, éleveur, artisan et autres, à la fois en tant homme dans sa globalité et en tant que producteur. [112] Cela favoriserait une production massive des matières premières pour alimenter les industries, et du coup sortirait le monde rural et le paysan du délaissement et du manque de considération sociale. [113] En outre, il est nécessaire de construire des infrastructures routières et autres voies de communication pour évacuer ces produits sans grande difficulté.

Seulement, pour une efficience plus marquée, la société civile devrait également y apporter sa contribution.

---

[111]René Dumont, *ibid.*, p. 24.

[112]Dans son message du 10 février 2015 à la jeunesse camerounaise, le Président Paul BIYA a également préconisé le retour au travail manuel qui, dans beaucoup de pays plus avancés, est parfois mieux rémunéré que d'autres services.

[113] C'est ce manque de considération sociale qui fait croire au paysan qu'il ne sert à rien ; contrairement à ce qui est observé sur d'autres continent.

2) Le rôle des communautés religieuses, de la société civile et l'intérêt commun au cœur de la vulgarisation des valeurs éthiques

Entre autres conséquences, l'entrée de l'Afrique dans la mondialisation a entraîné un déficit de valeurs morales et éthiques, outre la perte d'autres valeurs comme celle de la notion du bien commun ou de l'intérêt général. Contrairement aux valeurs culturelles ancestrales où la communauté devait primer en tout et sur tout.[114]

Le capitalisme, philosophie de l'heure, a donc fait reculer toutes ces valeurs ; l'intérêt individuel étant devenu le maître-mot, au grand dam de l'intérêt collectif de la société. De tels égoïsmes semblent donc se traduire par les détournements massifs des fonds publics tel que nous l'avons déploré plus haut.[115] Il y a donc un travail de fond à faire à ce niveau pour transformer et changer les mentalités. C'est à ce stade que le rôle de la société civile paraît déterminant.

La société civile peut être définie comme l'ensemble des forces plus ou moins organisées en dehors de l'administration et des partis politiques.

Les associations, les communautés religieuses doivent donc véritablement s'impliquer pour la promotion et la vulgarisation des valeurs éthiques et la notion du bien commun ou de l'intérêt commun. Les sociétés civiles africaines pourraient par exemple organiser des cérémonies pour primer les groupes, les personnes ou les

---

[114]Cf. Jean Pierre Fogui, *L'universalité de la culture : La preuve par les proverbes*, Paris, L'harmattan, 2009, pp. 1 et suiv.

[115] Si l'on prétend travailler pour soi-même et amasser pour sa descendance, que feront donc ces enfants quand ils seront adultes ? Se croiser les bras et manger ? En tout cas, chaque génération doit se soucier de l'avenir de son pays en général et non de sa seule progéniture.

personnalités qui se distinguent sur ce plan. Cela pourrait créer de l'émulation, en plus d'attirer l'attention de ceux qui dérapent sur le fait qu'ils sont observés.

Sur un tout autre plan, la solidarité transfrontalière pourrait apporter de la plus-value aux efforts de développement des pays africains.

II) L'importance de la solidarité supranationale pour le développement de l'Afrique

Au confluent des rapports entre les Etats se trouve le concept des relations internationales ou relations diplomatiques. Celles-ci sont définies comme : « relations entre Etats »[116] ou « relations que les Etats entretiennent par l'intermédiaire des agents diplomatiques qu'ils accréditent les uns auprès des autres. »[117] En ce sens, on pourrait bien se demander dans quelle mesure la collaboration des Etats africains entre eux (A) ou avec les autres pays du monde (B) peut être salutaire pour le développement de ce continent ?

A) La solidarité sous-régionale et régionale : un véritable ferment pour des progrès politiques, économiques et sociaux

Cette solidarité convoque nécessairement une franche collaboration des Etats africains dans les domaines politique (1), social et économique (2).

1) Sur le plan politique : la construction d'une philosophie commune

L'heure est à la construction des grands ensembles. L'Union Européenne, les Etats-Unis d'Amérique, la Chine et bien d'autres en sont des exemples concrets. C'est dire que dans le contexte actuel de la globalisation, les

---

[116] Isabelle Jeuge-Maynart *(dir), ibid.*, p.982.
[117] Gérard Cornu, *ibid.*, p.764.

minuscules Etats africains, s'ils prétendent évoluer seuls, ne peuvent s'en pas sortir. Or la balkanisation opérée par la colonisation a largement participé à l'émiettement de ce continent.

De plus, d'après Marcus Boni Teiga [118] : « L'indépendance est donc devenue une véritable dépendance vis-à-vis des puissances étrangères, en particulier des anciennes puissances coloniales. Faute de réflexions endogènes ou prospectives et de volonté politique en vue d'amorcer un changement par une synergie d'actions, les politiques actuelles sont une navigation à vue. Les Etats sont gérés à la petite semaine par les dirigeants, juste le temps d'accomplir les hautes charges qui sont les leurs. »[119]

C'est pourquoi il importe de construire de grands blocs politiques, que ce soit sur le plan sous-régional ou sur le plan régional. Pendant plusieurs années, l'OUA s'est efforcée avec beaucoup de difficultés, de bâtir une philosophie politique commune pour l'Afrique. Malheureusement, le respect des règles démocratiques n'étant pas de mise, c'est à son époque que le continent africain aura connu sa plus grande période d'instabilité politique, avec la multitude des coups d'Etat enregistrés.

Cette période de l'Afrique sous l'égide de l'OUA n'aura pas été des plus reluisantes. C'est pour cette raison que les dirigeants africains, menés par les leaders tels que Muhamar Khadafi, Abdoulaye Wade et bien d'autres, ont opté pour la création d'une nouvelle structure. C'est ainsi qu'est née l'UA. Par la suite, ces dirigeants africains penseront à mettre sur pied des structures spécialisées, dans l'optique d'impulser un véritable développement en Afrique. Parmi celle-ci figure en bonne place le NEPAD.

---

[118] Ancien directeur de l'hebdomadaire ''Le Benin Aujourd'hui''.
[119] Cf. site internet www.SlateAfrique.

Le NEPAD [120], Nouveau partenariat pour le développement de l'Afrique, est un projet de développement qui a été initié par plusieurs chefs d'États africains parmi lesquels le Sud-Africain Thabo Mbeki, l'Algérien Abdelaziz Bouteflika, le Sénégalais Abdoulaye Wade, le Nigérian Olusegun Obasanjo, et l'Égyptien Hosni Moubarak.

En réalité, le NEPAD est né de la fusion de deux autres plans proposés pour l'Afrique : le *Plan Oméga* et le *Millenium African Plan* ou Plan MAP. Ceux-ci sont apparus au cours de l'année 2000 et avaient pour but principal de pallier au retard immense des pays africains en matière de développement sur la scène internationale. L'Afrique est en effet le seul continent dont le développement et la présence internationale régressent. C'est pour cela que le président sénégalais Abdoulaye Wade proposa en janvier 2001, au sommet France - Afrique de Yaoundé, le *Plan Oméga.* Celui-ci visait à "résorber l'écart entre pays développés et pays sous-développés par des investissements massifs d'origine externe, coordonnés à l'échelle continentale, pour poser les bases du développement du continent africain". De leurs côtés, le président algérien Abdelaziz Bouteflika, le président nigérian Olusegun Obasanjo et le président d'Afrique du Sud Thabo Mbeki proposèrent le *plan MAP*, qui tentait principalement d'incorporer l'Afrique au sein des actions mondiales. C'est en juillet 2001, au sommet des chefs d'Etats de Lusaka, que ces deux plans fusionnèrent sous le nom de *NEPAD*. Le NEPAD n'est pas une institution complètement autonome. C'est avant tout un projet, et ce projet est sous la tutelle de l'Union africaine. Il est l'un de ses programmes. Son ultime but est

[120] Acronyme de "*New Partnership for Africa's Development*".

de combler le fossé qui existe entre l'Afrique et le reste du monde.

Depuis sa création, la place du NEPAD au sein de l'Union africaine est sujette à controverse : le projet ne fait initialement pas partie du programme de l'Union africaine. De plus, l'Afrique du Sud y joue un rôle démesuré.[121] Cependant, les derniers sommets de l'Union africaine aboutissent à une plus grande intégration du projet NEPAD : en mars 2007, le sommet d'Algérie permet la fusion du NEPAD à l'UA. Mais il reste constant que tous les Etats africains n'adhèrent pas véritablement à ce projet ; d'où ses avancées à très petits pas.

Or ils gagneraient bien à s'y intégrer, pour qu'après l'élaboration d'une philosophie politique commune, les bases d'une mutualisation des efforts sur le plan socio-économique soient également posées, comme ce fût déjà le cas à travers les structures telles que la CEDEAO, la CEMAC, la SADC, etc.

2) Sur le plan socio-économique : la création des marchés communs pour un mieux-être des populations

La relative stabilité évoquée plus haut est plutôt favorable au développement économique et social. A cet effet, Jonathan Berman écrit : « La dette et l'inflation ont beaucoup diminué au cours de la dernière décennie, car les différents gouvernements africains sont maintenant largement alignés sur les économies de marché. Le nombre de coups d'Etat a aussi beaucoup baissé depuis 1990. Bien qu'elles évoluent à des rythmes différents, les réformes politiques sont en route, comme le montre l'indice "Polity IV"».[122]

---

[121] Par exemple, le Secrétariat du Nepad est établi à Midrand.
[122] Jonathan Berman, *ibid.*

Par ailleurs, nous avons parlé ci-dessus de la nécessité d'intensifier la production pour alimenter les industries. On pourrait bien se demander s'il existe en Afrique un marché approprié pour écouler la production des biens et services. La réponse est bel et bien affirmative. Les Etats africains représentent un marché potentiel énorme, surtout que les autres formes d'échanges expérimentées sur le plan international se sont très souvent avérées infructueuses.[123]

Jonathan Berman décrit ce potentiel en ces termes : « 52 villes comptent un million de personnes ou plus : comme en Europe occidentale. Le pourcentage de personnes vivant dans des villes est plus élevé qu'en Inde et sera de 50% d'ici à 2030. La classe moyenne est aussi plus importante qu'en Inde et, d'ici à 2020, la moitié des ménages africains disposeront d'un pouvoir d'achat substantiel. L'Afrique a besoin de tout : infrastructures, éducation, santé, biens de consommation. Et elle peut payer pour cela. »[124]

Pour le déplorer, il relève ensuite que : « Comparée à l'Europe, l'Asie ou l'Amérique latine, l'Afrique connaît le plus faible taux d'échanges commerciaux intérieurs (11%). C'est un continent fracturé, mais une nouvelle race de compagnies panafricaines compétitives et de leaders sont en train de changer la donne. Des ministres du commerce de plus en plus compétents et des dirigeants d'entreprises se chargent de promouvoir le libre-échange au sein des cinq grands blocs commerciaux. »[125] Cela résulte de la balkanisation imposées à ce continent depuis

---

[123] A cet effet, dans son message du 10 février 2015 à la jeunesse camerounaise, le Président Paul BIYA a pu parler de « l'iniquité des termes de l'échange ».
[124] Jonathan Berman, *ibid.*
[125] *Ibid.*

l'époque coloniale. Une situation dans laquelle les dirigeants africains semblent s'y plaire, chacun souhaitant malicieusement garder son autonomie et régner sur son territoire en maître absolu.

Pourtant, il est urgent de créer un vaste marché commun africain, avec des modalités fiscales et douanières définies d'un commun accord.

Par ailleurs, une autre solidarité au-delà des frontières africaines est également souhaitable, si l'on veut faire savourer paisiblement les délices du droit au développement.

B) La solidarité internationale pour un pari gagnant-gagnant

Déjà dans les années 1950[126], Alfred Souvy avait eu la clairvoyance de déclarer que le monde est devenu un grand village planétaire. C'est ainsi qu'un développement disparate est devenu source de problèmes de divers ordres pour la société internationale.[127] Pour que la paix mondiale et les équilibres soient maintenus, les pays pauvres, au rang desquels ceux de l'Afrique, ont véritablement besoin d'un transfert des technologies (1) et d'une redéfinition des modalités de l'aide au développement (2). Sans oublier qu'il est tout autant nécessaire de s'unir pour combattre la violence dans le monde (3).

1) Le transfert des technologies comme terreau d'une véritable industrialisation de l'Afrique

On ne le dira jamais assez, de manière générale, le continent africain souffre d'un déficit criard d'industries. Il s'agirait d'une politique conçue de longue date par les

---

[126] Précisément en 1952.

[127] L'expérience montre que la pauvreté des uns rejailli négativement sur les autres, malgré les distances incommensurables.

acteurs de la colonisation. Pour s'en convaincre, l'on peut méditer fort opportunément cette déclaration de Jules Méline le 8 mars 1899, au congrès annuel de l'Association de l'Industrie et de l'Agriculture, qui déjà à cette époque disait qu'il faut « décourager par avance les tentatives industrielles qui pourraient se faire jour dans nos colonies, obliger en un mot nos possessions d'outre-mer à s'adresser exclusivement à la métropole pour leurs achats de produits manufacturés, et à remplir, de gré ou de force leur office naturel de débouchés réservés, par privilège, à l'industrie métropolitaine. »[128]

Apparemment, les dirigeants africains ont cru devoir suivre allègrement les pas de leurs maîtres. Heureusement, de plus en plus, l'on observe comme un réveil dans ce sens sur ce continent. A cet effet, on peut citer les pays comme le Ghana, le Nigéria, l'Afrique du Sud, le Botswana, etc. Malheureusement, les autres restent encore à la traîne. Contrairement aux pays en pleine émergence comme les BRICS [129] , les Africains dans une grande majorité attendent que la technologie se déplace toute seule pour venir s'installer dans leurs pays.[130] Même les jeunes qui vont se former en occident ont du mal à retourner s'installer dans leurs pays d'origine pour leur faire profiter de leur science. L'Inde, le Brésil ou la Chine n'a pas attendu qu'on lui apporte la technologie ou la science. Leurs populations sont allées l'acquérir, puis sont revenues se rendre utiles.

Cependant, cela n'empêche pas que les pays développés apportent véritablement leur appui

---

[128] Cité par René Dumont, *ibid.* p.41.

[129] BRICS=Brésil, Russie, Inde, Chine et Afrique du Sud.

[130] Les pouvoirs publics devraient également mettre un accent particulier sur la recherche. C'est avec les résultats de la recherche qu'on peut le mieux implémenter une politique de développement.

technologique à ceux qui en ont besoin, parce que le sous-développement, la pauvreté, voire la misère d'un Etat peut bien rejaillir sur les autres, sous quelque forme que ce soit, quelles que soient les distances.

2) La redéfinition des modalités de l'aide au développement

Sous son visage connu jusqu'à présent, l'aide au développement ne semble pas avoir été utile pour les Etats africains. Cette aide recèle de tares congénitales que René Dumont, en son temps décriait déjà en ces termes : « Les crédits FIDES (et ceux du FAC, ou fonds d'Aide et de Coopération, qui ont pris leur suite en 1959) ne prévoyaient comme rubriques à subventionner, jusqu'en 1961, que les études, la production agricole, l'infrastructure et l'équipement social. L'aide au développement aboutit ainsi à prolonger le caractère ''primaire'' de l'économie tropicale, à base agricole et extractive de matières premières. »[131]

Autrement dit, les bases de l'aide au développement auraient été faussées. Même dans son évolution ultérieure, cette aide a présenté des aspects fort curieux pour ce continent. Très souvent l'aide octroyée retournait ou retourne en occident par le canal des paradis fiscaux et judiciaires, tels que présentés ci-dessus[132]. Ce qui a aboutit aux plans quinquennaux, aux plans d'ajustement structurels qui n'auraient pas été bénéfiques à l'Afrique.[133] C'est dire qu'il y aurait comme un manque de volonté des bailleurs de fonds[134] ou de la communauté internationale à

---

[131] René Dumont, *ibid.* p.41.

[132] Tout cela constitue des dettes énormes que les générations futures s'échineront à payer sans savoir exactement à quoi cet argent a servi.

[133] Plus tard, on parlera de l'Initiative Pays Pauvres et Très Endettés (PPTE).

[134] Banque Mondiale, FMI.

vouloir véritablement participer au développement de tous les pays de la planète terre. Dans les années 1960, René Dumont semblait l'avoir déjà remarqué lorsqu'il écrivait : « Le volume total de l'aide internationale est évalué autour de 8 milliards de dollars ; alors que divers auteurs estiment de 40 à 45 milliards par an la contribution nécessaire pour relever de 2 % l'an le niveau de vie du Tiers-Monde. En face de ce chiffre, les Nations Unies comptent 200 milliards de dépenses directes d'armements. En y ajoutant les sommes consacrées à l'exploration spatiale et les frais indirects de défense nationale, on arriverait à plus de 250 milliards. »[135]

Il demeure donc constant que l'argent du contribuable ou même celui qui arrive sous le vocable de l'aide au développement n'est pas toujours bien utilisé. Or tout cet argent aurait dû aider à bâtir ces Etats d'Afrique. Pour parvenir à cette fin, une réelle politique de développement doit être définie à l'échelle des Etats ; et les bailleurs de fonds avant de débloquer les financements devraient d'abord s'assurer de la destination effective desdits fonds.

A cet effet, le Congo-Brazzaville semble présenter un exemple d'utilisation des fonds publics, dans l'optique d'une bonne politique de développement, qui mériterait d'être suivie. Du 14 au 17 août 2014, nous avons personnellement eu l'occasion de séjourner dans la localité de Ouesso, dans le cadre de la célébration de la 54è édition de la fête nationale de ce pays[136] ; dans la délégation camerounaise conduite par Monsieur Léonard Bello, préfet du département de la Boumba et Ngoko.[137] A cet

---

[135] René Dumont, *ibid.* pp. 238 et 239.

[136] Celle-ci a lieu le 15 août de chaque année, son accession à l'indépendance ayant eu lieu le 15 août 1960.

[137] Ce qui est devenu belle tradition de coopération sous-régionale ; car chaque année, à l'occasion de la fête nationale de l'un des trois pays frontaliers de l'Afrique centrale que sont le Cameroun, le Congo

effet, nous avons tous été très agréablement surpris de constater que depuis le début des années 2000, les dirigeants du Congo ont adopté un système de fête nationale rotative : ce qui implique que chaque année, pour cette fête, le président de la république Denis Sassou Nguesso, se rend dans une ville choisie à l'avance. A cet effet, de grands travaux sont effectués pour changer la physionomie de la ville et du département concerné : routes, aéroports, stades, hôtels, tribune, palais présidentiel, etc. A coup sûr, cela permet d'apporter un plus au développement de la localité.

Ce système a été baptisé sous le concept de : « Municipalisation accélérée ». En 2014, cette fête a été célébrée dans la localité de Sibiti ; pour les travaux, le gouvernement a débloqué une somme de 450 milliards de francs CFA. En 2015, le tour revient à la localité de Ouesso pour laquelle une somme de 500 milliards a été prévue, dans la même optique. D'après certaines indiscrétions recueillies auprès des autorités locales, on aurait décidé que pour la réalisation des travaux dans cette dernière localité, aucun natif de la zone ne devrait y gagner un marché ; ceci pour éviter les détournements de deniers publics.[138] Ce qui permettrait de faire sanctionner sans faiblesse ni sentiment les éventuels défaillants.

---

et la République centrafricaine, les représentants de ces Etats se retrouvent en marge dans le cadre d'une structure appelée Tri-national de la Sangha (TNS), pour réfléchir sur des problèmes communs liés au voisinage des trois départements que sont la Boumba et Ngoko (Cameroun), la Sangha (Congo) et la Sangha-Mbaéré (République centrafricaine).

[138] Cf. Entretien du 15 août 2014 avec M. Adolphe Elemba, Préfet de la Sangha, M. Akouela Paul, président du conseil départemental de la Sangha, et M. Messe Raymond, président du conseil municipal et maire de Ouesso.

Par ailleurs, d'autres formes de violences transnationales devraient également être sérieusement prises en compte.

3) La mutualisation des énergies contre les guerres et le terrorisme international

Le dictionnaire *Le Petit Larousse Illustré 2014* définit le terrorisme comme un « ensemble d'actes de violence (attentats, prise d'otage, etc.) commis par une organisation pour créer un climat d'insécurité, exercer un chantage sur un gouvernement ou satisfaire une haine à l'égard d'une communauté, d'un pays, d'un système. »[139] Sans prétendre le justifier, ce qui serait d'ailleurs une aberration, le terrorisme international se nourrit de la misère[140] des peuples. En réalité et à notre sens, il trouverait son fondement dans la pauvreté et dans les combats idéologiques[141] ; très souvent il est question de conflit idéologico-religieux. Les membres sont généralement recrutés au sein des populations les plus pauvres, ou parmi des personnes qui sont prêtes à défendre une cause, même au prix de leur vie.

René Dumont le fait remarquer lorsqu'il dit : « Tandis que si la famine montait chez les pauvres, pendant que les gaspillages se multiplieraient dans le camp des nantis, les risques d'explosions, capables de mener à un suicide atomique mondial, augmenteraient dangereusement. Nous

---

[139] Isabelle Jeuge-Maynart *dir*, *op. cit.*, p.1136.

[140] Misère au sens propre comme au sens figuré.

[141] Si l'on considère la philosophie des groupes terroristes comme Al Qaida, Aqmi, l'Organisation de l'Etat Islamique, Boko Haram et autres, avec la cohorte de personnes tuées par ces organisations. Signalons notamment le cas des frères Saïd et Chérif Kouachi qui ont attaqué le Journal français *Charly Hebdo* le 7 janvier 2015 et tuer 12 personnes. Amedy Coulibaly leur a emboîté le pas quelques jours plus tard avec une prise d'otage s'étant dénouée sur plusieurs décès. Déplorable !

sommes tous acculés à revoir entièrement notre conception du monde, nos manières de penser et surtout d'agir, simplement si nous désirons la survie de l'espèce humaine. »[142]

La survie de l'humanité passe donc par une véritable solidarité entre les membres de la communauté internationale, une réelle justice internationale permettant non seulement de rétablir les équilibres, mais aussi de considérer l'autre comme soi-même ; afin que tout concourt uniquement au bien de l'homme dans son entièreté. Maître jacques Verges avait coutume de dire que : « Tout poseur de bombe est un poseur de questions ». L'humanité doit donc bien s'interroger chaque fois que cela s'avère nécessaire et apporter les solutions adéquates aux problèmes posés.

C'est dire que toute la communauté humaine doit mutualiser les forces pour combattre ce phénomène. Malheureusement, d'après certaines sources, au nom des intérêts égoïstes, quelques grandes puissances ne joueraient pas franc jeu dans ce domaine. D'après le rapport de l'Alliance Internationale d'Agences de Développement Catholiques (CIDSE) : « Dans certains pays du Sud, particulièrement ceux riches en ressources naturelles (minerais, bois, gaz, pétrole…), le contrôle, l'extraction, la transformation et le commerce de ces ressources, loin de contribuer au développement des pays concernés, financent des groupes armés et des forces militaires et de sécurité qui se rendent coupables de graves violations des droits de l'homme. Partout où elle en a la possibilité, l'Eglise se range du côté des pauvres…»[143] Ce

---

[142] René Dumont, *ibid.*, p.243.

[143] Cf. Alliance Internationale d'Agences de Développement Catholiques (CIDSE), *Un devoir de diligence sur la chaîne*

même rapport précise que : « Grande puissance commerciale, l'Union européenne importe une quantité importante de matières premières en provenance de zones en conflit. »[144]

C'est dire que toute action économique d'une certaine portée, mise en œuvre sur une partie de la planète, se répercute sur la totalité. Par conséquent, aucun gouvernement ne doit agir sans tenir compte de la responsabilité commune.[145]

C'est pourquoi cette Alliance lance un appel à l'Eglise catholique, aux autres communautés de foi et à l'humanité tout entière d'œuvrer pour la construction d'un monde plus juste. Comme le rappelle le Pape François : « Bien que ''l'ordre juste de la société et de l'Etat soit un devoir essentiel du politique'', l'Eglise ''ne peut ni ne doit rester à l'écart dans la lutte pour la justice'' ».[146]

Toute la communauté internationale devrait donc avoir une seule et même vision, en l'élaborant des règles préventives et répressives communes ; puis en les appliquant effectivement de manière plus solidaire.

Conclusion

En définitive, cette étude nous a donné l'opportunité de présenter la difficulté de la mise en œuvre du droit au développement en Afrique ; celle-ci s'étant heurtée à plusieurs obstacles dont l'on ne saurait minorer l'ampleur. Cependant, plusieurs autres données permettent de retenir que malgré tout, l'espoir reste permis ; à condition que des mesures adéquates soient effectivement prises, que les

---

d'approvisionnement s'impose afin de ne plus être complice du financement des conflits, octobre 2014.

[144] *Id.*

[145] Pape François, *Evangelii Gaudium*, 206.

[146] Pape François, *ibid.*, 183.

mentalités changent, que la culture qui veut que tout le monde cherche à porter une veste et une cravate pour aller s'assoir dans un bureau administratif disparaisse.[147]

En réalité, qu'il s'agisse de la Chine, de l'Inde, du Japon ou d'autres Etats, aucun pays ne s'est développé avec une culture étrangère. L'Africain doit d'abord se reconsidérer comme un être à part entière, puis puiser dans sa propre culture les éléments lui permettant de bâtir son modèle de développement[148], même s'il faudra bien y ajouter quelques éléments d'emprunt, le monde étant devenu un grand village planétaire.

On se demande toujours pourquoi l'Afrique est restée si longtemps à la traîne ; car à la conférence afro-asiatique des pays non alignés de Bandung à Java en 1955, le PIB de l'Inde ou de la Chine était alors bien inférieur à celui de la plupart des pays Africains.

A l'heure où la plupart des Etats africains se sont fixé des échéances, qui en 2020, qui en 2025, qui en 2035, pour l'émergence, beaucoup d'efforts doit être fait pour sortir de cette impasse. Car en fait, ces Etats accusent un très grand retard par rapports aux Objectifs du Millénaire pour le Développement dont l'échéance a été fixée à l'année 2015. Les OMD sont huit objectifs adoptés en 2000 à New York aux Etats-Unis par 193 Etats membres de l'ONU et au moins 23 organisations internationales, qui ont décidé qu'il fallait les réaliser au plus tard en 2015. Ces objectifs sont :

1) Réduire la pauvreté et la faim ;
2) Assurer à tous l'éducation primaire ;

---

[147] Non pas pour dire que l'administration n'a pas de place dans les sociétés africaines ; mais plutôt pour relever qu'il y a encore bien des secteurs en friche à explorer, qui pourraient booster le développement de ce continent.

[148] Cf. Jean Pierre Fogui, *ibid.*,pp.1 et suiv.

3) Promouvoir l'égalité des sexes et l'autonomisation des femmes ;
4) Réduire la mortalité infantile ;
5) Améliorer la santé maternelle ;
6) Combattre le VIH/SIDA, le paludisme et les autres maladies ;
7) Assurer un environnement humain durable ;
8) Construire un partenariat mondial pour le développement.

En somme, ces objectifs recouvrent un aspect humanitaire important. Il s'agit globalement de la réduction de l'extrême pauvreté et de la mortalité infantile, la lutte contre plusieurs endémies dont le SIDA, l'accès à l'éducation, l'égalité des sexes et le développement durable. Mais ou en est-on ? Ces objectifs sont bien loin d'être atteints en Afrique à ce jour.

Pourtant les perspectives sont à encourager ; car « L'économie de l'Afrique croît plus vite que celle de tous les autres continents. Environ un tiers des 54 pays africains connaissent une croissance de leur PNB supérieure à 6%. Mais tout ne vient pas des diamants et du pétrole: seulement 24% de la croissance de 2000 à 2008 était attribuable aux ressources naturelles. » [149] Cette économie pèse environ 2000 milliards de dollars.

Pour aller bien loin, il va falloir se débarrasser des tares que sont la corruption et les détournements des fonds publics. Marcus Boni Teiga relève encore l'ampleur de la situation en ces termes : « La corruption est un véritable fléau en Afrique, qui touche particulièrement les élites. En l'absence d'initiatives individuelles ou collectives de production de richesses, l'Etat reste la seule vache à lait. La politique est ainsi le plus grand pourvoyeur d'emplois

---

[149] Jonathan Berman, *ibid.*

et le seul moyen de s'enrichir de façon licite ou illicite sans travailler. Cet état de fait inhibe toute initiative et transforme certains agents de l'Etat, mais surtout ceux qui sont au pouvoir ou proches, en de véritables sangsues. Les économies en sont du coup gangrénées. »[150]

En outre, pour prétendre à une économie viable, les Etats africains doivent avoir la maîtrise de leur monnaie. Si l'on prend l'exemple de la zone franc, on s'aperçoit que les huit Etats de la CEDEAO, les six Etats de la CEMAC et les îles Comores utilisent une monnaie dont le contrôle leur échappe totalement. Non seulement cette monnaie est fabriquée à l'étranger suivant une quotité non maîtrisée, en plus, ce franc CFA n'est pas interchangeable même en Afrique entre les Etats d'une communauté à l'autre.[151] Ce qui crée une sorte de cloison qui limite les échanges entre ces Etats. En fait, le franc CFA fonctionne avec trois banques centrales : la BCEAO[152], la BCC[153] et la BEAC[154]. Il faut donc une profonde volonté des dirigeants africains pour accomplir les réformes qui s'imposent. Sinon le droit au développement dans ce continent restera un leurre. Or l'amélioration des conditions de vie des populations demeure la priorité des impératifs.

Peut-être cela pourrait subséquemment limiter les émigrations clandestines massives des Africains vers l'occident, avec leur corollaire de morts en Afrique magrébine, au désert du Sahara ou dans les eaux italiennes menant à l'île de Lampedusa. A terme, l'on pourrait

---

[150] Cf. site internet www.SlateAfrique.

[151] Cf. Pr Nicolas Agbohou, Enseignant à l'Université de Versailles/France, au cours de l'Emission ''Entretien avec...'', présentée par Thierry Ngogang sur la chaîne de télévision privée camerounaise STV2, le 25 septembre 2014 à 22 heures.

[152] Banque Centrale des Etats de l'Afrique de l'Ouest.

[153] Banque Centrale des Comores.

[154] Banque des Etats de l'Afrique Centrale.

également assister à une inversion du sens des migrations.[155]

Tout cela passe aussi par une bonne éducation. Ambassadeur de bonne volonté de l'UNESCO, Mandela le reconnaissait bien quand il affirmait : « L'éducation est l'arme la plus puissante que l'on puisse utiliser pour changer le monde ».[156] Cette déclaration vient corroborer la pensée de cette autre figure importante de la négritude, Malcom X, qui soutenait le 15 février 1950 que : « Sans éducation, on ne va nulle part dans ce monde »[157] et que : « L'éducation est le passeport pour le futur, car demain appartient à ceux qui s'y préparent aujourd'hui. »[158]

Textes

- Déclaration des droits de l'homme et du citoyen du 26 août 1789 ;
- Code d'instruction criminelle ;
- Décret du 30 novembre 1928 instituant les juridictions spéciales et le régime de la liberté surveillée pour les mineurs ;
- *Déclaration universelle des droits de l'homme du 10 décembre 1948 ;
- "Criminal procédure ordinance" (1955) ;
- Loi N° 58-203 du 26 décembre 1958 portant simplification de la procédure pénale au Cameroun ;
- Code pénal camerounais (lois N° 65- LF-24 du 12 novembre 1965 et 67- LF-1 du 12 juin 1967) ;

---

[155] En 2012, le Premier Ministre portugais invitait les jeunes de son pays à se rendre en Angola ou au Brésil pour chercher du travail ; car déjà en 2011, 120 000 Portugais avaient migré vers ces deux pays. Qu'en est-il à ce jour ? Cf. Site internet www.negronews.

[156] Cité par Romaric Tiogo, *ibid.*, p.114.

[157] *Id.*

[158] *Ibidem.*

- Pacte international relatif aux droits civils et politiques du 16 décembre 1966 ;
- Ordonnance n° 72/4 du 26 août 1972 modifiée portant organisation judiciaire ;
- Décret n° 76/521 du 9 novembre 1976 portant assistance judiciaire au Cameroun ;
- Charte Africaine des Droits de l'Homme et des Peuples du 28 juin 1981 ;
- Règles Minima des Nations Unies concernant l'administration de la justice pour mineurs, règles de Béijing, Résolution n° 40/33 du 29 novembre 1985 ;
- Convention relative aux droits de l'enfant du 20 novembre 1989 ;
- Décret n° 90/1459 du 8 novembre 1990 portant création du comité national des droits de l'homme et des libertés ;
- Charte Africaine des droits et du bien-être de l'enfant, juillet 1990 ;
- Décret n° 92/052 du 27 mars 1992 portant régime pénitentiaire au Cameroun ;
- Constitution camerounaise du 18 janvier 1996 ;
- Loi n° 2004/16 du 22 juillet 2004 portant création, organisation et fonctionnement de la commission nationale des droits de l'homme et des libertés ;
- Loi n° 2005/007 du 27 juillet 2005 portant Code de procédure pénale ;
- Loi n° 2006/015 du 29 décembre 2006 portant organisation judiciaire.

Bibliographie

I- Ouvrages

1-ANDRIANTSIMBAZOVINA Joël et *al. dir*, *Dictionnaire des droits de l'homme*, Paris, PUF, 2008, 1074 pages.

2- BOUKONGOU Jean Didier *dir*, *Protection des droits de l'homme en Afrique. Manuel des formateurs*, Yaoundé, Presses de l'UCAC, Collection Apprendre, 2007, 195 pages ;

3-CABRILLAC Remy, FRISON-ROCHE Marie-Anne, REVET Thierry *dir*, *Libertés et droits fondamentaux*, Paris, Dalloz, 5è Edition, 1999, 709 pages.

4-CABRILLAC Remy, FRISON-ROCHE Marie-Anne, REVET Thierry *dir*, *Libertés et droits fondamentaux*, Paris, Dalloz-Sirey, 8è Edition, 2002, 881 pages.

5-CABRILLAC Remy, FRISON-ROCHE Marie-Anne, REVET Thierry *dir*, *Libertés et droits fondamentaux*, Paris, Dalloz, 17è Edition, 2011, 958 pages.

6-*Catéchisme de l'Eglise catholique*, Centurion / cerf / Fleurus – Mame / librairie éditrice vaticane, Paris 1998, n° 1807, 975 pages.

7-CORNU, G, *Vocabulaire Juridique*, PUF, Paris, 2003, 4e Edition, 951 pages ;

8-DECAUX, E, *Cours de Droits Fondamentaux*, Faculté de Droit et Sciences Politiques, Université de Nantes, Année académique 2001/2002, chap.12, Module 129 ;

9-DJIAZET MBOU MBOGNING Séverin, *Le droit à la justice : Devoir collectif et responsabilité commune*, Cahiers de la Quinzaine de Yaoundé n° 17, Institut catholique de Yaoundé, Département de droit canonique, 2012, 39 pages.

10-DIOCESE D'EBOLOWA. COMMISSION DIOCESAINE JUSTICE ET PAIX, *Les camerounismes de la corruption*, Yaoundé, Presses de l'Imprimerie Classique, 2014, 40 pages ;

11-DUBOIS Jean-Pierre et *al.*, *Ligue des droits de l'homme*, *La République défigurée, l'état des droits de l'homme en France*, Paris, La Découverte, 2011, 119 pages.

12-DUMONT René, *L'Afrique noire est mal partie*, Paris, Edition du Seuil, 1962, 246 pages.

13-EBOUSSI BOULAGA Fabien, *L'affaire de la philosophie africaine. Au-delà des querelles*, Paris, Editions Terroirs & KARTHALA, 2011, 246 pages.

14-ETTA Benard, *21st century strategic studies and research on laws and concepts*, Bamenda, Nation Builders International Publication, 2006, 228 pages.

15-ETTA Benard, *Etudes et recherches stratégiques sur le développement communautaire: l'approche africaine*, Bamenda, Publication de Bâtisseurs De Nation International, 2007, 120 pages.

16-ETTA Benard, *Etudes et recherches stratégiques sur les défis mondiaux du 21è siècle,* Bamenda, Publication de Bâtisseurs De Nation International, 2007, 308 pages.

17-FOGUI Jean Pierre, *L'universalité de la culture : La preuve par les proverbes*, Paris, L'harmattan, 2009, 339 pages.

18-GRASSO Emilio, *Mondialisation, Marginalisation, Nouvelle Evangélisation : Un défi pour l'Eglise en Afrique,* Mbalmayo, Centre d'Etudes *Redemptor hominis,* 2003, 107 pages.

19-GUINCHARD Serge et MONTAGNIER Gabriel *dir*, *Lexique de termes juridiques*, Paris, Dalloz, 8e édition, 1990, 517 pages.

20-JEUGE-MAYNART Isabelle *dir*, *Le Petit Larousse Illustré 2014*, Paris, Editions Larousse, 2013, 2016 pages.

21-KANGUELIEU TCHOUAKEU Mesmin, *La rébellion armée à l'ouest-Cameroun (1955-1971), contribution à l'étude du nationalisme camerounais,* Yaoundé, Edition Saint-Siro, 2003, 213 pages.

22-LEVINET Michel, *Droits et libertés fondamentaux*, Paris, PUF, Collection Que sais-je?, 2010, 128 pages.

23- LIGUE DES DROITS DE L'HOMME, *La République défigurée, l'état des droits de l'homme en France*, Paris, Editions La Découverte, 2011, 116 pages.

24-LOCHAK Daniele, *Les droits de l'homme*, Paris, La Découverte, Collection Repères, 2009, 128 pages.

25-MORANGE Jean, *Droits de l'homme et libertés publiques*, Paris, PUF, Collection Droit fondamental, 5è Edition, 2000, 460 pages.

26-Pape François, Exhortation apostolique *Evangelii Gaudium*, Yaoundé, Editions Don Bosco, 152 pages.

27-PAUGAM Serge, *Les formes élémentaires de la pauvreté*, Paris, PUF, 2005, 289 pages.

28-PERROT Roger, *Institutions judiciaires*, Paris, Edition Montchrestien, 1998, 547 pages.

29-ROULAND Norbert, *Aux confins du droit*, Paris, EDITIONS ODILE JACOB, 1991, 318 pages.

30-SAOUT Yves, *Le ministre et la colère de Dieu : roman biblique sur la corruption,* Yaoundé, Presses de l'UCAC, 2012, 96 pages.

31-TIOGO Romaric, *NELSON ROLIHLAHLA MANDELA. Vie, combat et héritage à l'humanité*, Collection RODEL, sl., 2014, 124 pages ;

32-TITI NWEL Pierre, *Droits de l'homme et conceptions culturelles de l'homme*, Cahiers de la Quinzaine de Yaoundé N° 5, Département de droit canonique, Presses de l'UCAC, Yaoundé, 1997, 20 Pages.

33-VAN AGGELEN Johanes G.C., *Le rôle des organisations internationales dans la protection du droit à la vie*, La Haye, Sans éd., Centre pour les droits de l'homme des Nations Unies, E. Story-Scientia, 1983, 89 pages.

34-VAN PARYS Jean-Marie, *Dignité et droits de l'homme, Recherches en Afrique*, Kinshasa-Gombe, Editions Loyola, Publications Canisius, 1996, 175 pages.

35-VERSCHAVE François-Xavier, *La fançafrique. Le plus long scandale de la République*, Editions Stock, Paris, 2009, 379 pages.

II- Thèses, mémoires et rapports

1-Alliance Internationale d'Agences de Développement Catholiques (CIDSE), *Un devoir de diligence sur la chaîne d'approvisionnement s'impose afin de ne plus être complice du financement des conflits*, octobre 2014.

2-INSTITUT NATIONAL DE LA STATISTIQUE, *Conditions de vie des populations et profil de pauvreté au Cameroun*, Rapport Principal de l'ECAM 3, Août, 2008, 145 pages.

3-KAPTCHOUANG NGOUPEYOU Martin, *L'accès des personnes indigentes à la justice : cas des tribunaux de Dschang*, Rapport de stage en vue de l'obtention du Diplôme d'Etudes Supérieures Spécialisées(D.E.S.S.) en Droits de l'homme-Droit international humanitaire-Droit pénal international, Université de Dschang, Faculté des Sciences Juridiques et Politiques, 2006-2007, 52 pages.

4-ONDOA Magloire, *La protection des dépenses d'indemnisation en droit administratif camerounais*, Thèse de doctorat 3ème cycle en Droit Public, Université de Yaoundé, 1990, 287 pages ;

5-POJUME FOUDJEM Hugues Prosper, *Les garanties du droit d'accès à la justice pour les citoyens : le cas de la Ligue des droits et libertés(LDH)*, Rapport professionnel en vue de l'obtention du Diplôme d'Etudes Supérieures Spécialisées(D.E.S.S.) en Droits de l'homme-Droit international humanitaire-Droit pénal international, Université de Dschang, Faculté des Sciences Juridiques et Politiques, 2006-2007, 61 pages.

6-SIETCHOUA DJUITCHOKO Célestin, *L'Appel dans le Contentieux administratif au Cameroun. Contribution à l'étude de la juridiction administrative*, Thèse Nouveau Régime en Droit, Université d'Aix-Marseille III, 2001, 471 pages ;

7-TENE Daris Duclair, *L'accès au juge et le droit des procédures collectives OHADA*, Thèse en vue de l'obtention du diplôme de Master en droit, option Droit communautaire et comparé CEMAC, Université de Dschang, Faculté des Sciences Juridiques et Politiques, Décembre, 2011, 112 pages.

III- Articles

1-COULON Jean-Marie et FRISON-ROCHE Marie-Anne, « Le droit d'accès à la justice », in *Libertés et droits fondamentaux*, Paris, Dalloz, 8è Edition, 2002, Pages 465-477.

2-ENGANEBEN Danièle, « Pauvreté et accès à la justice au Cameroun », in *Cahiers Africains des droits de l'homme*, N° 10, Association pour la Promotion des Droits de l'Homme en Afrique Centrale (APDHAC), Yaoundé, 2004, pages 127-139 ;

3-LE FRIANT Martine, « L'accès à la justice », in *Libertés et droits fondamentaux*, Paris, Dalloz, 5è Edition, 1999, Pages 357-373.

4-MBOCK Charly Gabriel, « Il suffit d'une injustice… », in *L'Opération Epervier au Cameroun : Un Devoir d'Injustice ?*, Montréal, KiyiKaat Editions, 2011, pages 37-46.

5- NNE ONNA Valérie, « Le droit à la sécurité sociale au Cameroun : de la sécurité à la paix sociale », in *Cahiers Africains des droits de l'homme*, N° 11, Association pour la Promotion des Droits de l'Homme en Afrique Centrale (APDHAC), Yaoundé, 2011, pages 367-381 ;

6-OLINGA Alain Didier, « Droit à l'égalité et réalisation des droits économiques, sociaux et culturels dans le cadre de la charte africaine des droits de l'homme et des peuples », in *Cahiers Africains des droits de l'homme*, N° 10, Association pour la Promotion des Droits de l'Homme en Afrique Centrale (APDHAC), Yaoundé, 2004, pages 13-32 ;

7-OLINGA Alain Didier, « Epervier : au nom de la dépendance judiciaire ? », in *L'Opération Epervier au Cameroun : Un Devoir d'Injustice ?*, Montréal, KiyiKaat Editions, 2011, pages 157-164.

8-POUGOUE Paul-Gérard, « Lecture de la charte africaine des droits de l'homme et des peuples », in *Droits de l'homme en Afrique centrale*, Yaoundé-Paris, UCAC-KARTHALA, 1995, pages 31-45.

9-SINDJOUN Luc, « Brèves réflexions sur une question sans fin », in *Droits de l'homme en Afrique centrale*, Yaoundé-Paris, UCAC-KARTHALA, 1995, pages 91-98.

IV- Sites internet

1- www.Ahjucaf.org
2- www.cairn.info.fr
3- www.cameroon-info.net
4- www.camer.be
5- www.ccfd.terresolidaire.org

6- www.diplomatiejudiciaire.org
7- www.fnfwestafrica.org
8- www.journalducameroun.com
9- www.jeuneafrique.com
10- www.hbrfrance.fr
11- www.juriscope.org
12- www.memoireonline.fr
13- www.minjustice.cm
14- www.negronews.fr
15- www.openacess.leidenuniv.nl
16- www.persee.fr
17- www.povertyactionlab.org
18- www.uihj.com
19- www.vie-publique.fr
20- www.zawaya.magharebia.com

V- Journaux

1- Alexandre T. DJIMELI, « Le Cameroun a le système judiciaire le plus corrompu d'Afrique. Révélation du rapport mondial de Transparency International », in Journal *Le Messager* du 4 octobre 2007 ;
2- Jonathan BERMAN, « Le temps de l'Afrique est venu », in *Harvard Business Review* (HBR), Août-Septembre 2014 ;
3- *JUSTITIA*, Magazine bilingue d'information et de débats du Ministère de la justice, N° 007 de Juin-Décembre 2011 ;
4- *La Nouvelle Vision*, N° 0245, 3 avril 2014;
5- *Le Jour*, N° 680, avril 2010;
6- *Slate Afrique*, « Cameroun- la justice pénale la plus lente au monde ? », in *Camer.be*, 8 février 2012 ;
7- Journal *Mutations*, N° 3785 du lundi 1er décembre 2014, 16 pages.

CONCLUSION GENERALE

En somme, ce recueil nous a donné l'opportunité d'explorer plusieurs matières autant intéressantes les unes que les autres. Il s'agit notamment des règles relatives à l'adoption au Cameroun, de celles concernant la protection de la personne humaine en matière pénale au Cameroun et plus spécifiquement dans le cadre de la procédure pénale. Sans oublier la coresponsabilité sociale s'agissant de l'administration de la justice, ou encore la très délicate question de la répression en justice des cas de pratiques de sorcellerie et enfin l'épineux problème du droit au développement en Afrique.

Il reste que le souci de matérialisation concrète des droits de l'homme en Afrique en particulier et dans le monde en général demeure une préoccupation constante et récurrente. A côté des discours officiels semblent se développer des pratiques qui traduiraient une pensée plus officieuse, véritable leitmotiv de l'activité humaine actuellement.

Ainsi, pour le Pape François : « Il n'est pas possible que le fait qu'une personne âgée réduite à vivre dans la rue, meure de froid ne soit pas une nouvelle, tandis que la baisse de deux points en bourse en soit une. Voilà l'exclusion. On ne peut tolérer le fait que la nourriture se jette, quand il y a des personnes qui souffrent de la faim. C'est la disparité sociale. Aujourd'hui, tout entre dans le jeu de la compétitivité et de la loi du plus fort, où le puissant mange le plus faible. Comme conséquence de cette situation, de grande masses de population se voient exclues et marginalisées : sans travail, sans perspectives, sans voies de sortie. On considère l'être humain en lui-même comme un bien de consommation, qu'on peut utiliser et ensuite jeter.»[1]

Dans cette optique, nous adhérons avec lui à l'idée selon laquelle nous devons dire : « Non à la nouvelle idolâtrie de l'argent ».[2] Car dans nos sociétés actuelles, l'argent a pris le pas sur tout et est finalement devenu la première valeur, la valeur au dessus de toute valeur. Peu importe donc le moyen utilisé pour l'obtenir. Or la première place doit être accordée à l'homme, en tant que valeur fondamentale.

A vrai dire, l'on assiste comme à un effondrement de la considération humaine. D'où cette observation judicieuse du Pape François : « La crise financière que nous traversons nous fait oublier qu'elle a à son origine une crise anthropologique profonde : la négation du primat de l'être humain ! Nous avons créé de nouvelles idoles. L'adoration de l'antique veau d'or (cf. Ex 32, 1-35) a trouvé une nouvelle et impitoyable version dans le fétichisme de l'argent et dans la dictature de l'économie sans visage et sans un but véritablement humain. La crise mondiale qui investit la finance et l'économie manifeste ses propres déséquilibres et, par-dessus tout, l'absence grave d'une orientation anthropologique qui réduit l'être humain à un seul de ses besoins : la consommation. »[3]

Dans ces propos se traduit en réalité la férocité aveugle et insensible du système capitaliste qui domine le monde actuel. Un monde essentiellement caractérisé par

---

[1] Pape François, Exhortation apostolique *Evangelii Gaudium*, Yaoundé, Editions Don Bosco, p. 28.
[2] *Id.*, p. 29.
[3] *Id.*, pp. 29 et 30.

les intérêts égoïstes et égocentriques des individus et des Etats.

Finalement, quelle place donc pour les droits fondamentaux de la personne humaine ? A chacun sa réponse.

Il reste que le constat révèle de graves inégalités et une grande disparité des communautés sociales. Opulence et misère se côtoient, se regardent généralement sans se parler…

Pourtant, une véritable solidarité internationale menée dans la sincérité serait un remède indéniable à plusieurs maux dont souffre notre planète : pauvreté, famine, épidémies, sous-scolarisation, chômage, migrations clandestines, terrorisme, guerres etc.

Dans cette lignée, le Pape François relève que : «De nos jours, de toutes parts on demande une plus grande sécurité. Mais, tant que ne s'éliminent pas l'exclusion sociale et la disparité sociale, dans la société et entre les divers peuples, il sera impossible d'éradiquer la violence. On accuse les pauvres et les populations les plus pauvres de la violence, mais, sans égalité de chances, les différentes formes d'agression et de guerre trouveront un terrain fertile qui tôt ou tard provoquera l'explosion. »[4]

Au total, il y a lieu d'en appeler à une plus grande solidarité nationale, régionale et internationale, sans faille pour espérer des lendemains meilleurs ; car en réalité il semble que toute défaillance d'un maillon de la chaîne, fût-il minime, soit hautement préjudiciable à toute la communauté humaine, avec comme corollaire une sorte de piétinement des droits de l'homme. C'est ce que traduit en quelque sorte cette pensée cinglante d'Enoh

---

[4] *Id.*, p. 31.

MEYOMESSE : « Il suffit d'un fruit avarié pour qu'à terme, l'ensemble de la corbeille de fruits soit perdue. »[5]

[5] MEYOMESSE Enoh, « L'entrée en injustice de la justice camerounaise », in *L'Opération Epervier au Cameroun : Un Devoir d'Injustice ?*, Montréal, KiyiKaat Editions, 2011, p. 35.

TABLE DES MATIERES

POSTFACE

Sur le plan historique, la Perse est considérée comme étant à l'origine du concept des droits de l'homme au VIe siècle avant Jésus-Christ, sous le règne de Cyrus Le Grand. En effet, quelques temps après sa conquête de Babylone en 539 avant J.-C., ce roi fit fabriquer un cylindre que l'on a baptisé "cylindre de Cyrus". Celui-ci a été découvert en 1879 et est parfois considéré comme la première charte des droits de l'homme. Il énonce des principes tels que la tolérance religieuse, l'abolition de l'esclavage, la liberté de choix de sa profession, l'expansion de l'empire, etc.

En réalité, ce cylindre épouse la philosophie de la tradition mésopotamienne, laquelle présente l'idéal d'un roi juste et dont le tout premier exemple enregistré est celui du roi Urukagina de Lagash qui a régné au XXIVe siècle avant J.-C. Un autre souverain reconnu juste est le roi Hammurabi de Babylone, avec son code datant du VIIIe Siècle avant J-C.

D'autres velléités de reconnaissance des droits humains ont également été retrouvées dans la philosophie de Platon, ainsi que dans les manifestes de Tombouctou au Mali au XIIIe et XVIe siècle, à travers les principes formulés par les grands jurisconsultes islamiques. C'est le cas de la charte du Mandé de Soundiata Kéita encore appelée Charte du Kurukanfuga. Dans l'article V de celle-ci, il est clairement énoncé que "chacun a droit à la vie et à la préservation de son intégrité physique." Ces principes ont été retrouvés plus tard dans les déclarations modernes des droits de l'homme.

Au rang de ces déclarations, on peut citer la Déclaration française des droits de l'homme et du citoyen en 1789, la Déclaration universelle des droits de l'homme en 1948, la convention européenne des droits de l'homme en 1950, la charte africaine des droits de l'homme et de peuples en 1981.

Tous ces textes mettent en exergue des droits fondamentaux de la personne humaine, au cœur desquels figurent en bonne place plusieurs droits étudiés par le Dr Séverin DJIAZET dans le cadre de cet ouvrage. Se situant au centre des préoccupations quotidiennes des populations camerounaises en particulier et africaines en général, il s'est spécialement penché sur :

- la protection des droits de l'homme en matière pénale au Cameroun ;

- les règles relatives à l'adoption ;

- la contribution de tous à une bonne administration de la justice, ce qui est davantage requis dans les cas de sanctions judiciaires des pratiques de sorcellerie ;

- la question lancinante de la pauvreté et du droit au développement en Afrique.

En réalité, le *solutionnement* de toutes ces questions soulevées par l'auteur conditionne, à notre sens, une aspiration sincère à la mise en œuvre du droit au développement au Cameroun et en Afrique; car bien que faisant l'objet d'une proclamation relativement récente, ce droit prend progressivement de l'ampleur. Surtout dans un monde où les riches sont de plus en plus riches et les pauvres de plus en plus pauvres ; où près de un milliard et demi de personnes vit en dessous du seuil de pauvreté.

Comme par un curieux hasard, la majorité de ces pauvres se trouve en Afrique, en Amérique latine et en Asie.

Cette situation préoccupante pour l'humanité a suscité et suscite encore, au-delà de l'indignation, des réflexions au rang desquelles s'insèrent avec bonheur celles du Dr Séverin DJIAZET, intitulées : ***Réflexions "canoniques" sur les droits de l'homme au Cameroun et en Afrique***. Surpassant les constats pessimistes et alarmistes, il formule dans ses analyses des projections pertinentes pour un futur plus reluisant. En effet, ce magistrat-chercheur apporte, par sa touche particulière, une contribution déterminante au développement du Cameroun et de l'Afrique, un continent où les conditions de vie des populations sont malheureusement réputées être des plus déplorables du monde.

Pr Eugène Désiré ELOUNDOU,
Maître de conférences,
Ecole Normale Supérieure de Yaoundé/Université de Yaoundé I.

L'Afrique

aux éditions L'Harmattan

Dernières parutions

SEXUALITÉ (LA) FÉMININE AFRICAINE EN MUTATION
L'exemple du Sénégal
Thiam Awa - Préface d'Amady Aly Dieng
Après *La parole aux négresses*, Awa Thiam aborde, dans ce nouvel ouvrage, la question de la reproduction sociale du côté des femmes, par le biais du marquage du corps, des scarifications, des mutilations sexuelles féminines, de l'habillement, de la coiffure, de la contraception, de l'avortement... et de la sexualité féminine.
(21.00 euros, 208 p.)
ISBN : 978-2-343-03998-5, ISBN EBOOK : 978-2-336-36494-0

SOUS-ESTIMATION DE SOI ET CONTRAINTES AU SUCCÈS
Un agenda d'action pour l'avancement africain
Mukendi Bruno T.
Cet ouvrage discute de la problématique de la sous-estimation de soi et de ses conséquences tant sur le plan de la vie privée que publique. Il examine ensuite des stratégies opérationnelles pour forger un mental de champion et réussir les projets de transformation socioéconomique. Il remet finalement en question les attitudes qui empêchent les Africains de répondre plus efficacement aux défis posés par la globalisation, la pauvreté, la marginalisation et le sous-développement persistant.
(Coll. Points de vue, 32.00 euros, 314 p.)
ISBN : 978-2-343-03314-3, ISBN EBOOK : 978-2-336-36529-9

QUE NE FERAIT-ON PAS POUR DU POGNON !
Essai
Abo Fodjo Kadjo
Que ne ferait-on pas pour du pognon ! est un pamphlet contre une société qui a fait de la quête d'argent un style de vie. Cet outil d'échanges semble aujourd'hui justifier à lui seul les crimes les plus crapuleux et toutes sortes de bassesses. Pour étayer cette thèse, l'auteur organise son essai autour de cinq thématiques : la vie, la dignité, la morale, le pouvoir et la religion. Il veut ainsi montrer que l'argent a corrompu la société jusque dans ses fondements.
(Coll. Harmattan Côte-d'Ivoire, 23.00 euros, 232 p.)
ISBN : 978-2-343-04343-2, ISBN EBOOK : 978-2-336-36652-4

MICRO-ENTREPRISES (LES) EN AFRIQUE DE L'OUEST
Ou le développement par la petite porte
Haïdara Hammou
En Afrique subsaharienne, le développement des micro-entreprises, qui constituent la norme des économies, comme base de croissance, de création de richesses et d'emplois décents, apparaît comme une alternative crédible de développement économique et social. Cela nécessite de sortir des sentiers battus dans les approches du développement et suppose une stratégie globale permettant de faire du secteur privé le vrai moteur de la croissance et du développement.
(Coll. Études africaines, 21.00 euros, 218 p.)
ISBN : 978-2-343-03851-3, ISBN EBOOK : 978-2-336-36814-6

TRANSITIONS DÉMOCRATIQUES EN AFRIQUE DE L'OUEST
Processus constitutionnels, société civile et institutions démocratiques
Sous la direction d'Augustin Loada et Jonathan Wheathey
Cet ouvrage est le fruit d'une recherche comparative portant sur les processus démocratiques en cours au Bénin, au Burkina Faso, au Mali, au Togo, au Niger, au Sénégal et au Ghana. Elle vise à comprendre pourquoi ces sept États d'Afrique de l'Ouest présentent autant de différences en termes de types de régimes alors qu'ils reposent sur des niveaux de développement socio-économique similaires ainsi que sur des processus d'ouverture démocratique et de changement constitutionnel comparables.
(Coll. Études africaines, 28.00 euros, 284 p.)
ISBN : 978-2-343-04865-9, ISBN EBOOK : 978-2-336-36696-8

COOPÉRATION CHINE-AFRIQUE
Impact sur les infrastructures du Cameroun
Tedié Joachim - Préface de Laurent Zang
L'auteur de cet ouvrage tente de mettre en relief les éléments d'une coopération Sud-Sud mutuellement bénéfique entre la Chine et l'Afrique sous le prisme des infrastructures. En s'intéressant de plus près aux facteurs et aux acteurs de la coopération entre la Chine et le Cameroun, sa conclusion semble être que leur dix ans de coopération dans le domaine des infrastructures ont été très fructueux et suscitent plein d'espérance pour l'avenir.
(Coll. Harmattan Cameroun, 19.50 euros, 196 p.)
ISBN : 978-2-343-05102-4, ISBN EBOOK : 978-2-336-36744-6

DE L'ANTÉRIORITÉ DES IDÉES ET INSTITUTIONS POLITIQUES DE L'AFRIQUE PRÉCOLONIALE
Les paradoxes sociopolitiques
Nkoyok Jacqueline
Cet ouvrage met en exergue la nécessité de la prise en compte de l'Afrique dans la fondation et l'évolution de la pensée politique contemporaine. Pour renforcer la citoyenneté africaine, il faut une capacité d'organisation qui associe les idées panafricanistes de la négritude rénovée, c'est-à-dire une négritude qui s'éloigne des approches de victimisation et qui se fonde sur des thèmes mobilisateurs.
(Coll. Harmattan Cameroun, 26.00 euros, 260 p.)
ISBN : 978-2-343-04475-0, ISBN EBOOK : 978-2-336-36708-8

COLONISATIONS ET SOCIÉTÉ CIVILE EN AFRIQUE
Kouassi Yao-Edmond - Préface d'Abou Karamoko
L'étude de l'Afrique a sans nul doute partie liée à la reconstruction entreprise par Habermas pour expliquer, par la métaphore de la colonisation du monde vécu, l'érosion de la culture, de la société et de la personnalité, les trois composantes cardinales du monde quotidien. Parce qu'une telle colonisation renvoie au modèle colonialiste historique et classique, le défi politique majeur pour l'Afrique est la décolonisation systémique. Pareille décolonisation est à organiser sur les cendres de la colonisation historique.
(Coll. Études africaines, 17.00 euros, 176 p.)
ISBN : 978-2-343-04787-4, ISBN EBOOK : 978-2-336-36559-6

L'AFRIQUE FACE AUX ACCORDS DE PARTENARIAT AVEC L'EUROPE
Mbita Joseph
Les Accords de Partenariat Économique (APE) initiés par l'Union Européenne tendent à reconduire le modèle de développement extraverti de l'Afrique, qui a montré toutes ses limites au cours des cinquante dernières années. L'auteur démontre que les théories économiques, le droit international, le bilan des précédents accords de coopération avec l'Occident et le plan à long terme d'intégration et de développement de l'Afrique sont défavorables à la signature par les pays africains des APE proposés par l'UE, considérés comme de « véritables marchés de dupe ».
(Coll. Harmattan Cameroun, 13.50 euros, 118 p.)
ISBN : 978-2-343-04055-4, ISBN EBOOK : 978-2-336-36560-2

AFRIQUE (L') DANS LA MONDIALISATION
Les défis de la participation, de la démocratie et de la gouvernance mondiale
Nkoyok Jacqueline
Dans le processus actuel de mondialisation des économies, l'indépendance socioéconomique, dans le contexte africain, est une renaissance, une reconstruction, qui nécessite un véritable plaidoyer et appelle un réajustement dans la structure de pensée des jeunes Africains. La souveraineté économique dont nous parlons doit être une construction émanant d'un peuple, d'un Etat ou d'un continent.
(Coll. Harmattan Cameroun, 23.00 euros, 234 p.)
ISBN : 978-2-343-04486-6, ISBN EBOOK : 978-2-336-36707-1

GESTION DURABLE DES EAUX PLUVIALES DANS LES VILLES AFRICAINES
Un enjeu de développement de masse
Dasylva Sylvestre
Voici une approche de gestion développante des eaux pluviales en milieu urbanisé. Par une intelligence de développement inclusif, ce concept innovant mise sur l'essor rapide des villes et le ruissellement généré pour impulser une dynamique socioéconomique durable de large échelle. Il s'agit d'un plaidoyer sur la nécessité de contextualiser les pratiques en les centrant sur des objectifs d'eau agricole, d'emploi des jeunes, de santé publique et de gouvernance partagée.
(36.00 euros, 354 p.)
ISBN : 978-2-343-05383-7, ISBN EBOOK : 978-2-336-36836-8

RATIONALITÉ (LA) DE LA MÉDECINE TRADITIONNELLE EN AFRIQUE
Mvone Ndong Simon-Pierre E.
L'objet de cet ouvrage est, non seulement d'entrevoir un dialogue entre la médecine moderniste, scientiste et technoscientifique avec la médecine traditionnelle et ses représentations, mais surtout de parvenir à l'élaboration d'une médecine interculturelle qui présente un système de santé incorporant : médecine moderne et médecine traditionnelle africaine (la phytothérapie).
(Coll. Études africaines, 20.00 euros, 206 p.)
ISBN : 978-2-343-05235-9, ISBN EBOOK : 978-2-336-36570-1

MÉDECINE TRADITIONNELLE ET MÉDECINE SCIENTIFIQUE
Pour une médecine interculturelle en Afrique
Mvone Ndong Simon-Pierre E.
Voici une confrontation entre une médecine occidentale scientifique et un ensemble de pratiques de soins dites médecine traditionnelle. Comment envisager un système de soins dans lequel collaborent deux traditions médicales, occidentales et africaines : quelles sont les conditions permettant d'établir une collaboration entre toutes ces pratiques soignantes pour avoir un système de soins qui tienne compte de l'histoire sociale et culturelle des peuples d'Afrique ?
(Coll. Études africaines, 20.00 euros, 196 p.)
ISBN : 978-2-343-05252-6, ISBN EBOOK : 978-2-336-36571-8

ZONES (LES) MONÉTAIRES D'AFRIQUE DE L'OUEST
Touré Manga Fodé
L'Afrique de l'Ouest comprend deux zones monétaires distinctes : la première de huit pays regroupés au sein de l'UEMOA, avec pour monnaie le franc CFA en parité avec l'euro, la seconde comporte six pays (République de Guinée, Nigeria, Sierra Leone, Ghana, Gambie, Liberia) autour d'un projet de création de monnaie commune : la zone monétaire d'Afrique de l'Ouest (ZMAO). Si les économies de l'UEMOA affichent une faible convergence macroéconomique et un faible niveau d'inflation, celles de la ZMAO, avec un taux d'inflation plus fort, ne convergent sans doute pas en raison de la position dominante du Nigéria.
(Coll. Harmattan Guinée, 30.00 euros, 292 p.)
ISBN : 978-2-343-04977-9, ISBN EBOOK : 978-2-336-36342-4

INTÉGRATION ET COOPÉRATION EN AFRIQUE
La difficile rencontre possible entre les théories et les faits
Mvelle Guy
Cet ouvrage examine l'intégration africaine à partir de théories générales élaborées dans le cadre de la construction européenne. L'auteur y expose les idées politiques et philosophiques purement africaines pouvant donner lieu à un début de théorisation et conclut que, malgré l'ingéniosité dont font preuve les Africains en matière d'intégration et de coopération, la nécessité d'une identité africaine s'impose, tout comme se pose le problème de la pensée africaine dans ce domaine.
(Coll. Harmattan Cameroun, 16.50 euros, 268 p.)
ISBN : 978-2-343-04766-9, ISBN EBOOK : 978-2-336-36290-8

L'HARMATTAN ITALIA
Via Degli Artisti 15; 10124 Torino

L'HARMATTAN HONGRIE
Könyvesbolt ; Kossuth L. u. 14-16
1053 Budapest

L'HARMATTAN KINSHASA
185, avenue Nyangwe
Commune de Lingwala
Kinshasa, R.D. Congo
(00243) 998697603 ou (00243) 999229662

L'HARMATTAN CONGO
67, av. E. P. Lumumba
Bât. – Congo Pharmacie (Bib. Nat.)
BP2874 Brazzaville
harmattan.congo@yahoo.fr

L'HARMATTAN GUINÉE
Almamya Rue KA 028, en face
du restaurant Le Cèdre
OKB agency BP 3470 Conakry
(00224) 657 20 85 08 / 664 28 91 96
harmattanguinee@yahoo.fr

L'HARMATTAN MALI
Rue 73, Porte 536, Niamakoro,
Cité Unicef, Bamako
Tél. 00 (223) 20205724 / +(223) 76378082
poudiougopaul@yahoo.fr
pp.harmattan@gmail.com

L'HARMATTAN CAMEROUN
BP 11486
Face à la SNI, immeuble Don Bosco
Yaoundé
(00237) 99 76 61 66
harmattancam@yahoo.fr

L'HARMATTAN CÔTE D'IVOIRE
Résidence Karl / cité des arts
Abidjan-Cocody 03 BP 1588 Abidjan 03
(00225) 05 77 87 31
etien_nda@yahoo.fr

L'HARMATTAN BURKINA
Penou Achille Some
Ouagadougou
(+226) 70 26 88 27

L'HARMATTAN SÉNÉGAL
10 VDN en face Mermoz, après le pont de Fann
BP 45034 Dakar Fann
33 825 98 58 / 33 860 9858
senharmattan@gmail.com / senlibraire@gmail.com
www.harmattansenegal.com

L'HARMATTAN BÉNIN
ISOR-BENIN
01 BP 359 COTONOU-RP
Quartier Gbèdjromèdé,
Rue Agbélenco, Lot 1247 I
Tél : 00 229 21 32 53 79
christian_dablaka123@yahoo.fr

Achevé d'imprimer par Corlet Numérique - 14110 Condé-sur-Noireau
N° d'Imprimeur : 120902 - Dépôt légal : août 2015 - *Imprimé en France*

www.ingramcontent.com/pod-product-compliance
Lightning Source LLC
LaVergne TN
LVHW011442061026
849535LV00004BA/925